Margareth Libardi

Profissão
Modelo

Em busca da fama

Dados Internacionais de Catalogação na Publicação (CIP)
(Câmara Brasileira do Livro, SP, Brasil)

Libardi, Margareth
    Profissão modelo : em busca da fama / Margareth Libardi.
– São Paulo : Editora Senac São Paulo, 2004.

    ISBN 85-7359-392-X
    Bibliografia

    1. Modelo (Pessoas) como profissão I. Título.

04-4486   CDD-659.152023

Índices para catálogo sistemático:
    1. Modelo como profissão   659.152023
    2. Profissão : Modelo   659.152023

Margareth Libardi

Profissão
Modelo

Em busca da fama

senac
são paulo

editora

ADMINISTRAÇÃO REGIONAL DO SENAC NO ESTADO DE SÃO PAULO
Presidente do Conselho Regional: Abram Szajman
Diretor do Departamento Regional: Luiz Francisco de Assis Salgado
Superintendente de Operações: Darcio Sayad Maia

EDITORA SENAC SÃO PAULO
Conselho Editorial: Luiz Francisco de Assis Salgado
Clairton Martins
Luiz Carlos Dourado
Darcio Sayad Maia
Marcus Vinicius Barili Alves

Editor: Marcus Vinicius Barili Alves (vinicius@sp.senac.br)

Coordenação de Prospecção Editorial: Isabel M. M. Alexandre (ialexand@sp.senac.br)
Coordenação de Produção Editorial: Antonio Roberto Bertelli (abertell@sp.senac.br)
Supervisão de Produção Editorial: Izilda de Oliveira Pereira (ipereira@sp.senac.br)

Preparação de Texto: Fátima Couto
Revisão de Texto: Adalberto Luís de Oliveira
Edna Viana
Ivone P. B. Groenitz
Elaboração de Textos Institucionais: Luiz Carlos Cardoso
Projeto Gráfico e Diagramação: Fabiana Fernandes
Capa: Fabiana Fernandes
Foto da Capa: Priscila Oliveira fotografada por Luis Vilela
Impressão e Acabamento: Cromosete Gráfica e Editora Ltda.

Gerência Comercial: Marcus Vinicius Barili Alves (vinicius@sp.senac.br)
Administração e Vendas: Rubens Gonçalves Folha (rfolha@sp.senac.br)

Todos os direitos desta edição reservados à
Editora Senac São Paulo
Rua Rui Barbosa, 377 – 1º andar – Bela Vista – CEP 01326-010
Caixa Postal 3595 – CEP 01060-970 – São Paulo – SP
Tel. (11) 3284-4322 – Fax (11) 289-9634
E-mail: eds@sp.senac.br
Home page: http://www.editorasenacsp.com.br

© Margareth Cristine Libardi, 2003
www.assuntodemodelo.com.br

SUMÁRIO

Nota do editor 7

Agradecimentos 11

Apresentação 13

Profissão modelo, sim! 15

I Parte – Passado 17

História da profissão 19

II Parte – Presente 75

O que é ser modelo? 77

Como é essa profissão? 79

O sonho 85

A realidade: você pode ser modelo? 91

Defina seu biótipo 97

Como se tornar modelo 103

Mercado de trabalho 111

O caminho a seguir 169

Estágios da carreira 185

Opções de trabalho 193

Quem contrata modelo 213

Aprenda a ser modelo 215

Concursos 227

Agências de modelos 231

Nome artístico 251

O ensaio fotográfico 253

Prepare seu "currículo" 261

Apontamentos 273

Testes 275

Os primeiros trabalhos 283

Com quem modelos se relacionam 285

Cuidados com a aparência 287

Profissionalismo 311

Burocracia 319

Ética também é marketing 333

Quando viajar é preciso 339

Nem toda nudez será castigada 345

Pesadelo de modelo 355

Invista em você 375

Cuide bem da sua carreira e do seu dinheiro 381

Do anonimato à fama 391

Vida de estrela 399

III Parte – Futuro 409

Como enfrentar as mudanças... 411

O que você vai ser quando "crescer"? 417

Cases do Brasil 421

Uma história de modelo 423

Palavra de modelo 425

Nomes que você deve conhecer 429

Referências bibliográficas 433

Colaboradores 437

Índice geral 441

NOTA DO EDITOR

Margareth Libardi tem uma experiência de vida e de profissão que se projeta neste livro de forma exemplar. Foi modelo por alguns anos, concluiu depois disso duas faculdades e engajou-se numa grande produtora de filmes publicitários, no seu departamento de elenco. Sentiu como modelo as ansiedades desse trabalho, as alegrias e, é inevitável, as decepções, para enfim retornar ao mesmo "clima" em outras condições, com perspectivas diversas. Tudo permeado por um gosto que é bem seu de conhecer, de saber a história, de avaliar a situação presente e imaginar o que está por vir – neste caso, no mundo da moda e da publicidade, que é principalmente o de atuação dos modelos profissionais.

O resultado dessa teoria e prática de Margareth é *Profissão modelo: em busca da fama*, que o Senac São Paulo lança com a certeza de uma obra orientadora acrescentada a vários títulos anteriores de desvendamento da atividade profissional. E que lança também como nova contribuição bibliográfica à área de interesse do seu Centro de Educação em Moda e de sua Faculdade Senac de Moda.

A Eric e Ian, meus filhos, meus ídolos.

Marco, que me deu tanto apoio durante essa jornada.

Wilma, minha mãe, uma pessoa exemplar em quem eu me espelho para ser melhor.

Meus irmãos, Mara (*in memoriam*), Márcia e Maurício, que sempre desejaram o meu sucesso.

AGRADECIMENTOS

Escrever este livro foi como uma longa viagem, daquelas que a gente volta cheia de experiências, com um olhar diferente, novos amigos e bem mais feliz. Sou muito grata a todos que me ajudaram nesse projeto, direta ou indiretamente. Ao pessoal da 5.6 Filmes, onde esse livro começou a ganhar vida. Wellington Amaral, Magrão, Paulo Roberto, Claudio Meyer, Naná, Elizângela, César Soares, Débora Toledo e todos que me deram a chance de conhecer melhor esse mundo. Aos modelos, atores, produtores, maquiadores e cabeleireiros (Mauro Sanches e Beto Gomes) e tanta gente que conversou comigo sobre esse assunto. A Sergio Chilvarguer, que me permitiu continuar envolvida com essa história. A Jocilane, um exemplo de jornalista e de coragem. Aos agentes Olivier Daube e Simone, Helder Dias, Marcello Musitano, Airton Martins e Laura Vieira; aos assessores Ana Schauff, Dênis Nunciaroni, Erika Digon e Márcia Dadamos. A Alex Ratto. A Adael, da Alcântara Machado. A minha editora Isabel Alexandre, que acreditou nesse projeto, e a Sandra Fernandes, que me ajudou sempre que precisei. Obrigada a todos os meus entrevistados, especialmente a Marcus Panthera, Astrid Façanha e Beth Martinez, que me permitiram conhecer tantas outras figuras importantes para navegar nesse barco comigo. Além de ganhar informação, criei um envolvimento com todas essas pessoas que mostraram seu lado melhor, contribuindo para a profissionalização dos modelos. *Thanks!!*

Agradeço também a Norton Nascimento, a Anica Beara e a outras pessoas que tentaram me dar uma entrevista, mesmo que relâmpago, devido à falta de tempo ou a desencontros.

APRESENTAÇÃO

Por alguns anos da minha vida, dediquei-me à carreira de modelo, interrompendo-a por motivos pessoais. Voltei a estudar, terminei duas faculdades e depois de tantos anos fui trabalhar no departamento de elenco de uma grande produtora de filmes publicitários de São Paulo. Minha tarefa principal era montar um enorme banco de dados com modelos e atores de São Paulo, outros estados e até internacionais. Conhecer as agências de elenco, avaliar seu perfil, cadastrar seu cast e mantê-lo atualizado abriu uma nova estrada para mim.

Ao passar todos os dias conhecendo modelos, lidando com suas fotos, falando com agências, participando de filmagens, produzindo elenco, entre outras coisas, comecei a desenvolver um senso crítico, avaliando o que se deve ou não fazer para se tornar um modelo de sucesso. Aliás, notei que a maioria das agências de modelos não possui essa visão, já que conhece muito bem apenas o seu universo.

Muita gente ligava querendo ser modelo, pedindo informação, dicas, conselhos, endereços de agências. Alguns não tinham a menor noção de como iniciar, outros queriam aperfeiçoar-se. Acredito ter ajudado muita gente e feito algumas simplesmente desistirem.

Agências e modelos ligavam perguntando-me por que não conseguiam trabalhar para aquela produtora. Também queriam saber qual o critério de escolha de um modelo ou de outro.

Percebi que muitas pessoas queriam saber sobre a carreira de modelo, e não havia nenhuma publicação que abordasse o assunto de uma forma mais abrangente. Havia muita informação espalhada. Uma matéria numa revista, uma entrevista na tevê, um curso, um *workshop*, *sites* na internet, mas nada que pudesse esclarecer completamente as dúvidas dessas pessoas.

Então, comecei a organizar minhas idéias, fiz várias pesquisas, entrevistei profissionais da área, famosos ou anônimos, e reuni todos os assuntos relacionados à profissão, englobando tudo numa única publicação. Coloquei no papel aquilo que considero relevante para fazer um bom profissional.

Não existe uma fórmula para alcançar a fama, mas é possível aprender a fazer uma busca consciente do sucesso, descobrindo suas qualidades e exibindo-as. Trabalhando melhor suas limitações, enxergando seus erros e corrigindo-os. O que importa profissionalmente é estar melhor a cada dia.

PROFISSÃO MODELO, SIM!

Há quem ainda pense que não. Como não?! Que profissão tornou famosas Gisele Bündchen, Naomi Campbell, Cindy Crawford e Claudia Schiffer?

A maioria dos que pensam que ser modelo não é profissão não tem idéia da responsabilidade e importância atribuída a esses profissionais, muito menos da fortuna que conseguem acumular. As supermodelos, com cachês astronômicos, conseguem chegar facilmente ao primeiro milhão. Em poucos anos de carreira, as belas que brilham constroem um patrimônio digno de respeito.

Mesmo modelos menos famosas, mas que trabalham constantemente, conseguem faturar mensalmente o que muito chefe de família sempre sonhou e nunca realizou. Quem ainda pensa que ser modelo é um "bico" está bastante desinformado – ou precisa colocar o preconceito de lado.

Este livro está dividido em três partes: passado, presente e futuro. A primeira parte aborda a origem da profissão e sua evolução. A segunda traz desde informações básicas para quem pretende iniciar a profissão até curiosidades, além de informações importantes para quem já trabalha. Por fim, a terceira parte aborda o futuro dos modelos, sem previsões, apenas mostrando os diversos caminhos que ex-modelos seguiram, aproveitando sua experiência ou fama e construindo um futuro que se traduziu em sucesso de vida.

Longe de pretender ser uma fórmula para chegar à fama, este livro tem por objetivo abordar a profissão de modelo como um todo, oferecendo recursos suficientes para que cada profissional siga seu caminho da melhor maneira. Além de estar recheado de curiosidades, ainda serve como um bom tira-dúvidas sobre a profissão, fornecendo desde orientação para os passos básicos de quem deseja iniciar a carreira até informações e dicas para modelos profissionais que buscam redirecioná-la a fim de alcançar o sucesso. Com este livro, você vai adquirir mais informações e poderá escolher o melhor caminho para atingir seus objetivos.

Mergulhe nestas páginas e conheça melhor essa profissão aparentemente maravilhosa e divertida, mas que exige responsabilidade, profissionalismo e habilidades como qualquer outra. Reflita sobre isso, vá em frente e boa sorte!

I PARTE

Passado

HISTÓRIA DA PROFISSÃO

ORIGEM

Parece instinto humano cultuar a beleza. Definir padrões do que é belo, descobri-lo e apreciá-lo é um hábito que atravessa civilizações. Já na Antiguidade os artistas criavam suas esculturas, procurando retratar a beleza da época. A fonte de inspiração eram os "deuses", seres imaginários, supostamente perfeitos, baseados em figuras humanas. Os gregos acreditavam em divindades, criaturas mitológicas e heróis humanos. Na mitologia grega, Afrodite era a deusa do amor e da beleza. Na mitologia romana, essa deusa era Vênus. No Olimpo, a morada dos deuses na mitologia grega, mesmo os outros deuses eram belos, simbolizando a perfeição. Eles eram os "modelos de beleza" da civilização antiga.

Séculos depois, os artistas plásticos começaram a usar pessoas, os "modelos vivos", para inspirá-los na criação de seus quadros ou esculturas. Esses modelos precisavam passar horas imóveis – um trabalho cansativo, mas compensador. Afinal, alguns deles foram imortalizados por meio da arte. Tornaram-se conhecidos, representando eternamente o padrão de sua época. Um exemplo disso é a Mona Lisa, modelo do pintor Leonardo da Vinci em sua famosa obra.

Até a descoberta da fotografia, era a pintura que registrava a imagem das pessoas. Os gênios dessa arte costumavam pintar

Réplica da estátua de Afrodite, conhecida como a Vênus de Milo, representante da beleza feminina.

retratos. Quando não eram criados personagens, utilizavam-se modelos reais. Geralmente eram nobres, esposas, filhos e amigos dos pintores, e outras musas inspiradoras. Nos quadros da maioria desses artistas, as mulheres usavam roupas nobres. De certa forma, elas eram modelos de moda.

No século XVIII, os pintores da Renascença já selecionavam e pagavam modelos. Em meados desse mesmo século surgiram as primeiras revistas de moda, onde eram exibidos os trabalhos de costureiras da realeza. Em 1856, um livro exibia fotos de uma mulher nobre, uma fidalga da corte de Napoleão III, mostrando seu famoso guarda-roupa. Começava a se estruturar o conceito de modelo de moda. Aliás, a moda nasceu em Paris, na França, onde naturalmente surgiram as primeiras representantes dessa profissão. Em 1858, o costureiro inglês Charles Worth abriu em Paris o primeiro salão de alta-costura. Foi ele o primeiro a apresentar desfiles com manequins vivos para vender suas criações. Maria Vernet, sua esposa, tornou-se sua modelo, a primeira da história dessa profissão.

Por volta de 1865 o Brasil tinha o *Jornal das Famílias*, que trazia novidades da moda francesa, imitada pelas brasileiras.

Em 1894 foi criada a passarela, mas as modelos que desfilavam em passarela não eram muito bem-vistas. Pelo menos as *socialites* da época não podiam se exibir assim. Os costureiros passaram a ter como manequins as estrelas do mundo do espetáculo, especialmente bailarinas e atrizes. No palco e fora dele, elas vestiam suas criações e influenciavam as mulheres em seu modo de vestir.

Numa época em que o consumo de moda era mais um capricho da elite, desfiles seriam eventos raros. No mundo que não tinha comerciais de tevê, servir de modelo era apenas um acontecimento, e não uma profissão. Mas o hábito de eleger representantes de uma estética perfeita continuava existindo. Diz-se que a primeira Miss Brasil foi eleita em 1865: a dançarina francesa Aymeé, radicada no país verde e amarelo.

EVOLUÇÃO

Do culto ao belo surgiu uma profissão que fazia da beleza seu produto principal. O que era uma eventual ocupação virou uma quase profissão. E, para isso, muitas décadas se passaram. Muitas transformações ocorreram.

Um dos fatores que afetam essa profissão é o conceito de beleza, bastante dinâmico. Não existe um conceito universal e absoluto de beleza. Este conceito muda com o passar do tempo e de acordo com a sociedade.

Cada época tende a valorizar mais um certo tipo de corpo, de rosto. Por isso, você depende um pouco da sorte de nascer de acordo com a beleza cultuada na sua época. Pode parecer inacreditável, mas ter celulite e um pouco de gordura sobrando já foi muito bom. As mulheres consideradas sensuais eram mais pesadas no século XVII, por exemplo. Os homens veneravam o tipo "cheinho". As musas de pintores como Rubens, no quadro *As três graças*, eram mulheres rechonchudas, com aqueles furinhos indesejáveis nas nádegas.

Isso me faz pensar que na Pré-História o modelo de beleza feminino deva ter sido do tipo da pequena e robusta mulher troglodita.

Mas hoje a sorte de nascer de acordo com esses padrões nem precisa ser tão grande. Você pode construir sua beleza, refazendo o seu nariz, seu queixo, sua barriga, seus dentes e tudo o que a tecnologia e os avanços da medicina permitem. Mas ainda há limitações. Não dá para pedir ao médico que aumente 15 cm em sua altura para que você possa desfilar em Milão.

Como esse conceito também muda de acordo com a sociedade, os padrões de beleza de uma determinada época não são exatamente os mesmos em todos os lugares. O exemplo não está muito longe. Enquanto os norte-americanos valorizam excessivamente os seios nas mulheres, os brasileiros preferem o bumbum. Mas, com a moda de colocar silicone, as preferências começaram a se alterar. De mulheres voluptuosas a mulheres magérrimas, o conceito continua em transição.

O mais curioso em tudo isso é que o padrão de beleza das ruas é diferente do padrão de beleza da moda. Quantos homens sentem atração pelas magérrimas tops da alta-costura? Essa ditadura da beleza é imposta por uma elite que inclui estilistas, produtores, publicitários, editores de moda e de revistas masculinas. E, de tanto ver um tipo determinado nas capas das revistas e nos comerciais, muitas pessoas passam a achar que é esse o padrão a ser seguido, o que acaba gerando insatisfação em quem não nasceu desse jeito. E isso não muda em pouco tempo. Alguns anos são necessários para se estabelecer uma mudança de padrão.

Um outro aspecto que passou por grandes transformações foi o respeito que a profissão de modelo ganhou gradativamente. No tempo em que mulheres eram educadas para cuidar do lar ou no máximo serem professoras, a profissão de modelo, assim como a de atriz, foi vítima de um grande preconceito, que ainda existe nas criaturas mais convencionais. As pessoas em geral julgavam esse trabalho como algo próximo à prostituição.

O mundo se transforma, e as mudanças ocorrem em todas as áreas. Ao longo do século XX, a profissão de modelo tomou forma, o que podemos atribuir ao crescimento industrial e a invenções como a fotografia, a tevê, as revistas coloridas, a internet, etc.

Em cem anos, várias mudanças ocorreram. E nas últimas décadas a profissão tornou-se muito mais valorizada, talvez em razão da evolução da moda e da publicidade no mundo, setores que ganharam maior importância na economia de muitos países, e responsáveis pela contratação de modelos.

1901-2000 - UM SÉCULO DE TRANSFORMAÇÕES

Em cada década, um tipo de mulher diferente torna-se símbolo de beleza. Surgem novos meios de comunicação, novas tecnologias, novos conceitos, novas formas de pensar e novas necessidades. Tudo isso contribuiu para que os modelos de hoje pudessem se orgulhar da profissão que têm.

Primeira década

Já haviam inventado a fotografia, o cinema, o telefone, o rádio e o automóvel, mas o começo do século retratava um mundo no qual as mulheres não tinham participação na vida profissional, e mesmo sua vida social era restrita. Ainda na era do espartilho e sem direito a voto, elas eram educadas para cuidar do lar, do marido e dos filhos; eram dependentes financeiramente; e tudo que fugisse ao comportamento padrão era sinônimo de escândalo. Podemos imaginar como devia ser difícil ser modelo nessa época. No século que se iniciava, entretanto, a condição feminina sofreria grandes transformações.

Num mundo em que as mulheres sofriam tantas restrições, cuidar da beleza era permitido. E Helena Rubinstein iniciava a fabricação de cosméticos para embelezá-las.

A maioria das modelos eram atrizes de teatro e dançarinas. Por outro lado, as aristocratas costumavam exercer esse papel. Elas apareciam nas revistas de moda apresentando seus vestidos. Era bastante comum fotógrafos e costureiros fazerem das próprias esposas suas musas e modelos. Muitas ganhavam roupas como recompensa pelo trabalho. Dentro dos ateliês franceses de alta-costura, as vendedoras, geralmente moças de classes mais baixas, faziam o papel de manequins e apresentavam às clientes a arte dos costureiros.

Pintores e escultores continuavam usando pessoas como fonte de inspiração para suas obras de arte. Já os ilustradores trabalhavam muito para a publicidade. As garotas-propaganda, imaginárias ou reais, apareciam em forma de desenho nos anúncios.

A fotografia levou tempo para se popularizar. Eram raros ainda os anunciantes que podiam pagar por esse luxo. Os modelos começavam a aparecer com nitidez nos anúncios que faziam uso de fotos publicitárias. Iniciava-se uma nova forma de fazer propaganda.

Em tempos de muito pudor, um anúncio da Coca-Cola, nos Estados Unidos, exibia a imagem de uma moça de seios de fora, incomodando algumas pessoas.

A revista *Vogue* americana entrou no cenário de moda, mas a força da moda estava em Paris e Londres. A Europa exportava seu glamour também por meio de roupas e revistas. O Brasil era abastecido pelas revistas de moda que vinham do exterior, principalmente as francesas, como *La Mode Illustrée*. A revista

Anúncio ilustrado da água mineral Caxambu, publicado na revista *A Careta*, em 1905.

Fon-Fon era uma publicação nacional, assim como *A Estação*, uma versão brasileira da parisiense *La Saison*.

O Brasil ainda importava muitos produtos de outros países, e não precisava tanto de modelos quanto os países que editavam revistas, criavam uma moda própria e geravam outras oportunidades. Mas, para reverenciar a beleza, elegeram a carioca Violeta Castro a moça mais bonita do Rio de Janeiro em 1900.

Anos 1910

Começam a surgir grandes fotógrafos de moda, muitos deles fidalgos. O trabalho aumentou, e em 1913 a *Vogue* de Nova York contratou o primeiro fotógrafo em tempo integral.

No mundo editorial, a famosa revista *Bazaar* já existia, ainda com o nome *Bazar*. O Brasil ganhou novas publicações. Em 1914, é lançada em São Paulo a *Revista Feminina*. Em seguida foram criadas a *Rainha da Moda* e *Mundo Elegante*. Na Inglaterra, a primeira edição da *Vogue* foi publicada em 1916.

Enquanto estourava a Primeira Guerra Mundial, o mundo da moda progredia. Os desfiles de moda ganhavam forma. Em 1914 o estilista Jeanne Paquin apresentou em Londres um desfile mais elaborado, um verdadeiro espetáculo com encenação musical. No mesmo ano, montou-se uma espécie de passarela em Chicago para que os espectadores pudessem ver melhor as roupas. Enquanto isso, a *Vogue* realizava seu primeiro desfile em Nova York, e para isso colocou um anúncio à procura de modelos. A partir daí, os manequins começaram a ganhar importância no mundo da moda na América.

A indústria da beleza começa a dar passos cada vez mais ousados, sofisticando seus produtos. Em 1914 foi criado o popular creme Rugol para o rejuvenescimento feminino.

Em 1918 termina a Primeira Guerra Mundial. No ano seguinte, Chanel instala-se em Paris. Enquanto surgem novos

Anúncio ilustrado de fábrica de doces.

nomes na alta-costura, as modelos tornam-se mais necessárias. As atrizes do cinema mudo ganham destaque.

Anos 1920

Cabelos curtos, silhueta esguia e olhos muito marcados eram sinônimo do belo. Louise Brooks foi o símbolo dessa década.

Modelos

Os atores continuavam posando de modelos, como fazia John Robert Powers. Geralmente as modelos vinham do teatro, mas havia exceções – modelos da alta sociedade, de famílias tradicionais. Os pais não queriam que suas filhas fossem modelos. As

Campanha do Odol, publicada na revista *O Cruzeiro*, em 1929.

mocinhas bem-nascidas não costumavam trabalhar. E não havia glamour na vida de modelo. Ninguém ganhava fama servindo de cabide para mostrar à sociedade a arte dos estilistas ou aparecendo em forma de ilustração nas campanhas publicitárias. Isso era interessante para as garotas de famílias mais pobres.

Agências

Os modelos eram contratados por fotógrafos, publicitários, ilustradores, revistas de moda, fabricantes de roupas e lojas de departamentos. Em geral, esses clientes recrutavam modelos por meio de anúncios ou de pessoas conhecidas. O contato era direto, não havia agências.

O ator John Robert Powers, que costumava arranjar modelos para um fotógrafo importante, abriu em Nova York, dentro de sua própria casa, a primeira agência de beldades. Em 1923, lançava o primeiro catálogo de modelos para os clientes. A agência Powers foi responsável por valorizar a imagem dessa atividade na América. Ser modelo deixava de ser um demérito para as famílias. Muitas das modelos Powers tornaram-se atrizes famosas, como Lauren Bacall. Em 1928, a ex-modelo Sylvia Gollidge abriu em Londres a Escola de Modelos Lucie Clayton. Logo depois, abriu uma agência de manequins e modelos fotográficos. Como Powers em Nova York, ela tornou a profissão respeitável em Londres. No fim da década, Nova York ganhou mais uma agência de modelos, fundada por Walther Thornton.

Características

O profissionalismo gradativamente se instalava. As revistas importantes começaram a substituir suas primeiras modelos (atrizes e dançarinas) por modelos profissionais. Um estilista europeu chegou a buscar modelos na América. As modelos dos salões de alta-costura europeus também eram profissionais, mas não eram bem tratadas pelos costureiros, não tinham boa reputação e, talvez por isso, nem usavam sobrenome. Mas isso estava para mudar.

Anúncios como os da Coca-Cola exibiam fotos de modelos ainda em preto-e-branco.

As modelos americanas ganhavam cerca de 5 dólares por hora de trabalho. Elas tinham que levar os próprios acessórios para trabalhar. Não havia um trabalho de produção como hoje.

Oportunidades

A mania de eleger a beleza ganhou forma. Em 1921, foi criado o concurso Miss América nos Estados Unidos, onde também foram realizadas algumas edições do concurso Miss Universo. Em 1922 a paulista Zezé Leone ganhou o concurso de Miss Brasil, considerado por muitos o primeiro do país. Em 1929 o evento se repetiu, e quem venceu foi a carioca Olga de Sá.

Saiu a primeira edição da *Vogue* francesa. Coco Chanel e outras costureiras criavam moda. Paris já convivia com temporadas de desfiles. A revista *Bazar* passou a se chamar *Harper's Bazaar*, virando uma elitizada revista de moda. Em 1929 a crise da Bolsa de Nova York abalou o mundo, inclusive o Brasil. Esta-

Reprodução da revista *Miss Brasil 2000*/Cortesia de Boanerges Gaeta Jr.

Zezé Leone, a Miss Brasil 1922.

Reprodução da revista *Miss Brasil 2000*/
Cortesia de Boanerges Gaeta Jr.

Olga Bergamin de Sá, a Miss Brasil 1929.

dos Unidos, Alemanha e Inglaterra sofreram com desemprego e falências. A França perdeu clientes da alta-costura. Nesse mesmo ano foi fundada a *Harper's Bazaar* londrina.

No Brasil, as revistas abriam espaço para as beldades da época. *Noite Ilustrada, Vida Doméstica, Eu Sei Tudo* e *Almanaque* eram algumas delas. Havia reportagens com dicas de beleza e ginástica para ajudar a mulher a manter a forma. Nas campanhas publicitárias, o desenho ainda dominava, mas as fotos já mostravam personalidades e tendências de moda. Fotografias de estrelas de Hollywood, bailarinas e esportistas recheavam essas publicações. Como modelos de beleza, eram essas moças que apareciam em fotos como as de moda esportiva para jogar tênis. Mas as *misses* também enfeitavam essas revistas. Em 1928 foi lançada no Rio de Janeiro uma revista em cores: *O Cruzeiro*.

Anos 1930

Modelos

Já havia modelos famosas, pelo menos dentro do seu país. Na América do Norte, Anita Counihan, com seu rosto perfeito, era considerada uma supermodelo. Francine Counihan, sua irmã, foi considerada pela revista *Life* uma das mais elegantes modelos dos Estados Unidos.

Autodidata, a sueca Lisa Fonssagrives era considerada uma modelo muito profissional. Ela estudava estátuas e quadros para ver como devia sentar-se, ficar de pé, juntar as mãos, sorrir. Para aprender os truques, chegou até a estudar fotografia.

Em Nova York, mais de duzentos modelos trabalhavam continuamente. A maioria eram mulheres. Havia modelos especializadas em chapéus, em roupas para jovens, em cosméticos.

Ainda não havia muitas modelos em Paris. A princesa Natasha Paley, uma aristocrata russa casada com um costureiro, era uma das preferidas de um fotógrafo da *Vogue*.

Agências

Na Europa e nos Estados Unidos, já era importante ter um agente, embora os fotógrafos conhecessem as modelos e soubessem onde encontrá-las. Apenas as supermodelos podiam dispensá-los.

Em Nova York, por volta de 1937, o ex-modelo Harry Conover abriu sua primeira agência. Ele começou a criar nomes artísticos para suas modelos, como faziam as atrizes.

A essa altura, a cidade possuía outras agências, e elas já apresentavam perfis diferentes. A Powers selecionava aristocratas lânguidas e esguias (Power Girls), enquanto a agência de Conover escolhia garotas do tipo colegial, coradas e saudáveis (Cover Girls). A Powers era conhecida pelas modelos de alta-costura. Suas modelos não deveriam fazer fotos sem roupa ou anúncios de roupa íntima, depilatórios, desodorantes e trajes de banho. Para as modelos que aceitassem a proposta, Powers exigia pagamento extra.

Características

Ser modelo ainda não parecia ser algo glamoroso. O preconceito estava vivo. Um fotógrafo dizia que vaca tonta era sinônimo de modelo. Para outro, elas eram cabides de roupas.

A publicidade prosperava, beneficiando agentes e modelos. O sucesso da agência Powers melhorou o *status* social das modelos, que passaram a ganhar mais.

Ao mesmo tempo que surgiam os filmes coloridos, foi lançada uma câmera que permitia fotos de moda ao ar livre. Em 1932 foi feita a primeira foto colorida de moda, e a primeira capa fotográfica da *Vogue*. Em 1939 foram produzidas as primeiras fotos de moda com mulheres em movimento, uma modernização nessa área. Nesse mesmo ano, a Segunda Guerra Mundial viria modificar muitos aspectos desse mercado.

Oportunidades

As maiores oportunidades para os modelos consistiam em desfiles de moda, fotos para revistas de moda e catálogos.

Além das glamorosas revistas de alta-costura *Harper's Bazaar* e *Vogue*, as revistas *Mademoiselle*, *Town & Country*, além de magazines sensacionalistas e cartazes, necessitavam de modelos.

As costureiras italianas Nina Ricci e Madeleine Vionnet elaboravam suas criações em modelos vivas, colocando o tecido diretamente sobre manequins.

A publicidade nessa época ainda era chamada de reclame. Anúncios de creme dental, sabonete, remédio, geladeira recheavam as revistas. Nem todos usavam fotos, ainda muito caras e em preto-e-branco. Eram comuns as figuras desenhadas, chamadas de "ilustrações".

A L'Oreal lançou em 1930 a tintura para cabelos, que viria embelezar as mulheres e criar novas oportunidades para as

Campanha do Rhum Creosotado, publicada na revista *A Saúde da Mulher*, em 1939.

modelos que estampavam suas embalagens. Anúncios de xampu, cigarros e outros produtos também constituíam boas oportunidades, mas a publicidade significava dinheiro com menos glamour.

No Brasil, a revista de moda *Fon-Fon* era muito conhecida. *Jornal das Moças* era uma revista de moda para noivas. Revistas como *Eu Sei Tudo* e *Almanaque* traziam notícias de Hollywood e Londres, estampando fotos vindas do exterior. Fotos de atrizes hollywoodianas e de *misses* continuavam tendo espaço nessas publicações. Uma reportagem de beleza trazia fotos com modelos que demonstravam os movimentos de ginástica.

Os concursos de *miss* ganhavam espaço. O Brasil organizou em três anos o concurso de Miss Brasil. Em 1930 organizou também o Miss Universo. A vencedora foi a gaúcha Yolanda Pereira. Ela conquistou o título de vestido preto e sem maquiagem, pois esse artifício era proibido pelos jurados da época. As candidatas precisavam provar que eram belas ao natural. As *misses* desfilavam com maiôs inteiros, enormes, parecendo shorts. Era desse mesmo jeito que as estrelas geralmente apareciam nas fotos das revistas. Outros países organizaram concursos de Miss Universo, às vezes no mesmo ano. Em 1938, dona Lily de Carvalho Marinho, viúva de Roberto Marinho, foi Miss França.

Reprodução da revista *Miss Brasil 2000*/ Cortesia de Boamerges Gaeta Jr.

A Miss Brasil Yolanda Pereira também recebeu o título de Miss Universo em 1930.

Em 1935, Rosa de Libman inaugurou sua maison em São Paulo, criando a grife Madame Rosita. Em 1938 ela realizou um desfile no Teatro Municipal de São Paulo. Foi ela quem iniciou o hábito dos desfiles de moda no país, impulsionando o mercado de modelos brasileiro.

Anos 1940

Modelos

No exterior, entre as modelos de sucesso viam-se Dorian Leigh e sua irmã Suzy Parker, Lisa Fonssagrives, Carmen Dell'Orefice e Jean Patchett, que começava a carreira. Anita Colby foi o rosto do início da década. Dorian Leigh aparecia em várias revistas, e foi classificada como supermodelo. Em 1943, Lauren Bacall era chamada "The Look". Modelos negras começaram a participar de alguns desfiles.

Beleza combinava com cinema, e muitas atrizes foram descobertas em concursos de beleza e capas de revistas. Sophia Loren foi descoberta por um produtor enquanto participava de um concurso de beleza, e Grace Kelly era uma modelo de sucesso em Nova York.

Em 1948 a brasileira Ilka Soares ganhou um concurso de beleza. Ela foi uma das modelos mais famosas das Casas Canadá.

Agências

Em Nova York, a agência de Conover tornou-se a maior da cidade. Em 1946, o casal Eileen e Jerry Ford montou dentro de casa um escritório para agenciar modelos. Mais agências surgiam em Nova York. Uma delas era a Fashion Bureau, da top Dorian Leigh. Em 1947, Los Angeles ganhava a primeira agência de modelos.

Na França ainda não havia agências de modelos. Lá esse tipo de empresa não era permitido. As modelos dos ateliês de alta-costura de Paris faziam seus próprios contatos.

Características

Nos Estados Unidos, os cachês giravam entre 10 e 25 dólares por hora, e os modelos pagavam 10% de comissão para a agência. As modelos ganhavam mais importância: a revista *Time* fazia referência à modelo mais bem paga e mais elogiada da alta-costura.

Em 1946, o francês Louis Réard inventou o biquíni. As manequins profissionais não queriam posar com aquela "roupinha indecente". Para mostrar sua criação, ele teve que chamar uma *stripteaser*.

Oportunidades

Até meados dos anos 1940 ainda se usava muita ilustração. Aos poucos, as revistas e os publicitários começaram a usar mais fotografias. Além de *Vogue* e *Harper's*, *Mademoiselle*, *Glamour*, outras revistas de moda abriam mais possibilidades para modelos. As privilegiadas eram clicadas por fotógrafos brilhantes, como Irving Penn e Richard Avedon, que em 1949 já reinava na *Harper's Bazaar*. Fotografar para catálogos ou para fotonovelas era outra opção.

A Segunda Guerra Mundial afetou a indústria da moda, a publicidade e, conseqüentemente, os modelos. Paris sofreu, e nomes importantes da alta-costura, como Chanel, fecharam seus ateliês. Jean Patou e outros continuaram, mas o centro da moda se transferiu para os Estados Unidos, onde surgiram vários estilistas de roupas esportivas. O negócio da moda cresceu, e começaram a surgir grandes desfiles na América do Norte. Em 1945 a guerra chegou ao fim. Um mundo diferente estava por vir. Com o fim do racionamento dos tecidos, a indústria francesa da moda se revigorou, e as apresentações das coleções tornaram-se periódicas e regulares. Em 1947, Dior abriu seu ateliê.

No Brasil, a Segunda Guerra não significou a paralisação do mundo dos negócios. Em 1942, a Coca-Cola e o sorvete Kibon,

O SEU ROSTO TEM *zonas perigosas*

CRAVOS e espinhas que se accumulam em certas partes do rosto são um perigo constante, que cumpre evitar, em beneficio da belleza das feições. A pelle flacida, sem viço, que começa a encarquilhar-se prematuramente, é campo propicio ao apparecimento de espinhas, cravos e outras imperfeições. Para fortalecer a pelle, revigorando os tecidos, use Rugól em massagens nas faces, na testa e no pescoço. Rugól penetra profundamente nas camadas subcutaneas e fortifica os tecidos, dando viço e belleza á cutis. Use Rugól como seu creme de belleza, retirando o excesso com uma toalha secca ou humida e depois de enxuto poderá fazer sua "maquillage" ou applicar o pó de arroz para sahir. Á noite, antes de se deitar, retire com uma toalha humidecida o creme usado durante o dia. Depois, lave bem o rosto e applique nova camada de Rugól. Em pouco tempo sua cutis terá de novo o aspecto sadio da juventude.

LABORATORIOS
ALVIM & FREITAS,
SÃO PAULO

Creme RUGÓL

Reprodução da revista *Eu Sei Tudo*, ano 24, nº 10, de 1941

Campanha do creme Rugol, publicada na revista *Eu Sei Tudo*, em 1941.

História da profissão

Campanha do perfume Atkinsons, publicada na revista *Eu Sei Tudo*, em 1941.

Reprodução da revista *Eu Sei Tudo*, ano 24, nº 12, de 1941

grandes anunciantes, entraram no país – que, com o bloqueio das importações, investiu em sua indústria têxtil e de confecções. As costureiras Madame Boriska, Madame Rosita e Madame Georgina destacavam-se como intérpretes da moda francesa. Em 1944 Madame Rosita fez o primeiro desfile profissional do Brasil. Logo depois seguiram-se outros.

Depois das revistas de elegância *Rio Sombra* e *Rio Magazine*, surgem as revistas femininas *A Cigarra* e *Moda Ilustrada*, ampliando as oportunidades para as beldades.

Em 1949 o Brasil realizou outro concurso de *miss*.

Anos 1950

Modelos

Nos Estados Unidos, o negócio de modelos já se havia profissionalizado. Dovima, Suzy Parker, Lisa Fonssagrives e Jean Schrimpton estavam entre as modelos de sucesso.

Em Paris, as estrelas da moda eram as exóticas moças sem sobrenome que trabalhavam para os ateliês. A falta de modelos na Europa era preenchida pelas americanas. O preconceito racial era forte no mundo da moda. Como exceção, a modelo negra China Machado desfilou para nomes como Valentino (ainda iniciante), Dior e Pierre Cardin. A maioria trabalhava em anúncios e revistas dirigidas ao consumidor negro.

Mais mulheres belas se tornavam atrizes. A francesa Brigitte Bardot foi descoberta para o cinema por meio de uma capa da revista *Elle*. Marilyn Monroe, um dos maiores mitos de Hollywood dessa década, foi modelo antes de ser atriz.

No Brasil, por volta de 1955, Lúcia Cury tornou-se manequim e desfilou na Europa. Em 1958, a modelo carioca Adalgisa Colombo foi Miss Brasil e se tornou manequim em Nova York.

Agências

Em 1950, a agência Ford Models dava início em Nova York à sua longa história. As cinco maiores agências de Nova York eram Ford, Paul Wagner, Stweart, Frances Gill e Plaza Five, estas duas últimas fundadas nessa década. Os Ford já faziam um bom trabalho como agentes. Em relação à saúde e beleza, indicavam dietas, dermatologistas e cabeleireiros. No que se refere à formação, estimulavam suas modelos a aperfeiçoar-se estudando idiomas, dança e interpretação. Quanto à imagem, não permitiam que elas anunciassem desodorantes, muito menos roupas íntimas. Aliás, a Ford ficou conhecida como uma agência mais "família".

Na França, Dorian Leigh passou a representar modelos da Ford America. Um intercâmbio de modelos começou a acontecer. Enquanto as americanas eram enviadas para a Europa, as européias, especialmente alemãs e escandinavas, iam para os Estados Unidos, fazendo muito sucesso.

Nessa década, também, surgiu a primeira agência especializada em modelos negros, a Grace Del Marco.

Nessa época, para pagar o curso de piloto, meu pai trabalhou como modelo, participando de campanhas como a do guaraná Antarctica, com Glauce Rocha. Gente da editora da revista *Rio Magazine* o convidava para esses trabalhos. Como ainda não havia agência de modelos no Brasil, essa era uma forma comum de contratá-los: por intermédio de amigos e relacionamentos profissionais.

Características

O pós-guerra é marcado pelo desenvolvimento industrial. Produção em série, consumo e comunicação de massa são palavras-chave. A alta-costura dá espaço ao prêt-à-porter, a moda que se compra pronta.

Em meados dos anos 1950, as modelos passaram a abraçar uma carreira internacional, tanto pela publicidade quanto pela alta-costura, que atravessava fronteiras. Dorian foi a primeira delas, indo à Europa duas vezes por ano e fazendo os primeiros anúncios internacionais da Revlon, que tiveram início em 1952.

Em conseqüência de mudanças na foto de moda, os fotógrafos deixaram de tratar as modelos como cabides. Elas passaram a imprimir mais personalidade às fotos. O cachê das modelos continuava subindo. O trabalho de uma top model subiu de 30 para 50 dólares por hora. Na Inglaterra, as modelos eram aceitas na sociedade. Muitas casavam-se com nobres ou políticos.

Helmut Newton fotografava para a *Vogue* francesa, fazendo provocações com fotos de mulheres seminuas.

Oportunidades

Para se somar às revistas *Glamour*, *Vogue*, *Bazaar*, havia as revistas *Sports Illustrated*, *L'Officiel* e *Look*. Havia também as francesas *Paris Match* e *Marie*.

Em 1952 foi criado o concurso oficial de Miss Universo na Califórnia. Nessa época também foi criado o concurso de beleza Miss Mundo em Londres. A primeira edição do concurso oficial de Miss Brasil foi realizada em 1954. Medidas perfeitas e uma beleza de boneca elegiam a primeira colocada. Martha Rocha, a bela baiana loira e de olhos azuis, foi a primeira Miss Brasil oficial, e conquistou o segundo lugar no concurso de Miss Universo.

O mercado brasileiro de trabalho se resumia a desfiles e fotos para revistas e jornais, até que chega a televisão no Brasil em 1950, ainda em preto-e-branco. Surgem as estrelas dos comerciais: as garotas-propaganda, que em geral vinham do radioteatro.

As revistas continuavam firmes, e a publicidade crescia. Em 1952, a revista *Capricho* foi lançada, abrindo espaço para modelos adolescentes. Em 1959, foi criada a revista *Manequim*, que dava oportunidade para modelos adultas.

Os famosos bebês Johnson ilustravam embalagens da indústria de produtos de higiene. "Era 1958 quando ganhei um concurso, aos 8 meses. Fui Bebê Johnson e estampava uma caixa que tinha talco e escovinha." (Sâmia Maluf)

O circuito de desfiles estava aquecido. O Museu de Arte de São Paulo (Masp) incentivou a moda no Brasil, trazendo

Christian Dior e manequins francesas para desfilar na Pinacoteca. Em seguida, realizou um desfile com roupas e modelos *made in Brazil*, chamado Moda Brasileira. Até montou um curso de modelos. A alta-costura brasileira começava a ganhar algum destaque. Manequins desfilavam a moda feita no Brasil por costureiros e figurinistas como Alceu Penna, Clodovil e

Desfile da I Fenit, no Parque do Ibirapuera, em São Paulo, em 1958.

Desfile da II Fenit, no Parque do Ibirapuera, em São Paulo, em 1959.

Ronaldo Esper. Os desfiles beneficentes estavam em alta. Em 1958 foi criada a Fenit, grande feira de moda que divulgava a indústria têxtil, além de estilistas nacionais e internacionais – ótima oportunidade para modelos. Muitos desfiles ocorreram nos anos seguintes.

As Indústrias Reunidas Matarazzo realizavam o Festival da Moda Brasileira, premiando criadores da alta-costura nacional, enquanto a melhor manequim do evento recebia o prêmio Sapatinho de Ouro.

Anos 1960

Modelos

O mundo passa por grandes transformações. Um toque de rebeldia e excentricidade marca a busca de uma nova cultura, de que os *hippies* são os principais representantes. É uma década marcada por sexo, drogas, *rock-n'-roll* e Twiggy. Com apenas

45 quilos, Twiggy foi a primeira modelo a se tornar um ídolo de massas, tornando-se parte da cultura *pop*. Possuía um olhar inocente, sinônimo da beleza da década. Tornou-se um ícone, e mulheres do mundo inteiro queriam imitá-la no comportamento e na aparência, que apresentava uma magreza exagerada.

Wilhelmina foi uma das mais importantes modelos da América, além de Lauren Hutton e Jean Shrimpton. A Ford de Nova York começou a contratar modelos européias ainda sem projeção. Essas new faces eram uma boa solução para o mercado americano, que já possuía mais revistas, mas nem sempre pagava altos cachês.

As modelos negras ganharam mais oportunidades nas passarelas e em capas de revistas de moda.

Até essa década, "moça direita", principalmente no Brasil, estudava para ser professora. Modelo, nem pensar. Mas as coisas pareciam estar mudando. Em 1960, Mila Moreira começava a fazer seus primeiros comerciais. Algumas de suas amigas se afastaram porque as mães proibiam a amizade com uma garota "perdida". Sua própria mãe não queria que a filha entrasse nesse "mundo", mas aceitou quando viu que esse mundo era de muito trabalho.

Helô Pinheiro, a musa que inspirou Tom Jobim e Vinícius de Morais, tornou-se a Garota de Ipanema, um ícone. Por sua causa foi criado o concurso Garota de Ipanema.

O título de *miss* era cobiçado por muitas belas da época. Além de tornar-se ícones de beleza, algumas *misses* passaram a trabalhar como modelos. Em 1963, a gaúcha Yeda Maria Vargas ganhou o título de Miss Universo, e também foi manequim e apresentadora de tevê. Em 1968, a baiana Martha Vasconcellos foi Miss Universo. Maria da Glória foi Miss Beleza Internacional e modelo no Japão. Em 1969, Vera Fischer foi eleita Miss Brasil. O público acompanhava a eleição. Todos queriam ver o espetáculo que elegia a mais bela do país, ao vivo ou pela televisão.

Agências

Na era do *rock* e da contracultura, o centro dos acontecimentos era Londres – e isso incluía a moda. Os fotógrafos passaram a ter mais importância, e dezenas de agências abriram para atender aos seus pedidos. Milão ganhou suas primeiras agências. Em meados de 1960, a Europa já possuía muitas delas, inclusive na Alemanha. Em Paris, John Casablancas fundou uma agência chamada Élysées 3, no ano de 1969.

Como Los Angeles ainda tinha poucas agências de modelos, as de Nova York também forneciam esses profissionais para tevê e cinema. Os Ford passaram a trabalhar com outras agências em Paris, fazendo intercâmbio de modelos e iniciando o planejamento de carreiras. Em 1967, Wilhelmina abriu a Wilhelmina Models, que foi por doze anos a segunda maior agência de modelos do mundo. Ela deu oportunidade para algumas negras, embora o racismo se mostrasse forte. Os fotógrafos só as queriam para o mercado consumidor negro. Mesmo assim, surgiram mais duas agências de modelos negros.

Na América e na Europa, já havia uma diferença entre tipos de agências, de modelos e de oportunidades. Existiam as agências de modelos para catálogos, para alta-costura e assim por diante. Enquanto algumas modelos faziam trabalhos de prestígio, outras faziam coisas menos glamorosas. Os catálogos já eram vistos como máquinas de fazer dinheiro.

Características

Agentes como Eileen Ford ainda não aceitavam que suas modelos posassem de lingerie. E essas profissionais tinham que carregar 6 ou 8 pares de sapatos, muitos lenços, luvas, jóias e acessórios. Elas faziam o próprio penteado, um para cada foto, e a própria maquiagem.

Até a década de 1960, as modelos posavam rígidas para as câmeras. A partir de então, elas começam a se movimentar mais, e as fotos de moda passam a ter "movimento". Entre a década de 1950 e a de 1960, as manequins seguravam nos desfiles uma placa com um número, e uma voz em *off* descrevia a roupa que usavam.

As modelos passaram a ter o nome publicado em cada foto da revista *Vogue*. Começavam a adquirir personalidade própria.

O padrão de beleza já não é tão rígido. As loiras dividem espaço com morenas e negras. Enquanto as modelos muito magras eram as mais requisitadas, outros procuravam modelos de aparência mais saudável, garotas de vida esportiva. As mais cheinhas ganham oportunidades. As modelos já possuíam uma aparência mais individualizada.

As mudanças de comportamento influenciaram a fotografia, a publicidade e, em conseqüência, o mundo dos modelos.

No fim da década de 1960, a fotografia de moda passou por uma transformação. Na onda do consumo de massa, revistas e anunciantes queriam fotos que vendessem roupas, em vez das fotos artísticas destinadas à elite. As roupas extravagantes foram trocadas por roupas mais comerciais. As modelos exóticas foram trocadas por modelos saudáveis.

Virou moda ser fotógrafo. E muitas agências foram abertas. Os agentes de modelos e os magos das lentes tornaram-se pessoas importantes. Os fotógrafos de destaque ganhavam mais que as modelos, que trabalhavam duro. Em compensação, quem virasse top ficava por uns sete anos na carreira, sempre requisitada e indestrutível. Os fotógrafos não gostavam de se arriscar com as novatas.

A modelo Patty Boyd casou-se com o *beatle* George Harrison e tornou-se uma celebridade. Começou a tendência dos casamentos entre modelos e astros da música. As modelos já não se casavam com aristocratas. A moda era ligar-se a um astro de *rock* ou a um fotógrafo famoso.

As mais requisitadas já não ficavam restritas ao seu mundinho. Elas atravessavam fronteiras para emprestar a beleza em nome da moda e da publicidade.

Oportunidades

O momento era bom para as modelos. As maiores agências de Nova York tinham centenas de contratadas. Os cachês subiram. Elas ainda posavam para os ilustradores, mas os fotógrafos eram os clientes principais. Já eram muitas as revistas de moda: *Bazaar*, *Vogue*, *Glamour*, *Mademoiselle*, *Elle*, etc. As americanas eram contratadas por marcas de cosméticos como a Revlon. Todo ano havia temporada de lançamento das coleções parisienses. A tevê representava uma renda adicional, fosse por meio de comerciais, fosse por aparições em programas.

Uma agência americana montou um concurso de caça-talentos de muito sucesso, mas o concurso de beleza Miss Universo era o grande espetáculo que começava a ser transmitido pela tevê americana.

A Pirelli passou a criar belíssimos calendários erotizados para os quais alguns dos maiores fotógrafos do mundo clicaram top models e atrizes.

O Brasil já tinha grandes trabalhos para modelos. Durante a Fenit, que estava cada vez melhor, manequins de primeira linha exibiam criações de grandes estilistas nacionais e internacionais, como Paco Rabanne. No evento, a Rhodia promovia seus *shows* inesquecíveis. Além disso, realizou muitos desfiles no Brasil e no exterior. As manequins brasileiras tinham a chance de desfilar dentro e fora do país. Essa indústria têxtil lançou uma série de desfiles de coleções brasileiras para exportação na Europa, América do Norte e Ásia. Depois apresentou a coleção em quase todas as capitais brasileiras, em espetáculos beneficentes. Segundo Mila Moreira, que foi manequim da Rhodia, embora o trabalho fosse de alta qualidade, ganhava-se bem menos que hoje.

A modelo Mirella desfila Biki na V Fenit, no Parque do Ibirapuera, em São Paulo, em 1963.

Desfile com modelos da Rhodia vestindo estampas de seus próprios rostos. A criação de Lívio Rangan foi para a XI Fenit, no Parque do Ibirapuera, em São Paulo, em 1968.

Surge a moda feita em série, e com ela os estilistas, as butiques de prêt-à-porter e novas maisons. Uma boa manequim no Brasil desfilava para a Fenit, para a Rhodia e para qualquer apresentação de coleção dos estilistas e das indústrias têxteis. Desfilar para estilistas como Alceu Penna, Clodovil e Ronaldo Esper era um *must*. Dener criou a primeira grife de moda nacional, o que veio abrir mais oportunidades para as manequins.

O mercado editorial brasileiro cresceu. Foram lançadas as revistas *Claudia*, *Realidade* e *Contigo* – esta recheada de fotonovelas ilustradas com fotos de modelos que interpretavam personagens. Os anúncios já traziam mais fotos, mescladas às ilustrações. Tudo se traduzia em mais oportunidades para os modelos.

A manequim Diva estampou revistas de moda, fez cerca de sessenta comerciais, desfilou para grandes costureiros em eventos e em programas femininos de tevê, fez figuração no programa do Chico Anísio e trabalhou como recepcionista em estandes de várias feiras. "O cachê era bom e não atrapalhava a minha carreira de manequim."

Mas ser modelo no Brasil não era tão fácil. Diva lembra: "Eu já era casada, então as agências de publicidade exigiam a assinatura do meu marido no contrato de trabalho, comprovando sua autorização". Dá para imaginar?

Anos 1970

Uma onda de liberdade contagia o mundo. As mulheres passam por uma revolução sexual, pessoal e profissional. Na era da antimoda, o estilo *hippie* predomina. Embora o uso de drogas estivesse na moda, o culto à beleza e à juventude se desenvolve. Busca-se um corpo perfeito. Estão em alta as academias de ginástica, a prática do *jogging*, produtos voltados para o rejuvenescimento, etc. O padrão de beleza Twiggy é substituído por um padrão mais encorpado. Valorizam-se a beleza natural, o corpo *sexy* e desportivo, a pele bronzeada e um rosto saudável.

Modelos

Entre Europa e Estados Unidos, já havia muitos nomes de sucesso. Lauren Hutton assina com a Revlon o primeiro contrato de exclusividade entre uma modelo e uma empresa de cosméticos. Jerry Hall é fotografada pelos mestres Avedon, Irving Penn, Helmut Newton e Scavullo. Estilistas norte-americanos e europeus abrem oportunidades para modelos negras pisarem nas passarelas. Elas ganham espaço no mercado de trabalho, e algumas se destacam. A *Vogue* norte-americana põe na capa uma esportista negra.

No Brasil, Assumpção conquistou a alta-costura, desfilando para os estilistas Dener, Clodovil e Ronaldo Esper. O país também reverenciava suas *misses*, como Lúcia Tavares Petterle, que venceu o concurso Miss Mundo.

Como disse o ex-modelo Hélio Passos, "numa época em que reinava um pequeno grupo de modelos, Monique Evans já era famosa e Rose di Primo era a musa dos cariocas". Na verdade, havia muitas outras belas que se destacavam nas passarelas ou na publicidade. Sâmia Maluf e Lívia Mund estampavam inúmeras capas de revista. Nos desfiles, Vicky Schneider, Estela Sepreny e Beth Lago eram estrelas. Wilma Dias, dona de um corpo perfeito, fazia a abertura de um programa humorístico, saindo de dentro da casca de uma banana. Também estavam em cena Carla Souza Lima, Cristina Córdula, Xuxa e Ísis de Oliveira.

"Havia muito preconceito até entrar no mercado uma boa turma de modelos masculinos. Até então existia um outro perfil de modelo. Dessa primeira geração de garotões, além de mim, faziam parte Marcus Panthera, Decio, Zee e Dizoneth. Muitas vezes ouvíamos, ao desfilar nas passarelas: boiola! veadão!"
(Hélio Passos, agente)

Agências

Londres passou por uma crise econômica, e muitas agências fecharam. Por outro lado, Paris e Milão estavam fortes na moda, e muitas agências abriram para servir aos novos fotógrafos e estilistas, principalmente na capital italiana. John Casablancas fundou a Elite em 1971, em Paris, representando as melhores modelos do momento. Enquanto Paris tinha as grandes agências de modelos para catálogos, a Elite surgia como a agência de top models.

Wilhelmina e Ford eram as agências mais fortes da América.

Tanto nos Estados Unidos quanto na Europa agências abriam e fechavam. O intercâmbio entre modelos de agências norte-americanas e européias se tornava mais comum. A Ford de Nova York mandava americanas para agências européias e importava as louras escandinavas para a América. E as modelos já trocavam de agência com maior freqüência.

Enquanto nos Estados Unidos e na Europa as agências de modelos já possuíam uma história, tinham uma estrutura forte e buscavam o aperfeiçoamento, o Brasil ganhava suas primeiras agências. No Rio de Janeiro, Maria Nilza e Bebel deram os primeiros passos. Em São Paulo, Mila Moreira e o fotógrafo Luís Tripolli abriram a Shoot. Pouco depois, o francês Bernard Ramus funda a sua primeira agência, baseada na estrutura das estrangeiras. A partir daí, o mercado de modelos nacional começa a se profissionalizar.

Características

A fotografia ganhou força na Europa, o que facilitou começar a carreira por lá. Modelos de várias partes do mundo chegavam, especialmente a Paris, para decolar na profissão. O mundo da moda convergia para Milão. As revistas nas quais modelos apareciam cresciam em quantidade e qualidade. Na Itália reinava a revista de moda *Vogue*, até que chegou a *Harper's Bazaar*, esbanjando luxo e beneficiando modelos e fotógrafos. Muitas beldades foram para Milão montar seus books. Com isso, o padrão de beleza começou a se diversificar mais ainda. Os flashes fotográficos já não eram voltados apenas para as loiras.

No exterior havia mais trabalho e mais modelos. Elas ganhavam mais, viajavam, tinham liberdade, mas se tornaram descartáveis. Eram "usadas" até que surgisse uma nova beldade para substituí-las.

John Casablancas aumentou a taxa diária das modelos. Enquanto isso a Ford lutava pelo pagamento de reutilização de fotos.

Oportunidades

No fim da década de 1970, os italianos começaram a organizar os grandes desfiles de prêt-à-porter em Milão. Uma divulgação de massa, para milhões de pessoas, tornou famosos internacionalmente os estilistas e impulsionou a carreira de modelo. Top models do mundo inteiro passaram a viajar para lá nas temporadas de desfiles.

Alguns modelos brasileiros começaram a ir para o exterior por conta própria. "Em 1976 eu ganhei o prêmio de melhor modelo do ano da Editora Abril e da Atkinsons. Nessa época decidi ir para a Europa. Todos falavam que eu não ia conseguir trabalhar por ser brasileira, de baixa estatura, e que lá só tinha girafa. Pois trabalhei muito, fiz muitas revistas, como *Harper's Bazaar*, *Linea Italiana*, *Cosmopolitan* e *Vogue*, além de muitos catálogos." (Lívia Mund)

Também surgiam trabalhos no exterior para quem morava no Brasil. Em 1972 a ex-modelo Estela Sepreny fez a primeira viagem como modelo para fazer as revistas *Claudia Grécia* e *Claudia Portugal*, com o fotógrafo Antonio Guerreiro. Estela tinha projeção e fez muitos trabalhos bons, inclusive catálogo, outdoor, exposição e capas de revistas como *Capricho*, *Claudia*, *Noiva* e *Mais*.

Miro, Antonio Guerreiro, Chico Aragão, Duran e Tripolli eram os fotógrafos de destaque. Suas modelos preferidas nem precisavam ter agência. Tinham trabalho certo.

As campanhas publicitárias aumentavam a procura por modelos.

Já existia todo tipo de revista. A revista *Nova* foi lançada em 1973. A *Pop* era badalada entre os adolescentes, bem juvenil. Tinha também fotos sensuais, que Lívia Mund chegou a fazer.

A modelo Vivi Haydu exibe a moda dos anos 1970.

A cantora Elis Regina desfila na XIII Fenit, no Parque do Ibirapuera, em São Paulo, em 1970.

História da profissão 55

Desfile de *misses* na XIII Fenit, no Parque do Ibirapuera, em São Paulo, em 1970.

Modelo desfila criação de Pierre Cardin na XIV Fenit, no Parque do Anhembi, em São Paulo, em 1971.

Em 1975 a *Vogue* entrou no País, no mesmo ano que a *Playboy*. Lívia foi a primeira modelo a posar nua para essa publicação.

Nessa década a Rhodia encerrou sua trajetória de desfiles inesquecíveis. Mas em São Paulo havia a Fenit, os desfiles de coleções de figurinistas como Alceu Penna e Amalfi e de boas grifes do Rio e de São Paulo. Modelos de primeira faziam todas essas apresentações. Em 1972 foi criado o Centro da Moda Brasileira, em que a indústria têxtil se une para coordenar lançamentos de moda. Como lembrou Sâmia Maluf, o Rio de Janeiro tinha seus grandes eventos de moda. "No Copacabana Palace havia o Janeiro Fashion Show, que apresentava confecções top, como Movie, La Bagagerie, Krishna e Marco Rica."

A luxuosa produção em torno do concurso de *miss* continuava atraindo candidatas. E os homens? Em 1979 organizaram um caça-talentos masculino. O concurso Os Mais Bonitos e Gostosos do Rio de Janeiro, no qual participaram Panthera e Sérgio Mallandro, fez do estudante de Agronomia Helinho um dos modelos mais importantes dos anos 1980.

Anos 1980

Modelos

Alguns chamam de "Era Barbie", pois a perfeição, segundo os padrões da nossa época, era cultuada ao máximo. Para ser modelo, a beleza clássica contava muitos pontos, mais do que outras qualidades. Um rosto perfeito, um corpo perfeito, e assim por diante. O nariz devia ser afilado. Os fabricantes de óculos escolhiam o narizinho mais fino para exibir seus produtos. Uma beleza saudável era destaque, com a ajuda de cremes, alimentação balanceada e muita malhação, é claro. Embora a magreza fosse valorizada, as curvas eram celebradas. Nada de modelos esqueléticas. Mulheres altíssimas e não tão magras fizeram sucesso. "Foi uma fase em que as modelos célebres eram mais *sexies*", disse o agente Zeca de Abreu.

Começa a era das célebres top models, das supermodelos milionárias, representada por Cindy Crawford, Claudia Schiffer e Naomi Campbell. Uma morena, uma loura e uma negra fazendo sucesso na mesma medida. A diversidade de beleza se estabelece cada vez mais no mundo dos belos. Anunciantes como a Benetton passavam a contratar um elenco multiétnico. A beleza oriental, a africana e a européia estampam revistas lado a lado.

No Brasil "não era moda ser modelo", dizem alguns. Havia poucos tops que trabalhavam muito. Entre os nomes que marcaram esta década encontravam-se Monique Evans, Xuxa e Luiza Brunet, que foi eleita modelo do ano em 1982. Em 1986, a brasileiríssima Dalma Callado foi eleita a melhor modelo do mundo. Depois de posar nua, em 1988, Luma de Oliveira foi

Beth Martinez e Guilherme London estampam a capa da revista *Mulher de Hoje*, nº 36.

Miss Playboy Internacional. Entre as estrelas dos desfiles também estavam Carla Souza Lima, Estela Sepreny, Beth Lago, Ísis de Oliveira, Silvia Pfeiffer e Vicky Schneider. Fora das passarelas, estampando revistas e dando vida aos comerciais, viam-se modelos como Beth Martinez, Claudia Tollendal, Fernanda Barbosa e a veterana Sâmia Maluf. Algumas dessas belas, embora com menos altura, também pisaram em boas passarelas. Numa outra vertente, havia as Garotas do Fantástico, Gisele Fraga e Paula Burlamaqui; e Adele Fátima, que ficou conhecida como a Sardinha 88 por ter sido a garota propaganda desse produto.

Quanto aos homens, a masculinidade era valorizadíssima. Patrícia Ramalho disse: "os homens eram uns armários, altos e fortes, 1,90 m de altura". Assim, o preconceito sobre os modelos masculinos não fazia sentido. Marcus Panthera foi um dos mais importantes modelos da época, mas havia uma boa turma de homens, entre os quais se incluíam Helinho, Victor Fasano, Guilherme London e Aroldo Macedo. Havia muito trabalho para eles, como os editoriais de moda masculina das revistas e os desfiles.

Agências

O negócio de modelos cresceu. No exterior, as agências já estavam bem estruturadas. O processo era de aperfeiçoamento. Marcus Panthera lembra que no início dos anos 1980 as agências de Milão já eram bem definidas. "Uma tinha modelos com perfil americano, outra com perfil latino, etc." A Ford e a Elite eram fortes e se expandiam pelo mundo inteiro. Enquanto umas cresciam, outras agências surgiam: Metropolitan Paris, Success, IMG, Next, Click, etc.

"Na Europa, as agências já possuíam uma organização e uma infra-estrutura fantástica. Na Espanha, minha agência distribuía bem o trabalho para os modelos, aproveitando melhor o tempo. Eles marcavam o casting para um determinado horário, mas a gente não podia atrasar. Se o casting era às duas horas, eu chegava uns cinco minutos antes. Às duas eu era atendida. Ninguém perdia tempo. Muitas vezes éramos acompanhadas pela booker até o local, para um melhor controle da agência." (Monica Prota, ex-manequim)

No Brasil, o negócio de agenciamento de modelos ainda estava bem distante disso, mas o progresso era inevitável. Havia poucas agências no começo da década, e muitos modelos eram contratados diretamente pelo cliente ou trabalhavam para mais de uma agência ao mesmo tempo. A produtora de desfiles Patrícia Ramalho declarou: "Praticamente não se fazia casting, a seleção de modelos. Nós já tínhamos os modelos certos. Era sempre o mesmo grupo. Assim, podíamos contar com eles. Isso nos dava segurança. Por outro lado, eles eram conhecidos por todos os clientes. Eram eles que ficavam. Era difícil entrar modelo novo, mas com o tempo entrava um ou outro, e aos poucos começaram a surgir as agências de modelos. Aí se começou a fazer o chamado casting, palavra que não era utilizada no Brasil até essa época".

Existiam boas agências, embora sem a estrutura das internacionais. Em São Paulo, a Casting, do Bernard, formada por top models, foi uma das mais badaladas, além da Central de Modelos, do Rubinho, que começou a exigir exclusividade. Ainda surgiram outras, como a Jet Set e a Class. Algumas abriram e fecharam na mesma década. O Rio tinha a Spot Light, Maria Nilza e Bebel. Depois, ganhou uma filial da Casting e a Bambu. Em 1988, é criada a paulista L'Equipe. No mesmo ano entra a primeira agência internacional no país: a Elite abre filial em São Paulo. Isso ajuda a profissionalizar o mercado nacional. Surge também a agência de crianças Dois Tons.

Características

A profissão em que as mulheres ganham mais do que os homens ficou supervalorizada. As modelos mais caras do mundo ganhavam muito dinheiro. Elas se tornaram ricas, famosas, poderosas e veneradas. Os nomes das tops ficaram mais conhecidos que os dos produtos, das *socialites* e das atrizes hollywoodianas. Um dia Linda Evangelista disse que ela e Christy Turlington não levantavam da cama por menos de 10 mil dólares. Era o auge do estrelismo, que ganhou asas devido ao glamour inventado pelo mundo da moda. Para equilibrar, os estilistas contratavam new faces. O sonho de conquistar fama, glamour e muito dinheiro passou a atrair garotas muito jovens para a profissão.

As "meninas mais velhas" ganharam sua chance. Nos Estados Unidos, modelos entre 30 e 50 anos começaram a ganhar espaço na mídia, tendência que surgiu bem mais tarde no Brasil.

Até essa época, alguns modelos brasileiros foram para o exterior por iniciativa própria. Essa atitude começou a se profissionalizar. A agência Casting enviou um grupo de modelos para uma agência parisiense, entre os quais Marcus Panthera e Helinho. A partir daí, outras agências brasileiras passam a exportar seus modelos de forma organizada para países como França, Itália e Japão. Vinham muitos estrangeiros contratar modelos brasileiros. Os agentes já procuravam direcionar os modelos para as agências de acordo com seu perfil: fashion ou comercial. Como disse o agente Borrelli, "as viagens para o exterior começaram a fazer parte da vida de alguns modelos brasileiros. Era um privilégio de poucos e muito bons, uma elite de modelos que fez história". Muitos fizeram sucesso fora do Brasil, e alguns ficaram morando por lá. A partir daí, o modelo brasileiro começou a ficar conhecido no exterior.

Em 1984, foi lançado o primeiro book internacional de modelos, formado por modelos das melhores agências do mundo inteiro, inclusive por algumas brasileiras.

Oportunidades

Na área fashion ou comercial, Estados Unidos, Europa e Japão se estabeleceram como grandes mercados para modelos de todas as partes do mundo. Tóquio era bom para se fazer dinheiro. Paris era bom para os tops. Em mercados muito comerciais, como Alemanha e Suíça, modelos normais faziam catálogo, editorial de moda, mala-direta, etc.

No Brasil, os desfiles tornam-se muito mais freqüentes. Há inúmeras revistas, e a publicidade está a todo vapor. Comerciais marcantes transformam seus protagonistas em celebridades. A modelo Patrícia Luchesi ficou famosa no belo comercial da Valisère, "Primeiro sutiã".

A tevê contratou modelos para apresentar programas infantis, como Xuxa e Mara Maravilha. As Paquitas se tornaram um sucesso: toda loirinha queria ser paquita. Os modelos também participam de videoclipes.

As modelos atacavam de garotas-propaganda. Uma tendência era a utilização de um modelo que emprestava sua imagem para representar estilistas, grifes, marcas, etc. As empresas de cosméticos aderiram à idéia. Eternity, Revlon, cada uma tinha sua estrela. O Brasil não ficou atrás. Humberto Saad lançava a grife Dijon com Luiza Brunet, seguida por Vanessa de Oliveira. Outras grifes seguiram esse caminho. Sob um contrato de exclusividade, elas ganhavam fama e dinheiro nessa parceria. Quem não era logo virava top model. E as supermodelos eram sinônimo de publicidade. Essa fórmula pegou. Basta lembrar as campanhas da M. Officer, da Ellus e outras.

No mundo fashion, começaram os desfiles de *shoppings*, realizados com as roupas das suas próprias lojas. Os tops viajavam pelo Brasil inteiro para fazer os desfiles. A Fenit ainda era um sucesso, em que os desfiles da Santista eram a maior atração. Paralelamente, desfiles de várias grifes e indústrias têxteis eram realizados por todo o país. Entre São Paulo, Rio e Minas eram muitas as marcas e butiques famosas. Cada estado formou um grupo de moda para lançar suas coleções na mesma data. Muitos estilistas estrangeiros vinham mostrar seu talento do lado de cá. Na década do *fitness*, da ginástica aeróbica, também havia muitos desfiles de material esportivo. Os desfiles eram superproduzidos, um *show* para encantar os espectadores. Os modelos faziam uma verdadeira *performance* nas passarelas. Nessa época, havia muitos desfiles coreografados.

As revistas *Claudia Moda, Vogue, Moda Brasil* e *Desfile* ofereciam grandes oportunidades para modelos do Brasil. Além dessas havia a *Mulher de Hoje, Manequim, Nova,* etc. Em 1988, a revista *Elle* entra no Brasil. Revistas como a *Corpo a Corpo* são um prato cheio para pernas perfeitas, barrigas malhadas e bumbuns durinhos. Vale também estampar um catálogo de uma boa grife.

Apresentação de modelos infantis no VIII Janeiro Fashion Show, no Rio de Janeiro, em 1983.

No Brasil, os concursos de revistas como a *Manequim* são numerosos e atraentes para a entrada na profissão. Muitos lançaram beldades nesse mercado. Começam a surgir os concursos de modelos realizados pelas agências. Em 1982, a agência Ford realiza no Brasil o primeiro concurso caça-talentos internacional, antes mesmo de ter uma filial por aqui. A produtora

Patrícia Ramalho se lembra de um concurso patrocinado pelas Casas Pernambucanas, realizado pela Casting. Logo depois, a Elite realiza seu concurso no país, The Look of the Year, apesar de também não ter uma filial brasileira. Os três lançaram top models que fizeram história. O Miss Brasil passou a ser organizado por Sílvio Santos, tornando-se mais popular, menos glamoroso. Depois de um tempo deixou até de ser televisionado. Coincidência ou não, os concursos de *miss* perderam espaço para os concursos de modelos das agências, mas continuaram mudando a vida de algumas beldades descobertas nesse evento, entre elas Suzy Rego e Deise Nunes.

A profissão de modelo já está mais definida. É melhor não misturar as coisas. Provavelmente uma top que desfila na Fenit não vai trabalhar nos estandes das feiras.

Anos 1990

Essa década é marcada pelo início da globalização. O mundo começa a falar a mesma língua no que se refere a comportamento, tecnologia e também a moda. A internet ajuda no processo.

Modelos

As mulheres estão muito atuantes. Profissionalmente, elas conquistam espaço em diversas áreas, mas ser modelo é o desejo de muitas numa era repleta de top models milionárias. Para se tornar uma delas, é preciso corresponder ao padrão de estética do momento. O ideal de perfeição havia se transformado.

A publicidade adota o estilo "gente que existe". Pessoas comuns, estilo "gente como a gente", aparecem em muitas campanhas publicitárias, que exploram menos a beleza esplêndida. Os Estados Unidos começam a utilizar modelos mais velhas para representar realismo na publicidade. Essa atitude se refletiu no Brasil, que passou a usar as belas pós-30 e pós-40 para fazer comerciais. Percebeu-se que a linda loirinha de olhos azuis produzidíssima do comercial de sabão em pó não atraía as donas de casa, que não se identificavam com aquela mocinha. Precisava-se de mulheres como elas. Então, o mercado abriu-se para tipos e idades diferentes. Assim, dona de casa normal, gerente de banco gordo começam a fazer parte de um cenário mais realista. Mesmo porque eu nunca me maquiei para lavar roupa, nem tive conta num banco que tivesse um gerente tão bonito, elegante e gostosão como os dos comerciais.

O mundo fashion abre as portas para a beleza exótica, e até para a beleza comum. O mercado passa a aceitar criaturas mais normais, e até algumas bem estranhas. Nas passarelas brilham criaturas exóticas, donas de um estilo de beleza nada convencional. Tatuagens e *piercings* ganham permissão no mundo da moda, e até modelos carecas. Tendências como o punk valorizam a feiúra. A androginia é valorizada: homens sem músculos e de cabelos longos são requisitados. Ao contrário dos anos 1980, eles deveriam passar um aspecto menos masculino. Em contrapartida, as garotas de cabelos curtos, menos curvilíneas, lembram garotos na passarela.

O estilo heroin chic contagiou o universo fashion. As revistas de moda estampavam modelos extremamente magras, aparentando estar drogadas por causa das poses e pela maquiagem, que passava a impressão de olhos fundos. Algumas pareciam estar realmente sob o efeito de drogas. Um horror! A publicidade boicota, e as revistas recebem cartas criticando aquele cenário.

Por quase toda a década, o estilo anoréxico predominou nas passarelas do mundo inteiro, tendo como símbolo maior a top inglesa Kate Moss. Atrás dela surgiu uma legião de modelos de aparência subnutrida. Especialmente na Inglaterra, houve uma pressão para que as revistas não colocassem na capa as belas de pele e osso, pois estavam colaborando com o aumento de casos de bulimia e anorexia. A magreza extrema incomodou tanto que no fim dos anos 1990 o padrão esquálido já dava lugar a corpos com curvas. Modelos siliconadas invadiram as passarelas com muito peito. Até meninas novíssimas colocavam recheio artificial para se tornar mais sensuais. Em determinadas situações exigia-se a magreza; em outras, formas mais definidas.

Enquanto isso, a beleza clássica também tinha força, e a bela Shirley Mallmann tornava-se top model internacional. A diversidade do padrão de beleza consolidou-se. Novas caras, novos tipos e estilos passaram a transitar no mundo dos modelos, que começou a aceitar todas as raças. Louras, morenas, orientais, negras e mulatas dividiram vitórias, ganharam concursos, trabalharam muito e destacaram-se como profissionais que exploram a própria beleza para fazer brilhar o mundo da moda e da publicidade.

Em contrapartida, o padrão de beleza exigido para as principais passarelas do mundo é global. As beldades mais requisitadas têm um perfil mais padronizado quanto à altura, ao tipo físico e até ao estilo. Modelos que atravessam fronteiras normalmente estão de acordo com esse padrão. Como afirma o agente Zeca de Abreu: "É preciso estar em sintonia com o mundo quando se faz carreira internacional".

Conforme alguns agentes, o Brasil tornou-se muito bem conceituado no exterior, colocando-se entre os primeiros exportadores de modelos, graças à miscigenação, essa mistura de tipos étnicos que originou gente bonita, diferente e muito especial. Isso se comprovou justamente nessa década, quando uma infinidade de modelos do Brasil fez sucesso no exterior. Depois do sucesso de Shirley Mallmann, estrelaram Ana Claudia Michels, Gianne Albertoni, Isabeli Fontana, Renata Maciel, Fernanda Tavares e Mariana Weickert.

Do outro lado do mundo, além das tops dos anos 1980, como Claudia Schiffer e Naomi Campbell, outros nomes se destacaram. Entre eles, Amber Valetta, Karen Mulder, Nadja Auermann, Stephanie Seymour e Tatjana Patitz.

Ao final da década, a brasileira Gisele Bündchen virou referência na profissão. Foi consagrada pela *Vogue* americana a melhor modelo do ano de 1999. Gisele estampou a capa dessa importante revista de moda, ilustrando uma reportagem que afirmava que a magreza radical já não era mais o padrão de beleza ideal. Pelo corpo com curvas, voluptuoso e *sexy*, a senhorita Bündchen foi eleita a top model perfeita.

Agências

A globalização atinge as agências, que se espalham pelo mundo. As grandes empresas de modelos abrem filiais em vários cantos do planeta, inclusive no Brasil. Em conseqüência, todas começam a trabalhar de forma mais homogênea. No mundo, a Elite, a Ford Models e a IMG eram grandes agências. A Elite abre filiais em vários países. A Ford Models também se alastra. A Metropolitan abre filial em Nova York. Marilyn e Next soam como bons nomes nesse mercado. A Alemanha e o Japão também têm boas agências.

No Brasil, as agências se multiplicam, e o negócio fica mais profissional. Enquanto muitas agências fechavam, muitas outras abriam. O resultado foi uma melhora significativa. Nessa época havia a Jet Set e a Elite. Em São Paulo surge a Taxi. No início da década, outra agência internacional chega ao Brasil: a Ford, mais de quarenta anos depois de sua fundação, em Nova York, se estabelece em São Paulo. O Rio de Janeiro ganha uma filial da Elite em 1991. Poucos anos depois chega a Ford. Em 1995, Marcus Panthera e seus sócios fundam a Mega, uma agência brasileira de padrão internacional, onde Shirley Mallmann estrelaria. Em 1997, a Ford Brasil cria o departamento Celebrities, cuidando de modelos que se tornam atores, atores consagrados e apresentadores. A agência L'Equipe já conta com modelos de destaque.

Mais para o final da década, as estrangeiras Marilyn, Success e Next abrem filiais no Brasil, atraídas pela quantidade de modelos de qualidade internacional. A Elite já estava em São Paulo, Rio e Porto Alegre, além de ter inúmeros representantes pelo país. As agências infantis proliferam: Fine Kids, Arte Bambini, Tutti Modelli, Ford Kids, etc.

A essa altura, o Brasil já conta com todo tipo de agência: de modelos, de atores, esportistas, tipos, palhaços, bailarinos e tudo o mais que a publicidade e a moda possam contratar. As agências de modelos já são numerosas. As principais montam uma estrutura que muitas no exterior não têm: psicólogos, médicos, academias, apartamentos, carros e motoristas para buscar e levar modelos, etc.; tudo à disposição de um elenco que, se lapidado, vai brilhar bastante.

Características

O negócio de modelos já é bem mais profissional. No Brasil, sindicatos de modelos e associações de agências determinam regras que se fazem cumprir com maior rigidez. Cachês mais justos, horários de trabalho respeitados, todos os assuntos vêm à tona e vão se delineando.

Começam a surgir os scouters profissionais, caçadores de talentos em busca de new faces para as agências, seja para participar dos seus concursos, seja para contratação direta.

A enorme quantidade de modelos à disposição do mercado faz com que elas se tornem mais descartáveis, substituídas pela avalanche de new faces que surgem a cada dia. Em relação à idade, ao mesmo tempo que se começa a carreira cada vez mais jovem, modelos mais velhas, principalmente as de destaque, alongam a carreira por alguns anos. É possível ver uma top model de 28 anos brilhando no mundo fashion, o que era inaceitável em outras décadas. Quanto à altura, para os homens esta diminuiu. Nada de armários. A moda pede homens mais normais. Nas passarelas, as mulheres continuaram fazendo sucesso entre 1,74 m e 1,80 m. Mas é claro que muitas belas baixinhas garantiram um lugar ao sol.

As exigências do mercado se alteram. Para ser modelo, não basta ter beleza e o biótipo dentro dos padrões exigidos. Começa a valorização da personalidade, da atitude. Os modelos têm estilo próprio; estudam, investem, viram atores, apresentadores e muito mais. As agências brasileiras se preocupam em planejar a carreira de seus agenciados. O Brasil se abastece de supermodelos.

A moda brasileira amadureceu nessa década, tornando-se cada vez mais importante. O assunto que era exclusivo das revistas femininas foi parar no caderno de economia dos principais jornais.

O mercado de moda também quase não existia no Brasil, que se habituou a pegar carona nas criações européias. Quase tudo era cópia da moda lançada pelos grandes estilistas estrangeiros. A França era um grande mercado para modelos, além da Itália, que também era boa. Aos poucos a criação de moda brasileira se solidificava. Surgiram muitos estilistas brasileiros, apoiados pelos eventos fashion. Esse espaço conquistado trouxe mais oportunidades de trabalho para os modelos.

Oportunidades

Embora ainda fossem comuns os concursos de revistas, os de modelos promovidos por agências como a Elite e a Ford ganharam importância, sobrepondo-se aos concursos de beleza. Com o resultado que trouxeram para meninas como Gisele Bündchen e Mariana Weickert, tornaram-se cobiçados. O objetivo já não era apenas ser eleita a mais bela, ganhar prêmios e passar a faixa no ano seguinte. As meninas queriam fechar contrato com uma superagência e ter uma carreira internacional.

Em 1996 Regina de Campos Mello tornou-se representante da IMTA (International Modeling & Talent Association) no Brasil, passando a levar beldades brasileiras para a grande convenção americana. Criada com o objetivo de levar novas informações e dar oportunidades de trabalho para pessoas talentosas, dentro de uma programação cultural, a IMTA propiciou novas oportunidades para modelos brasileiros.

O Brasil já possuía então inúmeras publicações de moda, beleza e saúde. O mercado editorial nacional necessitava de muitos modelos.

Conforme Patrícia Ramalho, os grandes desfiles em *shoppings* já não eram tão freqüentes. "Vieram os desfiles individuais de clientes como Daslu e Viva Vida." A Fenit, um dos eventos mais cobiçados pelos modelos, ganhou concorrentes. Surgiram os grandes eventos de moda em que vários estilistas e marcas se juntam para lançar coleções na mesma data. Depois do sucesso do Phytoervas Fashion, veio o Morumbi Fashion. No Rio de Janeiro, a Semana de Estilo Barra Shopping tornou-se um grande evento. Esses eventos ganharam importância e visibilidade, atraindo a imprensa. A presença dos jornalistas nos desfiles se tornou tão importante quanto a dos convidados especiais dos estilistas. Em conseqüência, os modelos também viram assunto nos jornais.

A produtora Patrícia Ramalho avaliou: "Os desfiles talvez tenham deixado de ser tão produzidos como nos anos anteriores, mas a visibilidade se tornou muito maior, o que foi bom para os modelos. Nos anos 1980, a mídia presente era insignificante, e o que importava era causar impacto na platéia. Era um *show*". O grande público passou a ver esses desfiles por meio da mídia.

Em 1997 foi criado o evento beneficente Agulhas da Alta Moda Brasileira, onde os modelos exibem as criações de alta-costura dos estilistas participantes e no qual são premiados o melhor estilista e a melhor modelo.

A publicidade brasileira cria campanhas fantásticas, que levam muitos modelos a se tornar conhecidos, como Michelly Machri, a garota da Sukita.

Os modelos invadem a tevê, não apenas nos comerciais e nos desfiles realizados em programas de variedades. Surgem progra-

Desfile de Sonia Rykiel na XLV Fenit, no Parque do Anhembi, em São Paulo, em junho de 1996.

Acervo Alcântara Machado

Virgínia Punko, fotografada por Bob Wolfenson para a capa da *Vogue*, em 1995.

mas especializados em moda, que entrevistam beldades e exibem os desfiles de grandes eventos de moda. Além disso, essa gente bonita passa a apresentar programas e a atuar em novelas.

Ao final do século propaga-se a internet, que abre espaço para os modelos. A publicidade ganha mais um canal de divulgação para campanhas. Os *sites* de moda, de celebridades e de beldades pagam por imagens de modelos.

A globalização atinge o mercado de trabalho para modelos. Embora o mercado brasileiro tenha crescido vertiginosamente, as agências mandam mais do que nunca seus modelos para o exterior: Japão, Nova York, Milão, Paris. Um intercâmbio generalizado de modelos passa a acontecer. As estrangeiras vêm fazer campanhas publicitárias e desfiles no Brasil, enquanto beldades brasileiríssimas se estabelecem no mundo inteiro.

Por todos esses motivos, ser modelo tornou-se a profissão feminina mais idealizada. E, para os homens, uma grande oportunidade.

AS PRIMEIRAS IMPRESSÕES DO SÉCULO XXI

Tudo é muito diferente do início do século XX: a profissão de modelo, os profissionais, o padrão de beleza, etc.

As brasileiras inauguraram o terceiro milênio no auge. Gisele Bündchen, cobiçada no mundo inteiro, consagrou-se como celebridade internacional e virou ícone. A mulher mais bela do mundo, a melhor modelo do mundo, a mais importante, a mais *sexy*, a mais tudo. Seu sucesso tornou-se significativo para o país. O mundo abriu as portas para honrar modelos *made in Brazil*, como Mariana Weickert e Jeisa Chiminazzo.

Na vertente fashion dessa profissão, o padrão de beleza dos modelos nunca foi tão perecível. O cenário muda com uma velocidade cada vez maior. A cada lançamento de coleção, valoriza-se um tipo de beleza. Em 2001, as belas sensuais, donas de curvas perfeitas e pele dourada, andar *sexy* e cabelos longos, que fizeram sucesso nas passarelas de janeiro, deram lugar ao estilo belga no mês de julho. Uma androginia mais leve que em outros tempos começou a reinar nas passarelas. Mocinhas femininas, mas lembrando um menininho, sem curvas, de cabelos curtos e claros, pele pálida, tomaram conta dos palcos da moda. Para garantir trabalho, muitas modelos cortaram e descoloriram seus longos cabelos castanhos e abandonaram as sessões de bronzeamento artificial (que ótimo!). Quem não atingiu o posto de celebridade, como Gisele Bündchen, tentou se adaptar à velocidade com que muda o padrão de beleza. Mas que não se leve tudo ao pé da letra. Há espaço para muitos tipos. O padrão de beleza é mais democrático. A androginia até divide espaço com a sensualidade. O importante é manter a essência, mesmo que se troque a cor dos cabelos dezenas de vezes.

Enquanto as belgas ganharam terreno, quem disse que as brasileiras entraram em declínio? No mesmo ano, Caroline Ribeiro foi contratada para ser o rosto da Revlon, posto que já foi ocupado pela top americana Cindy Crawford. Luciana Curtis também assinou contrato com a marca de cosméticos.

Na onda do sucesso de modelos brasileiras no exterior, o mercado estrangeiro abriu os olhos para ver quem são os fotógrafos e estilistas do país verde e amarelo. O maior evento de moda do Brasil ganhou o nome de São Paulo Fashion Week e atraiu importantes *experts* em moda internacionais. Alguns estilistas brasileiros foram exibir suas coleções em passarelas fora do país. O Brasil começou a sonhar em entrar para o calendário mundial de desfiles. Nesse momento, a agência brasileira Mega entra em Miami. O Brasil exporta talento e beleza. Enquanto isso, a famosa agência internacional IMG entra no Brasil, preparada para encontrar a beleza que vira dinheiro no mundo.

A preocupação com a beleza continua, talvez até mais forte do que em todos os séculos anteriores. A beleza está cada vez mais valorizada na sociedade. Quem não tem tenta criar. Quem tem procura melhorar e manter. Isso significa que sempre vai haver espaço para quem vive da própria beleza e tem a sorte de conseguir se adequar ao padrão de sua época. Logo, logo estarão falando em clonagem de modelos para enfeitar o mundo. Como acreditam muitos, a beleza faz bem aos olhos, talvez à alma.

Pela valorização da beleza e por outros fatores, o mercado de modelos se fortaleceu e ficou importante. A imprensa passou a dedicar uma atenção muito maior à atividade que virou profissão ao longo do século XX. Mas como é essa profissão que hoje desperta tanto interesse em pretendentes à carreira e em curiosos?

II PARTE

Presente

O QUE É SER MODELO?

A palavra modelo, entre outras coisas, significa exemplo, que pode ser de beleza, de comportamento, de uma sociedade, de uma raça, de um tipo. O modelo profissional representa as pessoas que provavelmente comprarão determinado produto. Num sentido restrito, modelo profissional significa modelo de beleza, que beira a perfeição. Num sentido mais amplo, seria toda pessoa que serve para representar um produto, seja na moda, seja na publicidade. Mas então todo mundo pode ser modelo? Depende do ponto de vista.

No mundo da moda, o chamado mundo fashion, para mostrar roupas em um desfile, são contratadas pessoas com corpo bonito, esguio, rosto interessante, cabelos e pele bem cuidados. Se o modelo não é belo, pelo menos deve chamar a atenção do público com uma dose de exotismo e uma aparência invejável. Tudo para valorizar aquilo que é apresentado, e vender. É como magia – contagia o público, que passa a ter vontade de vestir aquilo.

Na publicidade, toda vez que uma campanha é elaborada para um produto e precisa de gente para representá-lo, o modelo (ou ator) é utilizado. As exigências dos publicitários são outras. Para vender um produto na tevê, pode ser que precisem de uma mulher de 40 anos para vender sabão em pó ou de um bebê para vender fraldas.

Até pouco tempo atrás ressaltava-se a diferença entre manequim e modelo, que teoricamente são funções diferentes. O manequim, com boa altura e corpo esguio, faz o *show* na passarela, interpretando as roupas que desfila. Já o modelo fotográfico, ou "modelo para comercial", como o nome já diz, posa para fotos e conhece técnicas de vídeo, e nem precisa ser tão alto. Na prática, os modelos desfilam e os manequins fazem fotos e comerciais. A mídia, no entanto, chama todos de modelo, e hoje quase ninguém se autodenomina "manequim", ou um cliente pede "um manequim" para a sua campanha. Diz-se "modelo de passarela" ou "modelo fashion". Enfim, no dia-a-dia é mais comum ouvir falar do modelo, um profissional que desfila, fotografa e desempenha muitas outras funções.

Há modelos profissionais e amadores. Os amadores são aqueles que não fazem disso a sua profissão, não estão ligados a uma agência, nunca fizeram um curso: trabalham eventualmente, fazendo disso um passatempo que rende um dinheiro a mais ou não, e, claro, tem pouco futuro. Os modelos profissionais, se tiverem potencial, podem tornar-se top models internacionais ou supermodelos.

Normalmente, as pessoas têm vontade de ser modelos porque se acham bonitas, querem mostrar isso e fazer muito sucesso, não se importando com nada mais. Não sabem para que, para quem, por quê... Se você pensa assim, tratarão você dessa forma, como marionete. Esse é um dos motivos que levam as pessoas a desvalorizar esse profissional. Criou-se um estereótipo: modelo não pensa, modelo não fala. Saiba para quem vai trabalhar, para que e por quê. Isso pode ajudar você a se definir profissionalmente, realizar um trabalho melhor e obter mais respeito como profissional.

Ser modelo é mais do que fazer caras e bocas. Ser modelo é emprestar sua beleza, sua imagem, seu carisma para ajudar a construir marcas, vender produtos, espalhar idéias e conceitos, e muitas vezes salvar vidas. É ter disciplina para não comer as mesmas guloseimas que seus amigos, ter coragem e persistência para vencer desafios. É ter responsabilidade para cumprir obrigações e energia para brilhar, mesmo que seja numa gravação externa, de short, em pleno inverno. Ou de casaco de lã no verão.

COMO É ESSA PROFISSÃO?

Ser modelo não é uma brincadeira, nem deve ser o seu *hobby* predileto. É uma profissão. Assim como um médico precisa adquirir conhecimento, estudar seis anos, fazer residência, gastar com livros, etc., e manter-se atualizado para clinicar, o modelo também tem suas obrigações. A principal delas é estar em dia com a aparência (cabelo, pele, corpo). Outra é ter dinheiro para investir no início da carreira. Gastos com roupas e material fotográfico são imprescindíveis.

Não considerar séria essa profissão ou nem considerá-la como profissão é um preconceito que não se aplica à realidade de profissionais como Gisele Bündchen.

O mercado de modelos está se profissionalizando cada vez mais porque a moda e a publicidade fazem muito dinheiro, e com isso não se brinca. Esse mercado é enorme. Há espaço para muita gente. Só não dá para todos serem top models. Isso não é problema, e você pode seguir outro caminho. O que importa é ser bastante requisitado para bons trabalhos. Há modelos que nunca foram top models, trabalham muito e ganham bem.

Como modelo, dá para se ganhar muito ou nenhum dinheiro. Quem trabalha por diversão, por pura vaidade ou para ganhar uns trocados de vez em quando não deve esperar muito. Impressionar os amigos não significa impressionar o mercado, que exige profissionalismo.

Essa profissão atrai muitos jovens, principalmente as meninas. Mas, dos milhares de *boys and girls* que tentam a carreira, poucos se mantêm diante das dificuldades. Muita gente, inclusive a família, acha que a vida de modelo é fácil. Na realidade, não é. É uma vida cheia de regras. Não tenha medo, enfrente os desafios, acredite em você.

DIFICULDADES

De um lado, o sonho; do outro, a realidade. Além do glamour, a carreira de modelo apresenta inúmeras dificuldades. Mas isso não é motivo para desistir logo no início, porque toda profissão tem essas duas faces.

Quanto mais longe você estiver do perfil de um modelo, maiores serão as cobranças. A rigidez para entrar é grande. Às vezes, a transformação é total. Perder peso, mudar o corte dos cabelos e talvez a cor, fazer um curso, usar aparelho nos dentes, espantar a timidez e muito mais. A lista não pára aqui. Ufa! Respire fundo e faça o que for necessário até onde valer a pena.

A pressão é grande mesmo. Você não pode engordar, ter espinhas, ter arranhões, marcas roxas, etc. Apesar dessas exigências, ingressar nessa carreira é relativamente fácil. Manter-se nela é que é difícil. O mercado precisa te aceitar, o seu tipo deve agradar, você precisa fazer falta. Ora, a probabilidade de um modelo tornar-se top model é pequena – é como ganhar na loteria. E, assim como no jogo, nunca se sabe se um dia você vai ganhar.

E talvez você ainda encontre um produtor de elenco chato, um diretor de comerciais bem rude e um cabeleireiro que te enfeie. Tudo pode acontecer. É preciso querer vencer.

Politicagem, por exemplo, há em todo lugar. Nessa profissão, pode rolar na hora de entrar para uma agência, num concurso de beleza, ou num teste para trabalho.

Enfrentar desafios como emagrecer sem depressão, dormir pouco, desfilar durante o dia e fotografar à noite também se inclui nessas dificuldades. Para enfrentar essa carreira é muito importante o apoio da família, dos amigos ou de outras pessoas que tenham importância na sua vida.

MEDOS E INSEGURANÇAS

De um lado, muita garra; do outro, os medos. Ter medo de cometer uma gafe, de cair da passarela, de entrar numa fria, não agradar, não transmitir simpatia, fracassar e ficar longe dos pais se o sucesso te levar para longe. Todos esse medos são normais. Mas se algo der errado, fazer o quê? Acontece.

Coragem! Quando você tem certeza do que quer, tudo se torna mais fácil. O desafio é seu, e, se você vence, o sucesso é seu.

O MELHOR DA PROFISSÃO

Ser modelo tem seu lado bom. Ah, isso tem. Do contrário, haveria menos veteranas.

Quando você deslancha é aquela alegria. O mercado te aceita, te quer, te deseja. Uma dose de massagem no ego a cada conquista. Aí vem a realização profissional. As pessoas te respeitam, já acham que você pensa, te reverenciam como top e por aí afora.

Inúmeras oportunidades surgem nessa carreira, principalmente quando você dá certo. Pode ser um grande portal para o mundo. Modelos internacionais acabam conhecendo diferentes países, culturas e pessoas. Modelos muito jovens nem sempre conseguem aproveitar as oportunidades oferecidas, devido à pouca idade e experiência, mas quem sabe aproveitá-las tem muito a ganhar. Um importante agente disse que "existem modelos com vinte e poucos anos que conseguiram acabar o segundo grau, aprender inglês, francês e conhecer muitos países.

Isso lhes permitiu iniciar uma faculdade com uma bagagem que dificilmente outros jovens da mesma idade teriam".

Quanto ao lado financeiro, poucas profissões oferecem tais possibilidades, além da chance de um patrimônio respeitável para essa faixa etária.

Helô Pinheiro, a Garota de Ipanema, disse: "Se você fica famosa, há muita exposição na mídia, então você é mais requisitada para trabalhos e tem mais chance de mostrar o seu potencial".

Além disso, tempo para você se cuidar e se divertir são alguns atrativos da profissão.

O PIOR DA PROFISSÃO

Ser modelo tem a parte ruim. Claro que nem todos têm a mesma experiência, mas é preciso ter preparo para enfrentar qualquer situação. Para começar, é preciso muita, mas muita persistência para vencer milhares de beldades que desejam o mesmo lugar que você. A competição é diária.

Ser menosprezado por quem acha que modelo não pensa é horrível. Alguns encaram os modelos como um cabide de roupas, como um objeto, provavelmente sexual.

E casos de abuso sexual acontecem. Funcionários de uma grande agência foram suspensos por terem sido flagrados dizendo que assediariam uma candidata a um concurso.

Com tantas mulheres bonitas e sonhadoras, esse meio atrai muita gente desonesta: vigaristas, golpistas, trapaceiros, e muitos homens ávidos pela oportunidade de assediar as beldades, usando seu poder para tê-las como objetos. Há muita gente se aproveitando de quem deseja ser uma estrela para fazer a festa. Fala-se de fotógrafos tarados, homens acusados de drogar e estuprar modelos, *playboys*, agentes desonestos e falsos caçadores de talentos. Mas não são apenas os homens os maus. Há mulheres que se aproveitam da ingenuidade de quem sonha ser modelo, extraindo dinheiro de gente que não tem a menor chance de seguir essa carreira. Entretanto, graças a profissionais bem-intencionados, a profissão consegue se estabelecer num patamar melhor.

A cobrança existe em todos os sentidos. Modelo de beleza não pode ficar feio, triste ou de mau humor em dia de trabalho. Precisa estar com boa aparência, sem olheiras, com energia, etc. Precisa demonstrar que está se sentindo bem, mesmo que isso não seja verdade. É diferente de trabalhar num escritório e não estar muito bem.

Além de tudo, essa é uma vida de testes. Para entrar na agência ou para fazer os trabalhos. Cada teste é como a busca de um novo emprego. Analisam você, e se der tudo muito certo você entra. Tudo isso causa ansiedade.

É isso mesmo que você quer?

CURIOSIDADES

O preconceito muda de forma nesse mundo de modelos. Os homossexuais são bem aceitos e estão por toda parte: maquiadores, cabeleireiros, alguns modelos, produtores de elenco, etc. Por outro lado, vestir-se mal é quase um crime. Você acha estranho? É apenas um mundo diferente.

Os valores são outros. A exaltação do belo, do estar na moda, do saber sentar, entre outras regrinhas, toma conta desse mundo.

O SONHO

O sonho da fama persegue a maioria dos mortais. Mas quem não quer ser famoso? Ganhar prestígio, dinheiro e ainda ser reconhecido na rua encanta a vaidade humana. Muitas carreiras podem trazer fama, mas algumas especialmente atraem uma multidão de aspirantes, seja pela possibilidade de fazer fama e fortuna num piscar de olhos, pelo glamour, pela visibilidade, seja por qualquer outro motivo. A carreira de modelo é uma delas, que ainda por cima torna a pessoa reconhecida por sua beleza. Para alimentar a vaidade, é um prato cheio.

Sonho de criança, de adolescente, de adulto ou de idosos. Sonho de mãe, de pai, de avô, de avó. Quem é que nunca pensou em brilhar numa passarela, aparecer na televisão, numa revista ou num programa de tevê? Há uma certa magia nisso que encanta as pessoas. Onde se vê uma câmera de tevê, todo mundo quer saber o que acontece, qual é a atração e quem faz parte dela. E treme de vontade de fazer parte disso também.

As meninas parecem nascer querendo posar, imitando as modelos. Passam batom, fazem pose para o espelho, dançam e desfilam no meio da sala e usam roupas e cabelos semelhantes aos das revistas. Com as amigas, brincam de desfile de modas, de concurso de beleza. E, quando surge um concurso de verdade, lá estão elas querendo se inscrever. Quando a escola organiza um desfile, não perdem a oportunidade. As mocinhas se juntam, procuram revistas que falem do assunto, procuram telefones e endereços de agências, buscam assessoria de quem já tem experiência e vão em frente. A expectativa é enorme. O sonho: tornar-se uma top model e fazer carreira internacional. Ficar famosa, rica e fazer muito sucesso.

Uma modelo revelou que, quando conseguiu entrar para uma das melhores agências do Brasil, ela não dormia à noite. Parecia um sonho. E a agente infantil Marcia Pecci contou: "Paulo Ponce realizou o sonho da filha única, Natália Ponce, de ir trabalhar na televisão. Morando no Paraná, mudou-se com ela para São Paulo, enquanto a mãe ficou lá. Depois de tanta persistência, Natália conseguiu trabalhar com a Andrea Sorvetão na Rede TV!".

Independentemente de raça ou classe social, muitas querem ocupar o posto de top model. As agências recebem dezenas de telefonemas por dia, além de muitas cartas. As meninas conseguem o telefone de todos os lugares que elas imaginam poder dar-lhes uma chance (agências, emissoras, produtoras, etc.), e não param de ligar. Quando eu trabalhava na produtora de comerciais, também recebia muitos telefonemas de pessoas que sonhavam ser modelos. Atualmente, recebo muitos *e-mails*. Adolescentes, mães, adultos, gente de todas as idades, de todo jeito. O fenômeno Gisele Bündchen despertou interesse maior ainda nessa área. Muita gente sonha com uma trajetória como a dela.

Nem sempre o sonho é das meninas, mas das mães das meninas. Muitas mães querem realizar seu próprio sonho, projetando-se nas filhas, que às vezes nem querem ser modelos. Por esse motivo ou qualquer outro, as mães geralmente estimulam desde cedo esse comportamento. De tanto valorizar a beleza, a aparência e o estrelato, as filhas acabam aceitando a situação e até gostando.

Os meninos mostram menos interesse pela profissão. Uns não querem é assumir o desejo de ser modelos. Adolescentes e adultos também. Esses, na maioria, dizem entrar na profissão para obter um meio de ganhar dinheiro, mas é claro que gostam de se sentir bonitões e reconhecidos. Quando crianças, geralmente as mães é que decidem levá-los às agências, pelo motivo habitual: o orgulho.

As mamães, corujíssimas, dizem: "Meu filho é lindo. Não sou eu que acho. Todo mundo fala isso, no *shopping*, na rua, na escola...". Já não sei quantos bebês lindos, diferentes, com carinha de anjo, espertos, dóceis e desinibidos já conheci.

Mas o motivo pode ser outro: a necessidade de dinheiro. Quando os pais não estão bem financeiramente, encontram no filho uma saída. Ali está um porto seguro. Em época de crise econômica no país, as agências de modelos são mais procuradas. Trabalhar como modelo pode ser uma forma de ganhar dinheiro bastante atraente e rápida. Muitas crianças tornam-se arrimo de família, enfrentando a responsabilidade de pagar as contas da casa.

Muitas das pessoas que procuram essa profissão são de classes sociais menos favorecidas. Para quem não tem acesso à educação tradicional, essa parece ser uma boa alternativa. Não é preciso investir em educação, pode-se começar desde criança e ainda há a chance de fazer dinheiro em pouco tempo. Lembrando os jogadores de futebol, as beldades apostam na sorte, como num jogo de loteria. Mas é preciso investir em book, roupa, etc. E aí quem tem condições pode sair na frente.

Na contramão, existem pais e mães que não deixam a filha sequer tentar a carreira de modelo. O medo de que a filha se torne uma prostituta, uma drogada ou uma gracinha que não usa o cérebro cerca o pensamento de muitos pais, principalmente os que têm poder aquisitivo maior e podem oferecer uma educação tradicional, em boas escolas. Em relação ao filho, o medo maior é que ele se torne homossexual. Há razão para ter todos esses medos, mas a carreira de modelo não é exatamente assim. Ela pode ser brilhante e abrir muitas portas para quem dá certo. Geralmente esse medo vem de quem não conhece bem esse mercado. Quando existe um sonho, o melhor é tentar realizá-lo, da melhor maneira. Sem tentar, a pessoa fica triste e sem saber se o sonho poderia dar certo ou não.

Em muitos casos o sonho se realiza, mas não dura tanto tempo. Aquilo que parecia tão fácil e encantador já não é mais. As crianças, principalmente, entram e saem rápido das agências.

Horas e horas em testes e nada de trabalho, pagamentos de cachê atrasados e filmagens no meio da madrugada são o suficiente para afastar os sonhadores. Também existem modelos adultos que não se identificam com o trabalho depois que passam a vivenciá-lo. É fundamental gostar da profissão para suportar os sacrifícios exigidos.

Na realidade, com ou sem sonho, em quase todo modelo, seja homem, seja mulher, existe uma vaidade, um narcisismo que poucos assumem e que os leva a trilhar esse caminho. E, se existem profissões atraentes, esta realmente é uma delas. Beleza, reconhecimento, glamour, luxo, dinheiro e tempo para usá-lo, fama, mordomias e muita bajulação. É como viver um conto de fadas. Quem não quer?

Só que não é assim para todos. Esse é apenas o objetivo de todos. É necessário ter consciência de que esse mercado é concorrido e exigente. A maioria dos modelos brasileiros nunca pisou em outro país e muito menos em passarelas, rigorosas nos padrões de altura, peso e técnica.

Por outro lado, o mercado é bem amplo e oferece inúmeras oportunidades. Para saber se o sonho vai se tornar realidade, só tentando. Você só precisa saber onde se encaixa melhor. Então, defina-se, descubra-se.

SONHO INATINGÍVEL

Embora essa profissão atraia um grande número de pessoas de camadas sociais mais baixas, para decolar profissionalmente é preciso de um mínimo de investimento, a não ser que a pessoa seja patrocinada por uma agência que a considere a próxima top model.

Como isso não acontece na maioria dos casos, quem não tem condições de se trabalhar não pode realizar o sonho. Há meninas bonitas e pobres, de favelas ou não, que nem têm dinheiro para a passagem, muito menos para fazer um book. Sem boas roupas para o ensaio fotográfico, também não podem comprar roupas adequadas para o dia-a-dia da profissão, nem podem cortar o cabelo onde a agência indica. Em casos extremos, elas engravidam cedo, casam cedo ou chegam a se envolver com o mundo do crime.

Num país com diferenças sociais tão grandes, existem meninas que irão conviver com o sonho eternamente. Mesmo assim, algumas conseguem iniciar a profissão, mas escondem a origem para não enfrentar o preconceito.

SONHO PERIGOSO

O sonho exagerado com a fama vira uma fantasia que leva a pessoa a não enxergar a realidade e suas limitações, levando a caminhos perigosos.

Em 1998, o motoboy Francisco de Assis Pereira ficou conhecido como o "maníaco do parque": ele levava moças desconhecidas para o Parque do Estado, em São Paulo, violentava-as e tentava matá-las. Com o argumento de que as fotografaria para o catálogo de uma empresa de cosméticos, conseguia atraí-las para o matagal. Em seguida, agia como um psicopata. O falso agenciador de modelos era um *serial killer*. Pelo menos sete dessas moças morreram.

Ele conseguiu iludir todas elas por usar um argumento forte: a promessa da fama. Mesmo não conhecendo aquele rapaz, as moças encantavam-se com a proposta de ser fotografadas e tornar-se modelos famosas. Meninas simples, com poucas chances visíveis de entrar para essa profissão, aceitaram ir ao parque com uma pessoa completamente desconhecida, em busca da fama.

Com o incentivo da mídia, que reverencia as supermodelos, algumas meninas sonham em ficar famosas e brilhar nas passarelas da noite para o dia – e acabam sendo enganadas.

Antes de dar qualquer passo para se tornar modelo, é fundamental procurar o lugar certo, a pessoa certa, que trabalha com seriedade, longe da picaretagem. Pesquise em revistas, peça a orientação de amigos modelos, consulte profissionais, ligue para agências conhecidas. Esse é o caminho mais seguro.

A REALIDADE: VOCÊ PODE SER MODELO?

O maior trunfo de um modelo é a sua imagem, sua aparência, mas isso não basta. Para entrar na profissão e obter sucesso o aspirante deve reunir muitas outras características:

- **Altura** para desfilar alta-costura com toda elegância.
- **Aptidão artística** para ser mais que um modelo comum, arrasar e poder crescer.
- **Beleza, boa aparência** para valorizar o que você veste, o que você mostra.
- **Comunicabilidade** para falar em comerciais, dar entrevistas, expressar-se com facilidade.
- **Desejo de aparecer** para dar o *show*, ousar, sem a menor vergonha do público.
- **Disciplina** para adorarem trabalhar com você.
- **Equilíbrio emocional** para suportar o estresse e as rejeições sem entrar em depressão.
- **Fotogenia** para embelezar qualquer trabalho.
- **Idade adequada** para enfrentar a concorrência de igual para igual.
- **Medidas proporcionais**, corpo bonito, perfeito, escultural.
- **Pele bem cuidada** para ficar perfeita nas fotos e no vídeo.

- **Personalidade, atitude** para diferenciar-se, marcar presença.
- **Persistência** para não desistir diante das dificuldades.
- **Peso adequado à altura** para exibir um corpo equilibrado.
- **Postura correta** para vestir bem qualquer roupa.
- **Responsabilidade** para inspirar confiança.
- **Ritmo** para pegar as coreografias de desfiles ou comerciais.
- **Rosto bonito ou exótico** para impressionar o público.
- **Saúde de ferro** para agüentar o ritmo de trabalho e esbanjar beleza.
- **Segurança** para se sair bem, mesmo quando cometer uma gafe.
- **Senso estético** para produzir-se como esperam que você faça e não dar vexame.
- **Sociabilidade** para se relacionar bem com as pessoas.
- **Versatilidade** para se encaixar em várias situações.

Estes são apenas alguns itens de uma grande lista. O agente Marcus Panthera afirma: "A proporção do corpo, longas pernas e 'aquele sorriso' valem muito, mas a segurança é muito importante. Funciona mais do que a beleza em algumas situações". Aliás, a questão da beleza é relativa e não é exigida em todos os casos. Hoje se valoriza atitude, que se sobrepõe ao rosto mais belo. Mas tudo depende do trabalho, pois o mundo fashion e o mundo da publicidade apresentam exigências distintas.

EXIGÊNCIAS DO MUNDO DA MODA

Para tornar-se modelo fashion e, quem sabe, atingir o "cargo" de top model, os ingredientes peso, altura e técnica são fundamentais, seguindo padrões rigorosos. Às vezes a modelo mais cobiçada das passarelas nem é tão bonita. Ela precisa de um corpo esguio e perfeito. Na passarela, a exposição é completa, tudo é ao vivo, na frente do público. O objetivo é atrair a atenção do público com o que há de melhor.

Os estilistas têm suas razões para dar preferência às mulheres magras. Elas ficam bem em quase todos os tipos de roupa e raramente ficam vulgares. Além disso, a tevê e as fotos tendem a deixar as pessoas parecendo mais gordas. Para as modelos, até 90 cm de busto e de quadril é o ideal.

Quanto à altura, o ponto vai para a elegância. Os desfiles de alta-costura pedem gente muito alta. Nas passarelas, gente alta aparece mais. E talvez a psicologia explique por que uma pessoa alta expressa mais poder. De uma forma ou de outra, toda essa exigência de altura tem uma causa.

As americanas e as européias geralmente são mulheres mais altas que as brasileiras, mas a exigência faz-se necessária aqui no país quando se pensa numa carreira internacional. Com 1,70 m, uma modelo não tem condições de competir no mercado fashion europeu. Mas ela também não pode ser alta demais. Os estilistas não querem anões nem gigantes. A altura ideal para as modelos está entre 1,73 m e 1,80 m. Para os homens, entre 1,83 m e 1,90 m. Mas pode-se observar que as modelos mais bem-sucedidas geralmente possuem uma altura generosa, entre 1,78 m e 1,80 m.

O aspecto altura é tão importante nessa profissão que se tornou um hábito, no meio profissional, "crescer" alguns centímetros para ser aceito. Os modelos dizem ter uns 3 cm a mais em média. É claro que o cliente não vai andar com uma fita métrica para medir um a um, mas há casos em que se pode perceber de longe que o modelo acrescentou quase 10 cm. Essa tentativa de enganar os outros é, no mínimo, uma bobagem.

O fator idade também é importante. Aliás, começa-se cada vez mais cedo, e no Brasil até cedo demais. A partir dos 13 anos, meninas altíssimas já pisam em passarelas como mulheres. Já os modelos masculinos começam mais tarde: lá pelos 17 anos, e só se tiverem cara e corpo de homem. As crianças e os mais velhos também têm vez. Mesmo em desfiles de marcas para jovens, eles sempre arrancam aplausos do público.

Quanto ao peso, não há uma regra. Algumas meninas perguntam quantos quilos precisam perder para chegar ao tamanho de quadril ideal. Não dá para responder. Não dá para padronizar as medidas e o peso das pessoas, mesmo que tenham a mesma altura. Tem menina de 1,80 m que pesa 60 kg e tem 89 cm de quadril, mas existem outras de 1,80 m que pesam 58 kg e têm 92 cm de quadril. Depende da estrutura de cada pessoa. É preciso ter bom senso e um profissional para orientar como chegar à medida exigida, se isso for possível.

É bom lembrar que as regras têm exceções. Em casos especiais, estas são abertas. Uma menina de 13 anos, muito bonita e com 1,70 m ainda se enquadra para moda. A altura pode ser disfarçada com um salto. Além disso, o perfil exigido do modelo sempre muda no contexto geral. Os mais baixinhos podem desfilar roupas de estilo esportivo. Para um desfile de roupas para praia, por exemplo, o cliente pode até contratar modelos mais baixos e não muito magros. Alguns estilistas de moda praia no Brasil levam manequins brasileiros para exibir sua coleção no exterior. Gente com corpo bonito e atitude de praia. A moda exclusiva para surfistas pede um perfil mais específico ainda, e costuma usar manequins de corpo bem malhado e bronzeado, com um jeito despojado e nem sempre tão altos.

Embora haja exceções, uma mulher com menos de 1,70 m dificilmente vai desfilar. Não desista. Se não dá para pisar nas passarelas com freqüência, talvez dê para fazer fotos e vídeo à vontade. Modelo fashion tem boa altura, mas nem sempre tem o rosto tão belo quanto o de modelos fotográficos. Para quem tem um rosto bonito, ainda há chance.

EXIGÊNCIAS DO MUNDO DA PUBLICIDADE

Para a publicidade, algumas exigências são diferentes. Enquanto os modelos de passarela precisam ter boa altura, os modelos de comerciais não precisam tanto desse atributo. Uma modelo de 1,69 m não se enquadra no perfil de passarela, mas pelo corpo e rosto bonitos entra nas campanhas publicitárias (fotos, filmes, etc.). Numa foto ou no vídeo, o quadril mais largo ou a altura menor que o padrão exigido podem ser disfarçados. Na verdade, os modelos não precisam necessariamente ser bonitos, mas fotogênicos. É preciso fotografar bem, pois o rosto aparece bastante. Para modelos fotográficos, a beleza do rosto interessa mais do que a altura e a magreza exageradas. Nem sempre a magreza das modelos fashion é bem aceita. Se você não tem a altura ideal para desfilar, mas sabe se colocar diante da câmera, tem expressividade, dança, etc., ainda tem grandes chances de sobressair no mercado publicitário.

Assim como os atores, esses modelos têm que olhar a câmera e transmitir alguma coisa, e ser capazes de interpretar diferentes personagens: sofisticados ou simples, pobres ou ricos, executivos ou esportivos, sensuais ou românticos, etc.

MODELOS VERSÁTEIS

Há modelos que funcionam bem tanto nas passarelas quanto nas fotos e no vídeo. Assim, podem fazer todo tipo de trabalho. Quase perfeitos, reúnem as principais características exigidas pela profissão, agradando ao mercado fashion e publicitário ao mesmo tempo. Essa versatilidade é boa para o bolso, pois as opções de trabalho são bem maiores.

Esse é um modelo completo, o que é mais difícil. Nem toda modelo de moda tem o rosto belo de uma modelo comercial e vice-versa. Na opinião do booker Luciano Spinelly, "o homem perfeito, no início deste novo milênio, teria 1,85 m de altura, 100 cm de tórax e peso proporcional. Além disso, um corpo definido (tórax e abdômen bem trabalhados, malhados, secos, mas sem exagero), um rosto muito marcante e pele bem cuidada. Dentro desse perfil, o modelo masculino tem espaço em todas as vertentes da profissão: moda e publicidade. Para a passarela, 1,80 m de altura é considerado pouco, mas dependendo do corpo e do rosto ainda tem chances. Com 1,75 m, o homem vai ser mais aproveitado na publicidade, mas, se as outras características compensarem, ele pode ser bem 'vendido' em várias situações. Uma mulher com 1,77 m de altura, 89 cm de busto, 89 cm de quadril e 60 cm de cintura, de acordo com as tendências deste momento, seria considerada perfeita, a deusa da passarela".

Quanto mais perfeito o modelo, maiores serão suas chances. Um rosto equilibrado, harmonioso, é mais fácil de trabalhar. O nariz afilado, por exemplo, fica esteticamente melhor numa fotografia. O artifício da maquiagem e dos truques de iluminação não funciona na água, seja na piscina, na praia, seja no chuveiro.

Mas não leve isso tão a sério, porque não se trata de uma fórmula matemática. Gisele Bündchen chegou ao topo com 1,80 m de altura, 92 cm de busto, 61 cm de cintura, 89 cm de quadril e um nariz não muito afilado.

Na verdade, algumas características exigidas de um modelo estão em constante mutação. A questão da beleza, por exemplo, estará sempre ligada a uma série de aspectos, como a época e o lugar em que vivemos. Assim como o padrão de beleza feminino, o padrão de beleza masculino também sofre mutações. Isso é complicado até para os agentes, que precisam seguir o que está funcionando no momento. Enquanto nos anos 1980 era valorizado o homem bem alto e forte, posteriormente se tornou bonito ser um pouco mais baixo, mais magro. E, dependendo da época, quanto mais andrógino, mais o homem encontra trabalho.

DEFINA SEU BIÓTIPO

O mercado de trabalho para modelos tem espaço para uma infinidade de raças, tipos físicos e idades. O mercado fashion, o chamado mundo da moda, procura um perfil; o mercado publicitário procura outro, e assim por diante. Se você não se encaixa nas exigências para ser top model, isso não é motivo para desistir da idéia de ser modelo. Provavelmente, haverá uma outra categoria de trabalho voltada para o seu tipo. É claro que há tipos mais solicitados e outros, menos. Modelos que ganham mais e os que ganham menos. Para trilhar seu caminho da melhor maneira, procure saber onde é que você se encaixa.

Cada linha de trabalho vai exigir e permitir diferentes coisas. É como nos esportes. O alto joga basquete, o baixinho monta a cavalo. Não tente inverter as coisas. Em alguns casos, você não pode mudar as regras do jogo. Dependendo do trabalho, podem querer a beleza clássica ou um rosto exótico.

Na carreira de modelo, a gostosa posa para revista masculina, a magérrima vai para Milão e a graciosa, para o Japão. Assim é que são as coisas. Cada um na sua. Imagine a Tiazinha desfilando alta-costura em Milão e a Gisele Bündchen rebolando de espartilho num programa de tevê. Não combina!

Numa profissão em que você depende das suas características físicas para ter sucesso, é fundamental descobrir o que você tem de bom para mostrar e o que tem de ruim para esconder ou para mudar.

Reconhecer os seus limites não é tarefa muito fácil. Afinal, pessoas que te adoram, como amigos e família, provavelmente dirão que você é o máximo. Que tem uma beleza especial, possui um talento incrível, é diferente das pessoas comuns, tem tudo para fazer sucesso, enfim, você é tudo! Mas será que é mesmo?

Chegou a hora do julgamento. Analise-se, faça uma auto-avaliação. Examine-se e defina seu biótipo. Qual é a sua altura? Quais as suas medidas? Qual o seu tipo físico? Qual o seu estilo? Qual a sua idade? Descubra seus atrativos, suas qualidades, suas habilidades e aproveite o que você tem de bom. Bom senso é a palavra-chave nesse momento. Pare de sonhar um pouco e seja bem realista. Ouça o que os bons profissionais dessa área têm a dizer. Eles são os donos de agências de modelos, bookers, produtores de elenco, fotógrafos, diretores artísticos, consultores, etc.

Uma modelo comercial pode ter menos altura, mais curvas, mas precisa de muita fotogenia e desenvoltura diante das câmeras, e muitas vezes terá de decorar um texto. Será que vai dar?

Você quer ser top model? Se você tem boa altura, ótimo. Mas não adianta passar anos e anos tentando entrar numa agência que exige um mínimo que você não tem. A não ser que você possua uma beleza fenomenal, ou ainda esteja em fase de crescimento. Algumas meninas têm tanta personalidade que conquistam as passarelas até com 1,70 m. Mas isso são exceções. Não perca tempo com o impossível. Existem outros caminhos para você trilhar. E evite se comparar com seus concorrentes, para não cair numa depressão.

Existem as magras naturais e as magras "enlatadas", que fazem a linha gostosa ou gordinha e querem emagrecer a todo custo. Quem tem peitão, bumbum grande e quadril largo vai fazer o quê, cortar? Por favor, se a estrutura do seu corpo está longe de atingir o tipo esguio, não faça mal à sua saúde, apenas mude o caminho. Um agente observou que "às vezes a menina não tem o biótipo para ser manequim, tem ossatura larga e toma injeção para diminuir o quadril". Não brigue com sua estrutura.

Mesmo porque a beleza ideal é bastante dinâmica. E, quando você chegar ao corpo que desejava, pode ser que o mercado já não te queira assim.

Aceite-se como você é, ame-se. Por outro lado, você pode mudar a cor dos cabelos, perder peso, modelar o corpo e até construir uma forte personalidade. E se tiver que dar um retoque no nariz ou nas orelhas de abano, tudo bem. Mas existem características consideradas imutáveis, como a altura, tipo de cabelo, textura e cor da pele. Bem, cedo ou tarde, a medicina e a tecnologia vão acabar dando um jeito nisso também.

Aliás, já é possível fazer tratamento para crescer, mas conforme o hebiatra Mauro Fisberg, isso precisa ser feito antes da puberdade, e é considerado apenas para casos de previsão de estatura extremamente baixa. Além de ter um custo muito alto,

Mari Alexandre fotografada por Serapião para a capa da revista *Pense Leve*, nº 121.

não é um tratamento destituído de riscos, e produz efeitos colaterais importantes.

De qualquer forma, siga duas regras: primeiro, respeite seus limites; segundo, use e abuse de suas qualidades. Tudo isso para não se esforçar em vão, nem cair no ridículo. É o caso da mulher de 45 anos, com perfil distante de uma top model, totalmente fora do biótipo exigido, que queria participar do concurso da agência Elite a qualquer custo.

Quem não tem biótipo de modelo deve manter o peso ideal e buscar uma outra saída. Com alguns quilos a mais e uns centímetros a menos dá para brilhar em outros palcos.

AS EXCEÇÕES

Lindas baixinhas

Quando a beleza compensa a altura, não há o que temer. Bruna Lombardi, com pouca altura para desfilar, tornou-se um ícone de beleza. Qual o problema de não pisar numa passarela? Como modelo comercial você pode ser um sucesso. E talvez se consagrar na arte da interpretação, como Bruna e Ana Paula Arósio.

Cheinhas de charme

No Brasil, o mercado é tímido para quem tem gordurinhas em excesso. Mas existe espaço principalmente nas confecções de tamanhos especiais. As vencedoras de concursos do estilo Miss Gordinha acabam recebendo mais convites para desfilar e fotografar. Mesmo assim, o preparo para atuar na tevê ou no teatro surge como opção mais segura para quem pesa acima do padrão exigido.

Nos Estados Unidos, as modelos mais pesadinhas têm mais oportunidades que no Brasil. O mercado é maior e também valoriza o estilo gordinha *sexy*. Na verdade, até modelos bem pesadas têm sua chance na mídia. Uma modelo americana que pesava 200 kg posou nua para a campanha publicitária de um perfume e fez um enorme sucesso.

COMO SE TORNAR MODELO

Para ingressar nessa carreira há caminhos diferentes. Existem aquelas histórias de Cinderela, em que de repente surge alguém e transforma a sua vida num conto de fadas. Mas isso não acontece com todo mundo. Se a oportunidade ainda não surgiu para você, vá atrás dela.

QUANDO A OPORTUNIDADE SURGE

"Muitas vezes não há sonho, simplesmente acontece. A oportunidade cai nas suas mãos. Você segura se quiser." (Monica Prota, ex-modelo)

Alguém já deve ter dito para você:

- Ah, você devia ser modelo. Com esse corpo, com esse rosto!
- Você está perdendo tempo.
- Se eu fosse você...
- Vá até uma agência...
- Você gostaria de trabalhar como modelo?
- Você tem altura e tipo para ser modelo. Aproveite!
- Você leva jeito...
- Quer participar de um concurso?
- Você tem que fazer um book.

- Você deveria trabalhar na tevê.

Você pode ter ouvido algumas dessas opiniões da sua família ou dos amigos, que costumam fazer esses comentários. Mas, de repente, a pessoa que diz isso está abrindo um caminho para você começar, e está qualificada para julgar sua capacidade profissional. A oportunidade surge na sua frente com endereço e telefone. Como reconhecê-la?

Essa pessoa pode ser um scouter (caçador de talentos), um agente, um booker, um produtor de elenco ou qualquer outra pessoa que esteja envolvida profissionalmente com a contratação de modelos.

Scouters à solta

Scouter é o olheiro, a pessoa que fica de olho em beldades que possam se transformar num talento. As agências de modelos mais importantes, geralmente sediadas em São Paulo, costumam manter esses caçadores de talentos profissionais, além de ter representantes em outros estados, principalmente nos da região Sul.

Scouter, na verdade, é qualquer pessoa que tem um olho clínico para enxergar talentos e tem os meios adequados para lhes dar oportunidade. Pode ser o dono ou o representante de uma agência, um produtor, tanto faz.

Com o olhar aguçado, os scouters buscam beldades por onde andam, no dia-a-dia. Não se assuste. Eles estão pelas danceterias, festas, academias, escolas, desfiles de moda, praias, *shoppings* e até no meio da rua. O convite para ser modelo é a primeira atitude. Se a pessoa aceita, eles pedem que entre em contato com a agência. Geralmente, oferecem um cartão da agência em que trabalham com o seu nome e pedem para a pessoa ligar, ou já agendam um horário. Quando estão em outra cidade, costumam tirar uma foto instantânea e enviá-la para a agência matriz avaliar se vale a pena mandar a beldade para trabalhar na cidade em que fica a agência.

Alguns profissionais ficam na agência entrevistando pretendentes a modelo, mas buscam talentos fora do local de trabalho também. Acaba virando um vício. Esses profissionais possuem olho clínico e estão sempre de plantão. Tudo para buscar as new faces, ou caras novas. Aliás, os bookers, que administram a agenda profissional do modelo e tentam "vendê-lo" para os clientes, acabam fazendo o mesmo. Quem trabalha com isso fica antenado 24 horas por dia. Eu mesma fiquei com essa mania de observar pessoas e querer sugerir uma agência para quem tinha algo de especial. É quase impossível ver uma escultura humana por aí e não sugerir a entrada para a profissão.

Assim também fazem os produtores de casting (elenco), que trabalham para as produtoras de comerciais, estúdios fotográficos, emissoras de televisão, revistas, etc. Eles contratam os modelos das agências ou os talentos descobertos por eles mesmos.

É muito raro o scouter não ter nada a ver com a profissão, mas isso pode acontecer. Os scouters da Helô Pinheiro, a Garota de Ipanema, foram Tom Jobim e Vinícius de Morais, que, encantados com a moça que passava na frente deles todos os dias, criaram para ela uma música que a fez famosa.

Mas tome cuidado. Existem pessoas que fingem ser profissionais. Isso pode ser perigoso. Picaretas, geralmente homens, querem aproveitar-se de um sonho, de uma vaidade, para enganar, por algum objetivo. Desconfie de comportamentos estranhos e promessas absurdas. É bom ter cuidado com quem dá o telefone residencial.

Para não entrar numa gelada, ligue para o número do cartão e confirme se essa pessoa trabalha lá. Antes de ir, confira tudo o que for possível (endereço, nome da empresa, sua fama no mercado, etc.) e marque o dia da entrevista. Se a agência for muito conhecida, ótimo! Caso contrário, é bom levar companhia. Aliás, menores sempre devem ir acompanhados de um responsável.

A mãe de uma aspirante a modelo relatou que "uma empresa fazia sua divulgação numa revista para adolescentes, convidando pretendentes a modelo. Cobraram caro pelo book da minha filha, e ela deveria participar de um concurso em que eu precisaria vender treze convites. Se minha filha obtivesse uma boa pontuação, trabalharia. Ela obteve, e nunca trabalhou. Detalhe: o concurso se repetia a cada mês".

QUANDO VOCÊ CRIA A OPORTUNIDADE

Ninguém te achou andando pelo *shopping*? Está na hora de batalhar por seus interesses. Faça o seu sonho virar realidade. Veja as maneiras mais comuns de entrar para a carreira de modelo:

- Contratar uma consultoria para planejar o começo pode facilitar sua vida e evitar problemas, como entrar numa agência picareta ou inadequada, e encurtar esse processo. O profissional traçará um plano individual, sob medida para seus objetivos. Conversar com quem entende do assunto é mais seguro.

- Uma boa maneira de tornar-se modelo é procurar direto por uma grande agência, sem nunca ter modelado antes.[1] Como numa escola, os profissionais te orientam em relação a cursos, material fotográfico, agenciamento, visual, tudo.

- A maneira tradicional é fazer um curso profissionalizante, preparar o material fotográfico e procurar as agências de sua preferência. Detalhe: as boas agências podem reprovar as fotos e pedir que você faça um novo material, de acordo com o perfil delas. Então, esse caminho nem sempre é o melhor. Antes de procurar por uma, converse com profissionais que possam te orientar sobre as melhores.

---

[1] Modelar nesse sentido constitui um jargão da área e designa os vários tipos de trabalho como modelo, seja como manequim, seja como modelo fotográfico, etc.

Há muita agência picareta, que cobra por uma inscrição e nunca mais te liga.

- Os concursos geralmente dão uma chance para quem pretende iniciar a profissão. Mas tome cuidado com o tipo de concurso. Os de grande destaque chegam a transformar meninas inexperientes em top models. Se o concurso não for muito importante, não valerá muita coisa. Se possível, participe de um concurso realizado pelas principais agências do país, que dão, entre outros prêmios, o agenciamento.

- Uma outra oportunidade está nas revistas. Pode ser uma chance de participar de um concurso para ser capa, de uma matéria como "Antes e depois" ou de outras coisas. Normalmente, o pessoal da redação da revista pede fotos de rosto e corpo para fazer uma pré-avaliação. Geralmente essas fotos não são devolvidas. Além de outros motivos, seria inviável devolver fotos para milhares de endereços.

- Participar de *workshops*, palestras ou procurar agências de caça-talentos são caminhos alternativos.

E ainda há outras maneiras, como você vai ver a seguir.

A agência grande vai para o interior

Agências grandes, principalmente as de São Paulo, fazem casting em outras cidades para buscar new faces. Como não há tempo a perder, o caçador de talentos costuma ir direto a lugares em que há modelos que desejam se mudar para São Paulo e têm chances. No Sul do país há gente maravilhosa, "tipo exportação", mas lá não há muito trabalho para ela. Então, várias agências do Sul, principalmente as pequenas, procuram fazer parcerias com as agências paulistanas. Geralmente os scouters da cidade grande marcam o casting nessas agências de modelos, mas também pode ser em *workshops*. Tem agente de São Paulo que realiza *workshops* ou palestras para modelos por todo o Brasil, e quando termina faz um casting, aproveitando alguns talentos para sua agência.

As agências que optam por essa forma de caçar talentos costumam ter apartamento próprio para acomodar modelos que chegam de outras cidades.

Caravanas da coragem

É o oposto do que as agências de São Paulo fazem. Pessoas de vários pontos do Brasil, em geral do Sul do país e do interior, realizam *workshops* ou cursos em suas cidades para explicar como é a carreira de modelo, que terminam com uma excursão para São Paulo. Ao agrupar pretendentes a modelo e profissionais que desejam ampliar seus horizontes, essas pessoas programam excursões e lotam ônibus com adolescentes, que chegam com a expectativa de brilhar e ganhar muito dinheiro. Sonham com a chance de ser escolhidos por uma agência. Boa parte não tem sequer a altura exigida pelo mundo da moda. Quase ninguém consegue. E quem consegue logo percebe que de sonho a profissão tem pouco.

Essa viagem, que pode durar muitas horas, tem como objetivo apresentar os candidatos às principais agências de modelo paulistanas. Apesar de passarem por várias delas, o aproveitamento é baixo, já que as exigências desses agentes paulistanos são grandes, e às vezes aprovam pouquíssimas pessoas, ou mesmo nenhuma.

Algumas agências passaram a rejeitar as caravanas, que se tornaram abusivas. Essas excursões viraram um comércio. Desde 1998, o número de candidatos aumentou, por causa do sucesso das brasileiras no exterior. Um agente conta que recebia até seis caravanas por semana. Num único dia, chegava a receber sessenta candidatas. Às vezes, sua agência passava até dois meses sem pegar nenhuma delas, pois suas modelos já eram bem selecionadas e preparadas para o mercado.

O problema é que nem sempre as mais belas da cidade têm dinheiro para pagar a viagem, que custa caro, e nem sempre as que viajam têm o perfil adequado para o grande centro da moda e da publicidade. Além disso, as grandes agências já possuem um bom esquema de captação de talentos, como os concursos e os scouters, e não precisam disso.

Existe muita gente nessa área prometendo o que não pode cumprir, mas há exceções. Dílson Stein, scouter e empresário, contou: "Eu fui o pioneiro e já coloquei muitas modelos no mercado, como a Gisele. De duzentas meninas que eu trouxe certa vez, trinta foram selecionadas". Com base em seu método, uma caravana funciona assim: o organizador seleciona os candidatos e convida-os para ir a São Paulo. A seleção de quem vai viajar é feita por essa pessoa, por sua equipe e até pode ter a participação de uma agência de São Paulo nesse processo. É fundamental que os candidatos levem o book, pois eles passam pelas melhores agências do mercado. Ônibus e hotel cinco estrelas, segurança, qualidade, organização, a presença de pelo menos alguns pais e investimento acessível também são itens importantes.

Escolas caça-talentos

Por trás de alguns cursos de modelos estão verdadeiras empresas de caça-talentos, encaminhando alunos para o mercado de trabalho. Dílson Stein, conhecido por descobrir Gisele Bündchen, tornou-se um desses donos de curso de modelos ávidos por fazer brilhar suas aprendizes. O objetivo de encontrar novos talentos e colocá-los no mercado de trabalho foi atingido várias vezes por meio do seu curso no Sul do país, incluindo modelos de sucesso como Alessandra Ambrósio e Luize Altenhofen.

Uma empresa de scouters

Há um tipo de empresa cujo objetivo é caçar talentos. Especializada em captar beldades para o mercado de trabalho, é uma boa oportunidade para quem vai começar, mas isso é mais comum nos Estados Unidos.

> Atenção às oportunidades. Às vezes você tem o perfil que estão procurando. Um rosto, uma expressão, um tipo que se encaixa perfeitamente com determinado trabalho podem ser a porta que te levará ao sucesso.

MERCADO DE TRABALHO

O mercado de trabalho para modelos é amplo ou restrito, dependendo da sua idade, da sua raça, do seu tipo, do lugar onde mora e de alguns outros fatores. E ainda existe a interferência dos concorrentes, gente de outras profissões que é contratada para fazer papel de modelo.

Por outro lado, cada tipo de trabalho exige idades, biótipos e habilidades diferentes. Assim, há espaço para muita gente na profissão. Conheça um pouco mais sobre este assunto.

COM QUE IDADE?

O mercado de trabalho para modelos é muito amplo para os jovens. Mas nada impede que você seja modelo aos 70 anos. Atualmente, há mais flexibilidade, permitindo que muita gente com mais idade trabalhe, mas as exigências variam muito entre o mercado de moda e a publicidade.

No mercado fashion, as modelos são bastante requisitadas entre 14 e 24 anos. Para os homens, essa faixa é mais extensa. Entre 17 e 40 anos eles trabalham muito. Os homens são privilegiados e muitos conseguem brilhar nas passarelas bem depois dos 30, como Paulo Zulu.

Na publicidade, principalmente em comerciais para tevê, há espaço para todas as idades, já que os produtos também variam muito. Desde comerciais de fraldas, em que bebês trabalham, até comerciais de produtos que usam famílias completas, com direito a vovós e vovôs. Homens entre 30 e 40 anos conseguem trabalhar bastante, fazendo o estilo executivo e paizão. Mulheres dessa idade fazem o estilo executiva, dona de casa e mamãe.

Bebês e crianças

As crianças têm trabalhado bastante porque chamam muita atenção. Na publicidade, sabemos que comerciais com animais ou crianças têm sucesso garantido. Causam emoção e vendem muito, como os "Mamíferos" da Parmalat e o "Baby" da Telesp Celular. Além disso, seus cachês costumam ser menores, o que atrai os anunciantes.

Tempos atrás, criança aparecia em comerciais de produtos infantis. Hoje, tem criança em comerciais de carro, de telefone celular, material elétrico, etc. Isso significa que o número de trabalhos aumentou.

Enquanto os bebês são fotografados ou filmados, as crianças maiores já podem desfilar, ampliando suas oportunidades. Apesar disso, já vi bebês de colo em desfiles que simplesmente "roubaram a cena". As passarelas sempre ganham brilho quando são enfeitadas por manequins mirins. Pedacinhos de gente exibem seu charme, esbanjam carisma e não passam despercebidos. Rapazinhos e mocinhas também conquistam o público.

O mercado infantil não é tão fácil. A concorrência é grande, e para chegar a algum lugar é preciso disciplina. Para muitas mães, qualquer sacrifício vale a pena. Não importa como chegar, mas chegar.

Apesar de o trabalho infantil ser proibido por lei, a legislação é flexível quando se refere a artistas. Eles são amparados legalmente por se tratar de talento, mas isso depende da lei de cada país. Em determinados países, as crianças são proibidas de fazer comerciais. No Brasil, comenta-se sobre possíveis modificações na lei para restringir a participação infantil na publicidade.

Por outro lado, começar cedo tem suas vantagens. A experiência é uma delas. As apresentadoras de tevê Angélica, Jackeline Petkovic e Adriane Galisteu são exemplos disso. A primeira começou aos 2, a segunda aos 12 e a terceira aos 9 anos. Para elas, valeu a pena começar tão cedo. Ao longo dos anos, alcançaram o sucesso.

E é claro que existem crianças que adoram ser modelos. Gostam de se ver nos trabalhos, de ganhar reconhecimento e muito mais.

Mudanças

Criança muda de aparência muito rápido. De bebê até 12 anos os cabelos crescem, escurecem, o rosto afina, os dentes crescem, caem, crescem de novo, o corpinho muda. Se a fisionomia da criança muda, a própria agência deixa de mandá-la para os testes, pois muitas vezes ela deixa de agradar como antes. Por isso, os pequenos precisam interromper o trabalho temporariamente. Às vezes, ficam um ano afastados do mercado, depois voltam.

Existem as idades difíceis. Os agentes infantis se unem nas opiniões. Para Regina Weyler, o ideal é começar a partir de 5 meses. "Antes disso é melhor só fazer ficha, porque não adianta fazer book. Tudo muda muito rápido."

"Entre um ano e meio e dois chamam pouco para testes. Nem é criança de colo, nem está falando." (Marcia Pecci)

Conforme Cida Banin, entre 2 e 3 anos a criança está cheia de energia, descobrindo o mundo, uma espoleta. Segundo Regina Weyler, criança de 2 a 3 anos e meio estranha as pessoas, chora, só faz o que quer. Quem trabalha na área sabe que essa é a fase da criança impossível, para não dizer chata. Há diretores e produtores que não agüentam.

Muitos agentes afirmam que bebês e crianças entre 4 e 5 anos são mais requisitados, e que é possível trabalhar muito nessa fase. Já entre 6 e 7 anos a criança tem problemas com a troca de dentição. Dependendo da criança, essa fase pode ser bem mais demorada. E sem dente fica difícil trabalhar. De acordo com Mara Moraes, algumas substituem os dentes em pouco tempo e voltam logo a trabalhar. Regina Weyler finaliza: "Enquanto isso, ficam na gaveta".

"Geralmente essas fases são rápidas. Em um ano ou até menos as crianças voltam a ser aproveitadas." (Cida Banin)

"Os meninos voltam a ter problemas lá pelos 13 anos, pois não são crianças nem rapazes." (Regina Weyler)

Depois de uma interrupção, a criança precisa renovar o material fotográfico para recomeçar. Cansadas dos testes, enjoadas de trabalhar, muitas acabam abandonando tudo de uma vez. Só volta quem realmente gosta do trabalho.

Júlia Almeida, fotografada por Serapião para o catálogo da Green.

Com todos esses problemas, a rotatividade nas agências infantis é grande. Entra criança, sai criança. Isso não tem fim. Poucas crianças seguem a carreira, mas quando isso acontece é porque havia vocação e muito talento. Se ela quer continuar, é bom colocá-la para fazer cursos de teatro, dicção, canto, etc., preparando-a para o futuro.

Adolescentes

De acordo com o Estatuto da Criança e do Adolescente, a pessoa entre 12 e 18 anos de idade é considerada adolescente. E é justamente esse o período em que as meninas estão começando a carreira de modelo, principalmente entre 13 e 15 anos. Muito novas. Para compensar, lá pelos 17 anos a modelo estará pronta. Essa é uma idade muito cobiçada para comerciais, passarela e todos os tipos de trabalho que a profissão envolve. As ninfetas são muito requisitadas para desfiles, bem mais que as modelos com mais de 25 anos. O mundo fashion explora mais essa faixa de idade. A modelo adolescente pode parecer na foto uma menina ou uma mulher sensual de 30, dependendo da maquiagem. Já a mulher de 30 não passa por uma adolescente de 15. Essa versatilidade agrada. Pele lisa, fácil de maquiar, cabelo sedoso, brilho nos olhos, corpo perfeito. Isso ajuda em qualquer produção. Por todos esses motivos, encontram-se modelos cada vez mais jovens no mercado. Mas essa precocidade é algo muito sério, envolvendo três fatores: equilíbrio emocional, sexualidade e educação.

Nessa faixa etária, a dificuldade em conciliar trabalho e escola é como a das crianças, mas o trabalho fica mais sério, e até oportunidades de viajar ao exterior aparecem. Muitas vezes os pais preferem optar pela interrupção dos estudos, já que a fonte de renda é significativa. Há uma inversão de valores. A escola, que era importante até pouco tempo atrás, já não é mais. Não se pode perder a cabeça. A solução é voltar a estudar assim que possível.

O lado psicológico é outro ponto importante. Equilíbrio emocional na adolescência. Que cobrança estranha, logo numa fase de tantas dúvidas, transformações, etc. Se nessa fase a personalidade oscila normalmente, imagine para quem junta isso com as novidades de uma profissão muito louca, no bom sentido. O agente Marcus Panthera observa: "Às vezes, o patinho feio da cidade do interior vai para uma grande agência, conquista o mercado e torna-se de repente uma modelo muito cobiçada. Isso mexe com o lado psicológico de qualquer pessoa. É necessário ter preparo para esse sucesso, que pode fazer estragos". Para encarar o fracasso também é necessário força e autoconfiança. Das inúmeras meninas que querem entrar na profissão, poucas conseguem.

Quanto à sexualidade, esse meio de trabalho pode estimular a menina a virar mulher com trabalhos nada infantis. A erotização das ninfetas é um assunto que vem sendo muito discutido. A polêmica é grande, pois a sensualidade explorada precocemente é preocupante. Um agente disse que isso só acontece se o responsável deixar, pois a menina entra na agência e preenche uma ficha com a mãe, apontando que tipo de trabalho ela poderia fazer. As mães é que autorizam ou não a aparição da filha menor de lingerie ou nua nos trabalhos. A agência deve orientar a modelo e seu responsável quanto ao que ela vai encontrar pela frente. Por isso, o acompanhamento dos pais é fundamental, sempre.

Mas é necessário considerar que há meninas de 13 anos com jeito de mulher e meninas de 13 anos com jeito de criança. Estas fazem o estilo menininha, e geralmente entram em agências mais adequadas à sua idade. Elas vão conquistar o público adolescente, fotografar para as revistas de *teenagers*, fazer desfiles infanto-juvenis, comerciais de chocolate, etc. A sensualidade, a erotização, a pose *sexy* não cabem nesse contexto.

De outro lado, temos meninas de 13 anos de 1,80 m de altura – tamanho e corpo de mulher, alma de criança. Criança ou mulher? Que assunto complicado! Geralmente elas entram em agências de adultos. E os trabalhos não são assim tão infantis. Há marcas de lingerie, por exemplo, que trabalham com meninas muito novas, mas realizam campanhas de alto nível. O problema maior está em trabalhos que tendem para a vulgaridade. É preciso considerar o desenvolvimento físico e mental da menina. Cabe ao responsável tomar a decisão mais correta quanto ao caminho que essa menina deve trilhar.

Profissionais da área juntam esforços para que não se contratem meninas abaixo de 16 anos. Muitos agentes evitam agenciar meninas sem o 1º grau completo. Uns chegam a sugerir que elas voltem quando terminarem a escola. A responsabilidade da agência é grande quando trabalha com meninas muito novas, principalmente com as que se mudam de suas cidades para São Paulo. A agência precisa dar estrutura para elas morarem, arrumando um local adequado; precisa providenciar escola, proporcionar uma vida saudável e normal. Ideal seria esperar essas meninas amadurecerem. É até mais fácil preparar meninas com mais de 15 anos.

Os agentes podem até preferir trabalhar com meninas mais velhas, mas, se o mercado pede ninfetas, as agências precisam delas. E, se um deles não agencia meninas de 13 anos, seu concorrente vai agenciar. Na verdade, atualmente há uma grande pressão para que elas comecem logo.

Meninas de vários cantos do país chegam a receber, aos 12 anos, convite para trabalhar em São Paulo. Uma menina dessa faixa etária ainda é muito nova para morar sem os pais. Alguns optam por colocar a filha em agências locais até que ela tenha idade para morar sozinha. Enquanto isso, a menina ganha experiência em sua cidade e até pode ir eventualmente para São Paulo fazer algum trabalho. Há profissionais que ficam acompanhando as meninas até que elas estejam prontas e tenham idade para se mudar. O problema é que, quando um caçador de talentos encontra uma beldade e pergunta se ela quer ser modelo, cria uma expectativa na menina e em sua família, que vê na filha a oportunidade de ganhar muito dinheiro e tornar-se rica. Muitos pais não querem esperar.

Essa questão da idade pode até mudar um pouco. No exterior, há países que não gostam de trabalhar com meninas muito novas, e a legislação de alguns nem permite.

Ian Libardi fotografado por José Rubens Moldero para o book da agência Tribo de Atores. O ator e modelo começou a carreira aos 11 anos e participou de comerciais como o lançamento do carro Xsara Picasso 2003.

No caso dos meninos, o problema maior está no seu desenvolvimento físico. Um menino de 14 anos está mais para criança ou para adulto? Depende, e isso causa uma enorme confusão na hora de selecionar um elenco. A variação entre o desenvolvimento de garoto para garoto é tão grande que num teste para essa idade o cliente encontra tipos muito infantis e outros muito adultos para o trabalho. Em que agência ele se encaixaria melhor? Numa de crianças ou numa de jovens e adultos? Depende justamente do seu desenvolvimento. Para evitar esse problema, uma agente infantil passou a trabalhar com a faixa etária de 0 a 12 anos, em vez de 0 a 16. Mas é muito difícil encontrar garotos de 14 anos fazendo trabalho de adultos. O mercado fashion procura mais pelos modelos masculinos a partir de 17 anos. Se o corpo ainda não está definido e o rosto é infantil, ainda não é o momento de encarar o mundo da moda de gente grande.

Adultos

O mercado de trabalho para modelos ficou mais flexível. Não há limitações de idade como no passado, mas ainda existem algumas restrições. Para as mulheres, começar cedo é uma vantagem, aumentando a chance de tornar a carreira mais longa. No Brasil, a maioria começa antes dos 17 anos. Começar com 22 anos é complicado. É possível que as agências mais rigorosas nem aceitem. Mas as modelos consagradas conseguem pisar nas passarelas até com mais de 30 anos. As menos privilegiadas vão sendo abandonadas antes disso, mas dá para continuar bem até uns 25 anos. De qualquer forma, o mundo da moda vai se fechando, e os desfiles ficam mais escassos. Se essas veteranas mantiverem a beleza, conseguem prolongar o sucesso. Mas não dá para ser eternamente jovem, e, mesmo que a modelo consiga fazer desfiles após os 40 anos, é bom começar a se preparar para seguir outro caminho.

Ainda falta muito para o pequeno mercado brasileiro seguir a tendência americana de valorizar as belas de 30, de 40 ou de 50 anos. Há exceções em algumas vertentes da profissão. Misáe sempre fez muitos desfiles para programas de tevê e trabalhou como manequim de prova. Em 2003, aos 49 anos ela ainda desfilava, tendo a carreira de manequim como principal fonte de renda.

Felizes os homens, que conseguem desfilar com 40 anos e tirar o fôlego das menininhas. A faixa de idade aceita é mais ampla. Corpo malhado, magro, cara de homem: é o que importa. Na moda, os homens começam geralmente entre 17 e 23 anos. Outros param com pouco mais de 20 anos e voltam mais tarde. Na verdade, os homens trabalham muito entre 30 e 35 anos. Alguns se tornam profissionais justamente nessa idade, bem tarde em relação às mulheres.

Eles têm a vantagem de a marca dos 30 não pesar tanto, ampliando o tempo de carreira. Mas o mercado fashion masculino é bem menor. O mercado de trabalho é mais amplo para as mulheres. Pense em quantas capas de revista você vê com homens e quantas você vê com mulheres. Como a quantidade de trabalho é pequena, a concorrência entre os homens fica maior. E para conquistar um lugar ao sol é preciso estar muito bem, bonitão, malhado, etc. Mesmo bonitos e talentosos, eles precisam batalhar muito mais por um lugar nas passarelas. E raras vezes vemos um modelo masculino na capa das consagradas revistas de moda, mesmo que dentro da revista haja fotos de moda para homens. Talvez por isso dificilmente você veja um supermodelo masculino rico, ao contrário das supermodelos. Sendo assim, a ala feminina está em vantagem sobre a masculina.

"Se o homem preservar a beleza física, não há limite de idade para ser modelo. Quanto mais maduro o modelo masculino, melhor. As marcas de expressão transmitem segurança, experiência, qualidades buscadas pela publicidade." (Caetano Zonaro, modelo)

Para a alegria de todos os pós-pós-adolescentes, a publicidade (anúncios, comerciais, etc.) é mais flexível, menos preconceituosa. Para interpretar mamães, papais, executivos(as), donas de casa, mulheres fatais, etc., a publicidade precisa de gente que aparente mais de 15 aninhos.

Que bom isso! Considero sensacionais as campanhas da Natura, que passaram a mostrar mulheres de várias idades, sem aquela batida fórmula que mostra uma adolescente para vender creme antiidade. Participaram da campanha ex-modelos que mudaram de profissão ou mulheres comuns (médica, administradora de empresas, etc.). Quem é que ainda acredita que uma mulher de 45 anos passa um creme e fica com aparência de 20 anos? Mas aqui no Brasil ainda há vestígios de preconceito, e

Serapião

Susan Blick fotografada por Serapião para a revista *Le Lis Blanc*. Aos 30 anos fez comercial para a Sadia, e com 31 anos foi contratada para a campanha da Natura.

chega a ser hilário quando vemos ninfetas anunciando cremes anti-rugas.

Senhoras e senhores, vamos apresentar...

Uns sempre trabalharam como modelos; outros são aposentados, viúvas, donas de casa, que buscaram na maturidade uma forma de melhorar a vida. Eles fazem disso um passatempo que rende um dinheiro a mais no orçamento. Para alguns, é a única fonte de renda.

Conheci modelos de mais de 60 anos, lindos, com muita energia, cheios de vontade de trabalhar. As mocinhas de 70 anos, então, adoram exibir-se. E contar muita história.

A publicidade, mais uma vez, mostra-se menos preconceituosa. Vovôs e vovós entram em cena e fazem comerciais de eletrodomésticos, remédios, lançamentos imobiliários, supermercados e muito mais. A publicidade sempre precisa deles, mas nem sempre os trabalhos são de qualidade. Há muita figuração. E os homens têm chance de fazer o tradicional Papai Noel.

A indústria da moda praticamente não dá chance para cinqüentões, sessentões e outros entões. O afastamento é quase total. São raras as confecções que anunciam para a terceira idade. Algumas grifes que são consumidas por essa faixa etária ainda usam modelos jovens para suas campanhas. Desfiles, então, são mais raros ainda. De vez em quando, algum evento abre espaço para o pessoal de cabelo branquinho. Com esse movimento em torno da terceira idade, essa maneira de pensar que exclui os mais velhos tende a passar por uma grande modificação ao longo do tempo. Mas algumas mudanças já vêm ocorrendo. Os desfiles por uma boa causa costumam dar uma oportunidade para as "mocinhas maiores de idade", incluindo mulheres da sociedade, clientes das grifes. A ex-modelo Beth Martinez participou de um que reuniu mulheres de até 60 anos que fizeram a história da moda. Assim como Diva, ex-manequim de grandes costureiros, que aos 64 anos mostrou sua beleza madura num desfile beneficente. Elas fazem sucesso.

E Renato Kherlakian, criador da Zoomp, já colocou na passarela muitos modelos acima de 60 anos. Carlos Righetti desfilou aos 70 anos para a grife. Feliz, ele dizia que tinha sido aplaudido

Frederico Betcher, o Fredão, tornou-se um dos senhores-propaganda de maior sucesso. Desfilou no São Paulo Fashion Week para a grife Zapping, e já participou de várias campanhas publicitárias.

pelos jovens modelos que dominavam as passarelas e pelo público. Sentia-se lisonjeado e satisfeito por uma experiência que talvez não se repita mais.

A SUA RAÇA, O SEU TIPO

Pode-se dizer que raça é a resultante de vários fatores, como cor da pele, feições do rosto, tipo de cabelo, estatura e origem geográfica. Seja lá o que for, os modelos são classificados de acordo com sua raça e biótipo, o que pode influenciar bastante na hora de uma seleção de elenco.

A palavra tipo pode estar ligada à raça, ao modo de ser, ao jeito de vestir, ao estilo de cada um. É algo que de algum modo caracteriza uma pessoa. Pode ser uma pessoa esquisita, excêntrica, um tipo estranho. Também pode ser um tipo italiano.

Qual a sua raça? Qual o seu tipo? Entenda o que acontece no mercado de modelos e tire proveito disso.

A publicidade não costuma inventar, mas refletir o que acontece na sociedade, tendendo a transmitir uma imagem de sucesso, beleza, glamour e felicidade. Para isso, busca a imagem de modelos de beleza. De outro lado, existem os estereótipos, aqueles conceitos arraigados, como "o judeu é avarento"; "o gordo é engraçado"; "o velho é chato"; "o negro é serviçal". Mas nem sempre é assim. O mercado publicitário cada vez mais cria campanhas inteligentes, e os anunciantes vão perdendo o preconceito que ainda resta.

O agente Manoel Borrelli opinou: "Para a felicidade de todas as raças e tipos, a publicidade e a moda já não vivem só de top models. A cada dia se vêem mais campanhas sem top models e com gente normal". Tipos e gente bem estranha também surgem nas campanhas contemporâneas. O polêmico Oliviero Toscani, como fotógrafo e diretor de arte da Benetton, sempre trabalhou pela aceitação das diferenças, pela aceitação da realidade. Para ele, as supermodelos transmitem uma imagem ilusória. Foi ele quem fez das campanhas da Benetton um espaço para pessoas comuns e, principalmente, de todas as raças.

Um tipo bem brasileiro

A mistura de raças originou muita gente linda e diferente. Aliás, a diversidade de belezas no país da miscigenação favoreceu o Brasil no mercado de modelos internacional. O país ganhou prestígio no exterior devido às nossas modelos, supervalorizadas. Na virada do milênio, a beleza da brasileira tornou-se esperada, onde quer que fosse o desfile. O diretor de uma das maiores agências do Brasil afirmou que "há algum tempo, ser brasileira era um descrédito. Nossas modelos eram vistas no exterior como profissionais de segundo time. A relação mudou, e ser brasileira passou a ser uma qualidade. Modelos de alguns países da América Latina (mexicanas, argentinas, etc.) passaram a dizer em testes internacionais que eram brasileiras para serem valorizadas".

Brancos

O padrão de beleza europeu é o que a mídia impõe como ideal de beleza em quase todo o mundo. Privilegiados ou numerosos, os brancos são a maioria nesse mercado. São eles os maiores consumidores, e as campanhas publicitárias são feitas para quem compra mais. Talvez por esse motivo trabalhem mais.

O fato de a moda ter sido por tanto tempo originada na Europa seria outro motivo pelo qual os brancos trabalham mais como modelos? Talvez. A maioria das modelos européias eram brancas. As americanas também. E isso influencia as pessoas no que se refere a padrão de beleza.

Questão de beleza? Nem sempre. Entre os brancos, há inúmeros tipos que nem sempre são aceitos como modelos. Na verdade, muita coisa mudou. Há algum tempo, as sardas de Jeisa

Chiminazzo seriam proibidas. Ruivas poderiam ser descartadas. E talvez as loiras exóticas nem se tornassem modelos. Mas ainda há louras, morenas e ruivas que serão barradas na profissão de modelo.

Italianos, portugueses, franceses, alemães...

Os brancos de tipo definido também são requisitados pela publicidade. Um comercial de massas, e lá está a família italiana. Será estereótipo? Pode ser, mas a publicidade possui uma linguagem que tem como objetivo reproduzir a realidade ou facilitar o entendimento do público, que deve assimilar facilmente uma mensagem proposta por uma campanha.

Assim, surgem muitas oportunidades para quem tem cara de alemão, de russo, etc. Basta a campanha publicitária preci-

O ruivo Bruno Artioli por Cristiano em editorial da revista *Simples*, nº 24.

sar de um desses personagens. E, além da aparência, há situações em que o modelo precisa ter o sotaque também, ou fingir que tem. Se o modelo não é um alemão original, por exemplo, pode ser um descendente ou alguém que se pareça com um. Mas certos trabalhos exigem o original. Embora o objetivo da publicidade seja diferente do das novelas e do cinema, esses tipos também são muito procurados para tais trabalhos.

Mulatos

Como resultado de uma mistura entre o branco e o negro, surgem os pardos, ou melhor, mulatos. Há modelos mulatos lindos, mas eles são pouco requisitados para campanhas publicitárias. No mundo fashion a situação se repete. O mercado brasileiro de modelos explora pouco o potencial dos mulatos, assim como dos negros. Mas parece que a situação dos mulatos é menos favorável ainda.

O motivo é o de sempre. Quem compra mais? Brancos, negros ou mulatos? Se a população branca é a que possui maior poder aquisitivo em geral, é para ela que a publicidade cria. Assim funciona também o mundo fashion. A intenção é vender roupas e outros produtos. E quem compra quer se identificar com aquilo que é mostrado. Por isso, a proporção de modelos mulatos em relação a brancos é pequena.

Graças aos produtos específicos para a raça, como xampus e maquiagem, as oportunidades aumentaram. O espaço também se abriu com o lançamento das revistas específicas para essa raça.

Embora haja poucos modelos mulatos, alguns são muito bem-sucedidos. Alessandra Cardoso está entre eles. Em outra vertente, Valéria Valenssa, com seu corpo escultural, ocupou o posto de Globeleza, tornando-se um símbolo do carnaval no Brasil. Além de aproveitar sua beleza física para faturar, lançou vários produtos com sua marca.

Alessandra Cardoso, a mulata de olhos verdes, por Fernando Bahg, para o catálogo da Tráffico Z.

Negros

O preconceito racial está cada vez mais distante da profissão de modelo. O racismo vai se deteriorando conforme o negro consegue mostrar suas qualidades, inclusive competência e beleza.

As revistas especializadas vêm contribuindo para a abertura do espaço para modelos negros. Além de essas publicações contratarem negros para embelezar suas edições, abordam assuntos voltados para essa raça, que ainda sofre discriminação, e conseguem derrubar aos poucos o preconceito que resta. Assim, mais negros conseguem se destacar na carreira de modelo.

Agências especializadas em negros passaram a apoiar os belos de pele escura, refletindo um momento de transição entre o preconceito e a aceitação dos negros no mercado de modelos.

Os projetos de lei que tinham como objetivo obrigar a participação de 42% de negros em campanhas publicitárias e produções para tevê causaram polêmica. De um lado, donos de emissoras, publicitários e anunciantes, com suas razões e argumentos. Do outro, os negros em busca de um lugar ao sol.

Por que a oportunidade é menor?

Além do preconceito que ainda resta, existem outros fatores pelos quais os negros trabalham pouco como modelos. No Brasil, há menos modelos negros do que brancos. Esse é um dado real. As opções de negros nas agências de modelos são mínimas. Bebês negros, então, quase não existem nos cadastros. A questão é: por que isso acontece? De um lado, a agência pode rejeitar a pessoa e não agenciá-la. De outro, o negro pode ter medo de ir a uma agência e ser rejeitado. E muitas vezes a falta de informação leva a pessoa a cometer erros, como escolher a agência inadequada para o seu perfil. Às vezes a falta de conhecimento é total, e não se sabe nem como funciona esse mercado nem como iniciar a profissão.

Com tão poucas opções, ao montar uma família negra para um comercial, o produtor de elenco terá mais dificuldade do que para montar uma família branca.

Uma outra questão é que a publicidade geralmente reflete o que existe numa sociedade, pois a realidade também vende. Ao criar comerciais para um produto, por exemplo, as agências de publicidade costumam basear-se em pesquisas que revelam a idade, a classe social e outros dados sobre os consumidores. Se a pesquisa detectar que o poder de compra de determinado produto está concentrado numa classe social dominada pelos brancos, provavelmente o comercial terá pessoas brancas.

Existe também a adequação do comercial ao tipo de produto. Então, a publicidade precisa de modelos negros para vender produtos para negros, assim como um xampu de camomila deve ser mostrado por uma loira. Como os negros são a minoria no país, há menos produtos desenvolvidos especialmente para eles.

Em relação à beleza, não há dúvida de que existem negros belíssimos. Outros são exóticos. Muitas vezes a questão não é a cor, mas a beleza e o talento. Sem isso, não dá para ser modelo. Muitos brancos são recusados para os trabalhos, mas isso não é percebido porque eles surgem em grande quantidade.

Há negros que reduzem a espessura dos lábios, alisam os cabelos crespos e clareiam a pele, buscando através dessa metamorfose ter acesso a um "ideal de beleza" sugerido pela mídia. E até mesmo para ter oportunidade de ser aceitos na profissão. Há quem diga que, geralmente, o negro que mais trabalha como modelo é o que tem o estereótipo de branco: nariz fino, lábios finos e cabelo liso. Mas não é bem assim. Há casos de sucesso distantes desse perfil.

Segundo alguns maquiadores, um outro motivo que levou a publicidade a usar mais modelos brancos é que a pele negra muitas vezes é manchada, mais difícil de cuidar. Até recentemente, a maquiagem não realçava a pele negra, que, por conseqüência, não ficava tão bem no vídeo. Resultado: poucos negros em comerciais. Atualmente, existem produtos desenvolvidos especialmente para esse tipo de pele, inclusive maquiagem. E para todas as tonalidades. Um mercado inexplorado até pouco tempo atrás vem se desenvolvendo e beneficiando os negros.

Oportunidades à vista

Os modelos negros trabalham menos que os brancos, mas seu espaço vem sendo conquistado gradativamente, seja na moda, seja na publicidade.

Depois de tanta luta contra o preconceito racial, veio o reconhecimento da beleza negra e a tendência do politicamente correto. Passaram a contratar mais negros, escolher negros em concursos de beleza e muito mais. Isso trouxe benefícios para a raça, pois essa forma de pensar vai enraizar-se até que todos se aceitem independentemente da cor.

Uma das formas de o negro entrar para esse mercado é pela participação em concursos específicos para a raça. Ou em agências específicas. Mas negro com estilo e perfil de modelo entra em qualquer boa agência.

No mundo da moda, os negros já são muito requisitados para desfiles. Na publicidade, cada vez mais os negros participam de campanhas de produtos específicos para a raça ou não. E só para lembrar: tem negro que faz mais sucesso que muito bran-

Samira Carvalho no camarim, após desfilar para a marca Theodora, na Semana de Moda Inverno 2004.

co. O Brasil já pode contar história quando se fala de modelos negros bem-sucedidos. Nos anos 1980, Aroldo Macedo era um modelo conhecido, o que lhe trouxe oportunidades para trilhar outros caminhos, como o de fotógrafo, escritor e criador da revista *Raça*. Deise Nunes foi Miss Brasil e sempre se manteve presente na mídia. Antes de se tornar ator, Norton Nascimento foi modelo. A mesma trajetória teve Isabel Fillardis. A modelo Lana chegou a ser premiada pela agência L'Equipe por ser a profissional que mais faturou no mês. E Sacramento tornou-se o modelo negro mais requisitado do Brasil. Mais que muito modelo branco.

Concursos de grandes agências também já fizeram negras vencedoras. A negra Cláudia Menezes venceu o The Look of the Year 1994, em que participaram aproximadamente 10 mil garotas. Uma delas era Gisele Bündchen, que ficou em segundo lugar.

A estrela Naomi Campbell em desfile da Rosa Chá durante o São Paulo Fashion Week Verão 2003.

No exterior, algumas negras atingiram o topo da profissão junto com as brancas, lugar invejável entre as modelos. Quem não gostaria de ter nascido Naomi Campbell, que se tornou uma das top models mais bem pagas no mundo?

De qualquer forma, em julho de 2001 um grupo de modelos negros protestou contra o baixo número de negros nas passarelas do evento São Paulo Fashion Week. A luta continua.

Orientais

No Brasil não há muita oportunidade para modelos orientais e seus descendentes. O mercado é restrito, com poucos testes e trabalhos. A maior causa está nos próprios traços, tão diferentes dos traços dos ocidentais.

Claudia Guimarães

Leonardo Young no desfile da grife V. Rom, no São Paulo Fashion Week Verão 2004.

A diferença de biótipo é acentuada. Tipo de corpo, altura, cabelos, traços. Está na cara que são diferentes. É uma beleza com outro estilo. Geralmente são baixos para atuar no mundo fashion. Por isso, eles normalmente são modelos comerciais. A publicidade, pela estereotipomania ou pelo fato de copiar a realidade, os leva a trabalhar mais nos comerciais de produtos eletrônicos e outros do gênero.

No meio de tantas regras, há algumas exceções. Uma delas é Oliver Kenji Okasaki, neto de legítimos orientais. Como modelo de uma boa agência e dono de uma beleza pra lá de exótica distribuída em 1,86 m, fez trabalhos de qualidade e ainda ganhou a oportunidade de estrear como ator aos 19 anos. Interpretou o Toshio da novela global *Laços de família*, contracenando com Carolina Dieckman. A manequim Misáe, com 1,70 m de altura, completou 27 anos de carreira como manequim em 2004. "Raramente aconteceu de me rejeitarem por ser oriental", disse ela.

Algumas brasileiras descendentes de orientais encontram maiores oportunidades no Japão, onde a altura não é muito importante e seus traços são mais requisitados. Geralmente muito magras e de pele bem clara, fazem sucesso como modelos no Japão. As meninas estilo *kawaii* – meigas, com rostinho de boneca, muito valorizado lá – fazem sucesso e ganham dinheiro em campanhas. O padrão de beleza japonês sempre tendeu para essa meiguice, diferente do padrão fashion, que busca mulherões na faixa de 1,80 m de altura.

As mestiças, principalmente, são bem-aceitas, pelos traços nipônicos mais suaves, olhos mais arredondados e o nariz afilado. Embora já tenha sido melhor, o Japão é um mercado sólido, onde elas podem permanecer.

Índios

O acesso às escolas, a culturas diferentes e à tecnologia aproxima o índio dos hábitos do "mundo civilizado". Hoje tem índio músico, político, professor, etc. E tem índio modelo.

Os modelos indígenas, na maioria, ainda vivem em suas aldeias ou são descendentes diretos de índios, mas moram em casas de chão de terra. Geralmente são baixos, beirando 1,45 m, e usam roupas bem simples. Mais para "modelos-tipo" que para modelos de beleza, têm traços bonitos, cabelos lisos, dignos de um belo trabalho. Mas muitos deles não entendem perfeitamente o que acontece quando um produtor de elenco os convida a olhar para uma câmera fazendo uma determinada expressão – e ganhar dinheiro com isso. O que importa para eles é ganhar o dinheiro. Isso eles entendem, e adoram.

De algum jeito, eles surgem nas agências de modelos das grandes cidades. Geralmente por meio de pesquisas de produtores de elenco. Dificilmente eles tomam essa iniciativa, até pelas diferenças culturais e pela falta de informação.

De vez em quando são requisitados pela publicidade. Comerciais para órgãos governamentais e outros que procuram retratar o Brasil usam os nativos do país para protagonizar uma realidade que muitas vezes já nem existe.

Na reserva de Dourados, Mato Grosso do Sul, já realizaram até concurso de *miss*. Sandra Freitas, vencedora em 1998, tinha 17 anos, 1,72 m de altura, 55 kg, longos cabelos pretos e dentes perfeitos. A matéria foi publicada no jornal *O Estado de S. Paulo*, apontando que ela trabalhava como modelo de vez em quando, mas não pretendia fazer disso uma carreira. Seu mundo era bem diferente do dos modelos profissionais.

Há também os modelos com ascendência indígena mais distante, pessoas completamente "civilizadas" que têm nas veias algumas gotas de sangue índio. A morena Luiza Brunet, neta de uma índia, ganhou o mundo da moda no século passado. A cearense Suyane Moreira inaugurou o novo século encantando esse mesmo mundo fashion. Da mistura entre negros e índios surgiu a bela de cabelos pretos brilhantes, olhos puxados e boca carnuda. Para começar sua história, ela fez editorial para a *Vogue Italia*, catálogo para a M. Officer e foi capa da revista inglesa *i-D*. Em 2001, desfilou para a M. Officer no São Paulo Fashion

Week e tornou-se a modelo número um da grife. Com isso, consagrou-se entre as modelos brasileiras de maior destaque. Dá para notar que as oportunidades para o índio estão na publicidade, no cinema, na telenovela e até na passarela.

Outras raças, outros tipos

Ao procurar um modelo para uma campanha publicitária, pode ser que o produtor de elenco peça um modelo pelo seu tipo, em vez de especificar as medidas de quadril, cintura e busto. Nesse caso, ele pode pedir um tipo africano, europeu, nordestino, executivo, dona de casa, vovô, atlético, etc.

No próximo capítulo você vai saber com detalhes o que é um "modelo-tipo".

SEUS CONCORRENTES

Como se já não bastasse ter que competir com tantas beldades em todos os testes, os modelos profissionais ainda têm que enfrentar os concorrentes que não são modelos. E eles são muitos: atores, apresentadores, atletas, etc.

Para campanhas publicitárias, desfiles ou capas de revistas de moda e beleza, nem sempre se contratam modelos. Em determinadas situações é preciso ser mais do que modelo, é preciso ter uma habilidade específica, ser um *expert* em algum assunto, ou uma celebridade. Aliás, os famosos são requisitados porque vendem qualquer produto que mostram. E o que importa para quem contrata modelo é que a pessoa escolhida venda muito. Além dos atores e atletas, outros profissionais roubam a cena, e é normal que isso aconteça. Assim, a garota da capa de uma revista de moda pode não ser uma top model, mas uma cantora ou uma *socialite*. E o modelo de um grande evento de moda pode ser o ator que protagoniza uma novela global, o que se tornou uma tendência nos últimos tempos.

Na verdade, essa não é uma atitude aprovada pelo sindicato dos modelos – o Sindicato dos Artistas e Técnicos em Espetáculos de Diversões (Sated). Para o sindicato, cada profissional deve atuar em sua área, respeitando suas restrições. Mas, do ponto de vista dos publicitários e estilistas, isso nunca vai funcionar, pois não dá para se restringir a modelos em um contexto muito mais abrangente. Para solucionar o problema, o sindicato pede que os modelos eventuais, que começam a fazer muitos comerciais, tirem o registro profissional, da mesma forma que ocorre com os atores.

Para evitar a concorrência, não há muito o que fazer. Resta aos modelos investir em si próprios. Possuir outras habilidades agrega valor a um modelo, aumentando suas chances de trabalho.

Atores

O mais comum de todos os concorrentes dos modelos é o ator – principalmente na publicidade, que muitas vezes exige a interpretação de um texto ou personagem. Inclusive, muitos modelos vêm estudando teatro, ou já são dublês de ator e modelo. Nos testes de VT, é normal encontrar os dois profissionais competindo pelo mesmo trabalho. A competição parece sadia e bem mais aceitável que décadas atrás.

Há papéis que precisam de um ator. Modelo nenhum tomaria o lugar de Carlos Moreno, garoto-propaganda da Bombril por mais de vinte anos.

Quando se trata de ator famoso, não há espaço para os modelos. Atores de teatro e tevê como Fernanda Montenegro e Antônio Fagundes recebem convites para ser estrelas de campanhas publicitárias. Quando estão protagonizando novela, então, nem se fala. Com o sucesso que fez na novela *Terra nostra*, Thiago Lacerda protagonizou em pouco tempo mais de quarenta comerciais, uma exposição que chegou a ser excessiva. Por outro lado, com a força da sua beleza e popularidade, o garoto-propaganda da Caixa Econômica Federal fez o número de aberturas de cadernetas de poupança bater recorde.

O assédio publicitário a artistas tornou-se tão exagerado que a Globo chegou a criar normas para impor limites.

Mas eles também invadem as passarelas. Virou moda ator desfilar, principalmente se for celebridade. Eduardo Moscovis, Marcello Antony, Thiago Lacerda e Rodrigo Santoro já arrancaram suspiros das espectadoras. Cláudia Alencar também já brilhou nas passarelas. O efeito é fantástico. Lembro que Raul Gazolla fez sucesso ao entrar na passarela de um *shopping* de São Paulo com um cão husky-siberiano. Os modelos profissionais tornaram-se meros figurantes diante do brilho do bonitão.

Muitos desses atores originalmente foram modelos, como Maria Fernanda Cândido, Reynaldo Gianecchini e Thiago Lacerda.

A consagrada atriz Suzana Vieira posa para a capa da revista *Corpo a Corpo*, ano IV, nº 31.

Alguns deles nem faziam tanto sucesso quando só modelavam. Quem se lembra do Thiago Lacerda antes de ele se tornar ator? Depois de virar galã de novela, ele foi desfilar em grandes eventos de moda e se tornou garoto-propaganda de muitos produtos. Acontece que a carreira de modelo não dá certo para todo mundo, mesmo para quem reúne atributos de sobra para fazer sucesso, até porque a concorrência é enorme. Depois de trilhar outro caminho e brilhar, ex-modelos voltam para matar as saudades e ganhar um bom cachê.

Apresentadores de tevê e VJs

De uns tempos para cá, virou febre contratarem modelos para exercer o papel de apresentadores de tevê ou VJ's. Depois de abraçar uma nova profissão, ex-modelos voltam a exercer o

Moisés Pazianotto

Depois de trabalhar como modelo, Sabrina Parlatore tornou-se reconhecida como apresentadora de tevê.

papel de modelos, como convidados especiais em desfiles, capas de revistas e campanhas publicitárias. Sabrina Parlatore, Adriane Galisteu, Babi, Fernanda Lima e Luciana Gimenez são apenas algumas das modelos que se tornaram apresentadoras de tevê e passaram a estampar capas de revistas, entre outras muitas oportunidades. Xuxa, por exemplo, já anunciou inúmeros produtos da sua marca e muitos outros.

Mas não são só apresentadores que já modelaram que estrelam campanhas publicitárias. Apresentadores famosos, como Hebe Camargo, Jô Soares, Ana Maria Braga, sempre são convidados para protagonizar comerciais. O que importa, nesse caso, é a popularidade desses profissionais da comunicação. E aí não tem new face que possa competir com esses monstros sagrados.

Atletas

Muitos modelos profissionais são atletas ou praticaram algum esporte antes de exercer a profissão. Por outro lado, muitos atletas profissionais exercem o papel de modelos quando a publicidade ou os mestres da moda os requisitam.

Em campanhas publicitárias eventualmente usam-se atletas profissionais para desempenhar melhor o papel a ser representado. Há momentos em que não dá para um modelo fingir que salta bem de um trampolim, que monta a cavalo, que dança com fitas, que é um *expert* em alpinismo, ou que joga vôlei como um campeão. Os produtores já pediram à agente Conceição Araújo pessoas para fazer nado sincronizado e até aqualoucos, que pulam de trampolim fazendo comédia.

Os comerciais de remédios contra contusão geralmente mostram pessoas praticando esportes. Na produtora em que trabalhei, para fazer um comercial do Cataflan foi necessário contratar um elenco que soubesse jogar vôlei e tênis, andasse de patins e de bicicleta. Na época da Copa do Mundo e das Olimpíadas, os jogadores de futebol, famosos ou anônimos, são bem requisitados para os comerciais.

Além dessa habilidade tão especial, que é o domínio total de determinado esporte, os atletas têm uma vantagem sobre qualquer mortal: corpos perfeitos e saudáveis. Tudo o que a moda e a publicidade precisam. Por isso, os caçadores de talentos estão de olho neles. Foram muitas as beldades descobertas por scouters enquanto praticavam esportes.

Embora o mundo da moda não valorize mulheres musculosas, o mesmo não se aplica aos homens. Nada mais perfeito que um esportista nas passarelas. Se for celebridade, então, melhorou. O surfista Paulo Zulu é a prova concreta dessa teoria. Com um físico nada exagerado, simplesmente perfeito, sarado, já levou ao delírio muitas espectadoras nos seus desfiles.

E por falar em famosos, é de praxe o mercado publicitário usar como garotos-propaganda as estrelas dos esportes. Muitas vezes, isso está previsto num contrato com o patrocinador, que

O atleta Claudinei Quirino desfila para a Olympikus na Couromoda.

obviamente usa a imagem desse atleta nas suas campanhas publicitárias. Determinada marca, patrocinadora de um clube, de um time ou de um atleta, fecha contrato de publicidade que inclui a divulgação através da roupa, das campanhas e muito mais. Grandes marcas costumam patrocinar atletas famosos ou em ascensão. O contrato de patrocínio pode ser de exclusividade ou não.

Diz-se que o atleta dá personalidade à marca. Atletas de elite principalmente. Jogadores de futebol, tenistas, nadadores e outros esportistas de destaque são patrocinados pelas marcas que eles irão representar durante o tempo determinado em contrato. Atletas do nível de Ronaldinho e Gustavo Kuerten são sempre patrocinados por marcas líderes. Essa estratégia é usada por marcas de artigos esportivos e às vezes por marcas que pouco têm a ver com esporte. As estrelas dos esportes vendem o que anunciarem. Bom para a marca, bom para o atleta. É uma parceria e tanto. Os contratos com os anunciantes são fabulosos – eles faturam alto. Por venderem muito bem, essas estrelas não divulgam só artigos esportivos. Fazem campanha de revistas, perfumes, planos de saúde, imóveis, carros, e até de cuecas. Basta lembrar quantos comerciais desse tipo você já viu com atletas como Oscar Schmidt e Pelé.

O mundo fashion seguiu a tendência. O nadador Fernando Scherer, o Xuxa, fez sucesso nas passarelas e foi convidado por uma seletiva agência de modelos para integrar seu cast. Virou atleta-modelo.

E contra os "deuses" dos esportes não há preconceito racial, o que importa é ser campeão. Tanto faz ser negro como Michael Jordan ou branco como Gustavo Kuerten.

A força da imagem dessas personalidades ofusca artistas, modelos, cantores e outras estrelas. São mitos que invadem as passarelas, posam de atores, estrelam comerciais e vendem muito.

Músicos e cantores

Assim como os esportistas, os músicos invadem a publicidade e as passarelas, mas existem motivos diferentes para usar músicos em campanhas ou no mundo fashion.

É muito comum a presença de cantores em comerciais com *jingle*, aquela música que fala do produto. Quando se usa um modelo que não sabe cantar, contrata-se um cantor que entra com a voz enquanto aparece a imagem do modelo, fazendo-se uma dublagem.

Às vezes o produto está ligado a um determinado músico, como o pianista Arthur Moreira Lima, que fez a campanha promocional da revista *Caras*, que oferecia uma coleção com lições de música clássica dele próprio.

Outras vezes, somente a popularidade do músico é o suficiente para que ele seja convidado a posar como garoto-propa-

A modelo, atriz e cantora Janaína Lince, fotografada por Serapião para a campanha do evento Boat Show.

ganda. Sérgio Reis, Chitãozinho e Xororó, Sandy e Junior e Zezé di Camargo e Luciano aprenderam a lidar com as câmeras, de tantos comerciais que já fizeram.

O *pop star* Bon Jovi posou como modelo para um catálogo da grife Versace, e Madonna fez publicidade para a mesma grife. Pela beleza ou pela fama, fizeram papel de modelos.

No mundo fashion, os estilistas deixam de lado a rigidez dos padrões exigidos para modelos quando se trata de astros da música. Uns centímetros a mais ou a menos, um rosto não tão anguloso, uma idade que não condiz com a dos modelos, nada disso importa. Uns quilinhos a mais também não são problema. O que vale é o charme e o brilho dessas estrelas. Em desfiles importantes já participaram Caetano Veloso, Gilberto Gil, Alexandre Pires, Toni Garrido e Ivete Sangalo. Os cantores Sidney Magal e Perla fizeram sucesso no desfile da Cavalera, no São Paulo Fashion Week. Essas personalidades roubam a cena.

Bailarinos e dançarinos

De repente, o produtor de casting pede modelos que saibam dançar. Pode ser para um comercial de tevê, para um desfile ou para um videoclipe. Se a tarefa é simples, basta contratar modelos que levam jeito. Se for preciso, são contratados coreógrafos para dar umas aulas antes do trabalho. Houve um teste na produtora em que as modelos tinham que aprender a dançar tango ali, nos braços do coreógrafo. Quem tinha habilidade aprendia rápido. Algumas não conseguiam mesmo. Não é tão fácil aprender a dançar, se soltar e ficar bonita no vídeo, tudo ao mesmo tempo.

Quando a coreografia é complicada, opta-se por bailarinos profissionais, que muitas vezes também são modelos.

"No começo dos anos 1990, fiz um desfile de roupa de ginástica. Era preciso mostrar a roupa através do movimento. O desfile-show era mais do que caminhar sobre a passarela. Era dançar, fazer ginástica, etc." (Beto Bueno, ex-modelo, coreógrafo e ator)

Sebastian consagrou-se como garoto-propaganda da loja de departamentos C&A. Mesmo com a aparição de modelos nos comerciais, a estrela sempre foi ele, pelo menos até o dia em que Gisele Bündchen fez uma campanha para a marca.

Como celebridade sempre tem vez, as dançarinas mais famosas são estrelas de inúmeras campanhas publicitárias, estampam capas de revistas e até desfilam. Corpos perfeitos, mas longe do padrão de modelo fashion, já fizeram sucesso em muitos desfiles, principalmente nos de roupas esportivas.

Sebastian ficou conhecido como bailarino nas campanhas da C&A, mas mostrou-se um artista especial, valorizando a cultura, apreciando a boa literatura, atuando como cantor lírico e abraçando a arte da interpretação.

Manequins de fibra e modelos virtuais

Você já viu? Já ouviu falar? Trata-se de concorrentes que a tecnologia e a arte vêm criando para modelos de carne e osso. São modelos de fibra, modelos virtuais e o que mais o ser humano tiver capacidade para inventar, com o objetivo de inovar, impactar e captar a nossa atenção.

Como as top models costumam distrair o público durante os desfiles, o estilista Alexander McQueen já usou modelos feitas de fibra de vidro, presas a plataformas móveis, para exibir sua coleção em Paris.

"Geradas" pelo computador, as modelos virtuais foram criadas para brilhar na mídia eletrônica e impressa. John Casablancas, fundador da agência Elite, uma das melhores agências de modelos reais, idealizou sua top model virtual e lançou-a no mercado. Em março de 2000, essa "modelo" impalpável estreou numa revista brasileira de grande circulação. Uma das primeiras campanhas estreladas pela top virtual Webbie 2K foi a do Nokia. A novidade que chegou ao Brasil em 2000 também virou sensação em outros países. Em seguida, Alemanha e Inglaterra criaram suas jornalistas virtuais.

As vantagens apontadas pelos criadores de beldades virtuais é que elas não dormem, não comem, não envelhecem, não engordam, não entram em disputas para lustrar o ego, não pedem aumento e ainda podem trabalhar em vários lugares ao mesmo tempo.

A modelo virtual Kaya foi criada no Brasil por Alceu Baptistão Junior, da produtora Vetor Zero.

Certamente, as modelos virtuais têm qualidades infinitas e despertam a atenção das pessoas. Mas tudo isso é pura fantasia. Na verdade, os modelos reais serão insubstituíveis. O público gosta mais de ver gente de verdade nos comerciais. E sonhar conhecê-la ou poder tocá-la um dia.

Outras celebridades

Princesas, rainhas, *socialites*, arquitetos, jornalistas e outros famosos também roubam a cena. Para estampar a embalagem de uma margarina em Londres, usaram a foto da princesa Diana. Com o objetivo de vender, vale tudo, tudo pelo marketing.

Socialites participam de desfiles beneficentes como "tops voluntárias", ou ganham para posar para capas de revistas e catálogos, entre outros trabalhos. Se têm corpo e rosto bonito, chegam a estampar inúmeras capas de revista, posando como modelos. Algumas são ex-modelos, e a maioria já passou dos 40 anos.

Chico Audi

A jornalista e apresentadora Olga Bongiovanni já estampou capas de revistas como *Figurino* e *Pense Leve*.

Muitos participantes dos *reality shows* não são modelos, mas são convidados a desfilar e fotografar devido à popularidade que ganham com esse tipo de programa. Tanto faz se é um cabeleireiro, um cozinheiro ou mesmo uma advogada.

Até gente que fica famosa por se envolver em escândalo já ganhou espaço na mídia como modelo – mas nesse caso é melhor ficar no anonimato.

Pessoas comuns ou muito diferentes

Às vezes os publicitários se cansam do convencional e buscam o que é diferente – que pode se traduzir em gente normal. Em junho de 2000, a Kaiser inovou na campanha publicitária. No lugar do famoso Baixinho, optou por colocar consumidores no ar. Para participar, eles teriam que mandar um vídeo caseiro no qual seriam protagonistas. Os selecionados iriam ao ar. Para a campanha de 2001, o Banco Real optou por usar gerentes e clientes reais.

Já o fotógrafo Oliviero Toscani sempre causou polêmica com as campanhas que fez para a grife Benetton. No lugar de modelos fotográficos, fotografou aidéticos, soldados croatas mortos, além de doze prisioneiros condenados à pena de morte aguardando a execução. Para chamar a atenção para uma etiqueta de roupas tão coloridas, ele optou por modelos nada convencionais, mas chocantes.

Em pleno São Paulo Fashion Week já desfilaram um grupo de salva-vidas, uma princesa e até a avó índia de uma modelo. O travesti Bianca Exótica desfilou no Amni Hot Spot. E *drag queen* também tem vez no mundo dos modelos. Não exatamente para uma revista de moda, nem para um desfile, mas para marcar presença em eventos de moda e, quem sabe, dar um *show*. Elas chamam a atenção dos freqüentadores desses eventos, nos corredores ou mesmo no palco. Já fui a eventos de modelos em que *drag queens* faziam sua *performance*. Todo mundo curte, todo mundo fica curioso. O Brasil tem suas famosas *drags* que todos querem ver, e algumas chegam a ganhar espaço em programas de tevê. Nos Estados Unidos, em vez de uma linda modelo, a escolhida para apresentar um *talk show* na tevê americana foi uma famosa *drag queen* de 2 m de altura.

Animais

Em vez de gente, bicho. Perder uma chance de trabalho para um cachorro é duro. Mas as pesquisas indicam que publicidade com animal ou criança vende muito. Fazer o quê? A garota-propaganda, ou melhor, cadela-propaganda que o portal iG contratou foi a americana Micky, da raça West Highland white terrier. A imprensa divulgou que ela veio de Hollywood para trabalhar no Brasil e recebeu tratamento de estrela: ficou hospedada em um *flat*, com alimentação controlada, "exigindo" seu prato predileto e ganhando um cachê equivalente a 5 mil dólares por mês para a campanha. É pra deixar muito modelo com inveja, não?

Foto do book do Lennon, que já desfilou para *pet shops* e ganhou medalha em exposição especializada da raça por sua beleza. Seus pais, Kevin e Ninna, premiados várias vezes, estampam revistas sobre cães.

Além de estampar embalagens de produtos para a própria espécie, eles fazem sucesso em campanhas de outros produtos. Sempre tem um leão em campanha de Imposto de Renda. Há modelos de várias espécies: cavalos, elefantes, passarinhos, borboletas, etc. Alguns ficam bem famosos, como o cachorrinho da Cofap. E até o universo fashion vem adotando modelos de quatro patas, para exibir roupas caninas ou encantar o público nas passarelas humanas.

Existem até agências de animais, principalmente no exterior. No Brasil, há os adestradores famosos, que já treinaram inúmeros astros irracionais das campanhas publicitárias.

ONDE ESTÁ VOCÊ?

O Brasil é um país com várias faces. Em relação ao mercado de trabalho para modelos, cada região, cada estado e cada cidade do país apresentam características diferentes. Há grandes diferenças entre as regiões. Enquanto uma top model desfila sob flashes fotográficos no maior evento de moda de São Paulo, uma índia ganha um concurso de *miss* no interior do Mato Grosso.

Quanto mais perto de um grande centro de moda ou de publicidade, maiores as chances de chegar ao topo da carreira. Maiores oportunidades são seguidas de melhores cachês e trabalhos de qualidade. Quando se está distante ocorre o contrário. Quanto mais longe, pior.

No interior, dependendo da cidade, há riqueza e, conseqüentemente, oportunidades de trabalho. Em outras regiões, nenhuma fartura. Definitivamente, o interior de São Paulo e o interior do Mato Grosso possuem realidades diferentes. Mas é certo que os cachês sempre são menores que nos grandes centros. Quanto mais afastado dos grandes pólos da moda, mais fraco será o mercado. Então, quem deseja crescer profissionalmente precisa abandonar o seu "mundinho" e partir para os lugares onde se concentra a indústria da moda ou o mercado publicitário, os principais contratantes de modelos.

Para a sorte de algumas beldades, os caça-talentos das grandes agências têm invadido cidades do interior para buscar caras novas, ou melhor, new faces. Eles vão atrás de candidatas para os concursos realizados por suas agências. Oportunidades assim já mudaram a vida de meninas como Mariana Weickert e muitas outras. Quem não conta com a sorte de ser encontrada por um desses scouters precisa sair por decisão própria. Adaptar-se a uma nova realidade, mudar de vida e de cidade nem sempre é fácil e agradável, mas pode valer a pena.

Sudeste

São Paulo

Aqui está o maior mercado fashion da América Latina. Aqui também está o mercado publicitário mais forte do Brasil, cerca de 70% de todo o país. Este é o melhor mercado para modelos no Brasil. Há agências de modelos ótimas, e muitas. Os comerciais de tevê são numerosos e bem produzidos. Como há muitos eventos de moda importantes durante o ano inteiro, os desfiles ocorrem com maior freqüência. As editoras de revistas são inúmeras, possibilitando fotos em capas e editoriais. Até por isso, dificilmente se forma um bom book em outro estado do Brasil que não seja São Paulo, que oferece subsídios para o modelo ficar conhecido no mercado. É onde ficam as principais revistas, onde são feitos os principais editoriais. Quem mora em outro lugar precisa se mudar para São Paulo para fazer importantes editoriais e capas.

Além desses trabalhos convencionais, ainda aparecem outras oportunidades que em geral não surgem fora dos grandes centros, como a da entrada no mercado internacional. São mais chances de trabalho e cachês mais altos.

Bom para paulistanos como Gianne Albertoni. Mas isso não quer dizer que modelos que nasceram em São Paulo têm mais chances. Há muita oportunidade para quem vem de fora. Nesse grande pólo de moda, há modelos de todos os cantos do Brasil: do interior de São Paulo, de toda a região Sul, de Minas Gerais e outros estados. Em relação a esse assunto, profissionais da área em geral dizem que a maioria vem do Rio Grande do Sul, mas a democracia da beleza pode mudar esse quadro.

Eventos

No Brasil, São Paulo é a cidade dos eventos. Os mais importantes para modelos são os de moda e de beleza. O Morumbi Fashion, evento do calendário de moda mais badalado do Brasil, trocou de nome na entrada do terceiro milênio e ficou mais famoso ainda. Até quem não trabalhava na área passou a saber o que era o São Paulo Fashion Week – Calendário Oficial da Moda. A imprensa mostrou para o mundo o maior evento de moda brasileiro, organizado por Paulo Borges. O sonho de muitos modelos é se exibir nesse tipo de acontecimento. Nessa vitrine das coleções que brilharão nas lojas durante a estação seguinte, a moda nacional é mostrada por modelos nacionais e internacionais, como a top sudanesa Alek Wek e a inglesa Naomi Campbell. Ao lado de top models, desfilam new faces de futuro mais abrilhantado. O público é formado por clientes especiais, inclusive celebridades. A maratona mais fashion do país, na qual se incluem algumas das mais importantes grifes nacionais, conta com a participação da imprensa nacional e internacional. Fotógrafos, cinegrafistas e repórteres não perdem a oportunidade. O nível de organização e profissionalismo se aproximou do dos eventos realizados na Europa e nos Estados Unidos. Realizado duas vezes por ano, no inverno e no verão, o São Paulo Fashion Week reúne uma gigantesca equipe especializada, para que o grandioso *show* decorra de modo perfeito. São centenas de modelos que desfilam para grifes e estilistas de primeira.

Nesse superevento, inovar é lei. Os estilistas abusam da criatividade, e vale tudo para ser diferente. Camarins montados no meio da passarela, onde os modelos se trocam diante do público; desfiles em supermercados; e muito mais.

Quando um evento desse porte se aproxima, agências e modelos entram num processo em que a expectativa de participar ou não e o cuidado para que tudo dê certo se transformam em adrenalina. Os modelos vivem momentos de estresse, ansiedade e pressão, mas têm que enfrentá-los, porque se trata de uma grande oportunidade e uma grande vitrine.

Há muitos outros eventos de moda em São Paulo, com perfis bem diferentes. Os maiores de São Paulo geralmente são os maiores da América Latina, e quase todos são realizados duas vezes por ano. Os principais contam com a participação de grandes estilistas e celebridades na passarela.

Criada em maio de 1997 por André Hidalgo, a Semana de Moda de São Paulo – Casa de Criadores surgiu com o objetivo de divulgar estilistas novos no mercado até que eles se tornassem consagrados. O Amni Hot Spot foi criado por Paulo Borges com filosofia parecida. O perfil dos modelos contratados é proporcional ao tamanho e filosofia do evento. Há muito mais new faces do que tops. Quando uma top gosta muito do evento e do estilista que a convida, ela até dispensa o cachê especial. Esses desfiles podem dar projeção para new faces, pois muita gente da área vai assistir. "A Mariana Weickert desfilou só uma vez para a Semana de Moda. Na outra temporada, ela pegou vários desfiles no maior evento do país", disse André Hidalgo. Depois de alguns anos, a Semana de Moda passou a trabalhar apenas com os mais conhecidos entre os estilistas novos. Para lançar os que estavam começando – os novíssimos –, André idealizou o Projeto Lab, que a partir de 2000 passou a ocupar o primeiro dia da Semana de Moda de São Paulo. O conceito se refletiu nos modelos, que mesmo sem fama tinham os atributos necessários para se projetar no mercado. Fora do circuito profissional, ainda há outros desfiles organizados por estudantes de moda, dentro das escolas.

Um outro tipo de evento são as feiras voltadas para profissionais do setor têxtil, como lojistas e revendedores. Entre elas, a Feira Internacional da Indústria Têxtil (Fenit), que começou na década de 1950, entrou no século XXI como o maior evento do setor têxtil brasileiro e como a mais antiga feira de moda e de confecção do Brasil. Foi um dos mais importantes e glamorosos acontecimentos do mundo fashion, por onde já passaram os maiores nomes da moda brasileira. Nos anos 1990, a Fenit deixava essa característica de lado para tornar-se mais comercial. De qualquer forma, bons modelos continuaram tendo oportunidades nessa feira de negócios.

Feiras de beleza importantes colocam em exibição uma avalanche de novidades para embelezar mulheres e homens. Os modelos são requisitados para desfilar, para participar de exibições em estandes ou nos campeonatos de cabeleireiros e maquiadores. Nas feiras de calçados, confecções, artigos esportivos, acessórios de moda e artefatos de couro, também há desfiles. Nos eventos de roupas íntimas e lingeries, modelos de corpos perfeitos exibem de calcinhas ou cuecas a pijamas. Nas feiras do setor infanto-juvenil e de bebê, a criançada tem oportunidade de exibir seu talento.

Enquanto certos eventos atravessam décadas, alguns não passam da primeira edição. E outros vão sendo criados. O que importa é que sempre há bastante trabalho em São Paulo.

SEMANA DE MODA DE SÃO PAULO · Casa de Criadores
PROJETO LAB · FENIT · ÍNTIMA-ÍNTIMATEX
ENCONTRO DE MODA · BIJÓIAS · COSMPROF/
COSMÉTICA · COUROMODA · FENINVER
FRANCAL · FIT · AMNI HOT SPOT · HAIR BRASIL

Mercado de trabalho

Margareth Libardi

Roque em desfile da Ellus no São Paulo Fashion Week. O modelo saiu do interior de São Paulo e entrou para o rol dos privilegiados que conquistaram o universo fashion.

Acervo Alcântara Machado

TexBrasil Fenit – Desfile realizado no Salão Internacional da Moda (SIM), em 2003.

Rio de Janeiro

Depois de São Paulo, o Rio de Janeiro é o melhor mercado para modelos, mas não o ideal para projetá-los internacionalmente. A cidade oferece quase o mesmo que São Paulo, mas em menor quantidade. Assim, as possibilidades de brilhar são menores. Há ótimas agências de modelos, mas poucas. E as melhores normalmente são filiais das de São Paulo. Há produtoras de comerciais ótimas, e muitos comerciais para tevê são bem produzidos. Também há eventos de moda importantes, mas tudo isso em menor escala.

O principal evento de moda, por exemplo, nem sempre aconteceu duas vezes por ano. Como no Rio quase não há inverno, numa época só havia lançamento para moda primavera/verão. Aliás, os desfiles de moda praia e esporte são bem freqüentes.

A menina dos olhos da cidade é a poderosa Rede Globo, que também abre as portas para modelos. Mas na tevê a vantagem fica com os atores, seja para novelas, seja para programas humorísticos. Para as beldades surgem chances de atuar em novelas do estilo de *Malhação*, apresentar programas de tevê ou ser coadjuvantes, assistentes de palco, etc. O que sobra é figuração.

As fotos surgem para catálogos, folhetos, revistas encartadas em jornais, outdoors, etc. O Rio não tem uma revista importante entre as publicações de moda. As principais revistas de moda do Brasil estão em São Paulo. Com isso, há menos editoriais de moda para fazer. O agente Hélio Passos comenta: "É difícil construir um book de uma modelo nova no Rio e conseguir que ela tenha projeção, porque não surgem bons editoriais".

Apesar de ser um pólo importante de moda, há menos chances de os modelos progredirem. Meus amigos iam para São Paulo e trabalhavam muito mais do que eu. O tempo passou, mas isso não mudou. Modelos como Raica Oliveira, Vergniaud Mendes e Daniel Aguiar puseram os pés fora da Cidade Maravilhosa para conquistar o sucesso na profissão.

Mas o Rio também cria modelos de sucesso. Monique Evans fez parte de um rol de modelos cariocas de destaque, assim como Ana Furtado. E pessoas de outras cidades também fizeram carreira no Rio, como Adriana Mattar, Luiza Brunet, Isadora Ribeiro, Gisele Fraga e Xuxa. E, assim como Georgia Wortmann, a modelo Daniella Sarahyba já sentiu o gostinho de ser a modelo mais requisitada do Rio de Janeiro.

A praia traz um estilo despojado, pele mais dourada e pede um cuidado constante com o corpo, o que faz surgir tanta gente bonita, bem-cuidada, com um toque de sensualidade.

Principais eventos

O evento mais importante do calendário de moda da cidade já se chamou Semana Barra Shopping de Estilo, mudando depois para Fashion Rio. O nome não importa. Assim como em

SEMANA FASHION SHOPPING TIJUCA · FEVEST
EXPO NOIVAS E CASAIS · RIO MODA · BIJÓIAS · FASHION SHOES

A carioca Viviane Surgek quando acabava de vencer o concurso Riachuelo Mega Model 2003.

Margareth Libardi

São Paulo, nessas nobres passarelas pisam desde novos modelos com grande potencial até megamodelos internacionais como Naomi Campbell. Entre estrelas nacionais que já brilharam nesses eventos estão Adriane Galisteu, Paulo Zulu, Gianne Albertoni, Gisele Bündchen e Reynaldo Gianecchini. Aliás, vários atores globais já desfilaram. Inúmeras grifes famosas, inclusive as de moda praia, já exibiram suas coleções na semana de moda carioca.

O Rio tem outros eventos importantes, como os de jóias e de lingerie, além dos desfiles de *shopping* e individuais de grifes.

Minas Gerais

Belo Horizonte desenvolveu o setor de vestuário até conquistar o poder de lançar moda. Hoje, existem estilistas mineiros muito bons espalhando marcas de sapatos e roupas por todo o Brasil. Minas tornou-se um pólo de moda. Com isso, surgiram os desfiles regionais e até eventos mais importantes.

Eventos

Belo Horizonte Fashion Week foi apenas um dos nomes da semana de moda mineira, também batizado de Calendário Oficial da Moda – Edição BH. Sim, a cidade entrou para o calendário, destacando-se neste enorme Brasil.

Criado para lançar grifes mineiras, esse grande evento de moda ganhou um toque de vanguarda, como frisou a especialista Astrid Façanha. Para expor grifes como Disritmia e Vide Bula seria natural a participação de modelos bons e experientes. Enquanto top models e celebridades davam projeção para o evento, modelos locais ganharam a oportunidade de se projetar. Segundo Astrid, muitas grifes só contratam modelos de São Paulo se o perfil procurado não é encontrado nas agências de Belo Horizonte ou quando desejam tops.

Outros eventos, como as feiras de calçados e acessórios de moda, também absorvem modelos. O restante é trabalho local.

O mercado fashion mineiro cresceu, mas não o bastante para manter seus modelos financeiramente. A mineira Cássia Ávila virou top em São Paulo, que começou a importar muitos modelos de Minas. E assim fez o Rio de Janeiro, que descobriu Priscila Fantin, baiana que morava em Minas, para protagonizar a novela *Malhação*.

MINAS CALÇADOS · BH FASHION · MG MOSTRA TÊXTIL

A mineira Ana Beatriz Barros, fotografada por Bob Wolfenson para o publieditorial do Shopping Iguatemi São Paulo, veiculado na revista *Vogue Brasil*, nº 291.

Espírito Santo

Os modelos capixabas precisam se mudar para trabalhar profissionalmente e ganhar projeção.

Sul

Paraná, Rio Grande do Sul e Santa Catarina

O tipo europeu, o biótipo mais aceito na moda e na publicidade do mundo, é fácil de encontrar no Sul do Brasil. A imigração italiana e a alemã contribuíram para a fabricação em série de gente bonita. Olhos claros, cabelos loiros e muita altura chegam a ser atributos comuns nessa região, que sempre foi um grande celeiro de modelos. Daí vieram Shirley Mallmann, Xuxa, Gisele Bündchen, Luize Altenhofen e outras loiras descendentes de europeus. Do Sul também surgiram as tops de cabelos castanhos, como a paranaense Isabeli Fontana. De Santa Catarina, terra de Vera Fischer, também vieram as belas Mariana Weickert e Ana Claudia Michels.

"Além da beleza, as modelos gaúchas, que representam um percentual enorme do mercado brasileiro de modelos, atingem o sucesso pela determinação e disciplina, muito comuns na educação que elas recebem." (Dílson Stein, scouter)

Com toda essa oferta, surgiram boas agências de modelos, principalmente as filiais das melhores de São Paulo. E as agências regionais procuram manter contato com as estabelecidas em São Paulo, o que dá chance para gente bonita que nasceu longe dessa cidade.

A fonte de trabalho para essas pessoas está dividida entre fotos para catálogos, comerciais de tevê, desfiles de estilistas do Sul e confecções locais. O mercado editorial é pequeno e, se há poucas revistas, há poucos editoriais. "Há produtoras de comerciais muito boas em Porto Alegre, que fazem não apenas campanhas regionais, mas também campanhas nacionais. Mesmo assim, os cachês são menores, e é difícil se manter como modelo no Sul. Os concursos de beleza são numerosos, mas não constituem o melhor caminho para ser modelo profissional." (Dílson Stein, scouter e empresário)

Os eventos de moda surgem e abrem espaço. Paraná e Rio Grande do Sul ganharam sua semana de moda. A Fenac, a mais tradicional feira de calçados do país, ganhou, com a Couromoda, a versão Fenac Estilo Couromoda em 2001, incluindo desfiles.

Mesmo começando a carreira em suas cidades, as beldades do Sul só alcançaram o sucesso depois de se mudar para um grande centro. O destino de todas foi São Paulo, Rio de Janeiro ou o exterior. Em Florianópolis, Michelly Machri, a famosa garota do comercial da Sukita que chamava o conquistador de tio, participou de um concurso e saiu na capa de uma revista. Resultado: partiu para São Paulo para fazer a carreira decolar.

MODA PARANÁ · PARANÁ FASHION · CRYSTAL FASHION
PORTO ALEGRE FASHION · TEXFAIR · WESTFASHION
SICC · RS MODA SHOW · FENAC · DONNA FASHION

Nordeste

Alagoas, Bahia, Ceará, Maranhão, Paraíba, Pernambuco, Piauí, Rio Grande do Norte, Sergipe

Dessa região surgem modelos bonitos, alguns bem exóticos. Pele morena, queimada de sol, gente com a cara do Brasil. Mas quem fica fora do eixo Rio–São Paulo não faz fama nacional. A top potiguar Fernanda Tavares saiu de Natal para São Paulo aos 14 anos, depois de ser revelada num concurso de fotografia. Era só o começo para quem seguiu para o exterior, conquistando o mundo e seus fotógrafos.

Eventos

De todo o Nordeste, a Bahia é o lugar mais afinado com a moda. Num desfile de moda anual, organizado pelo Projeto Axé, virou praxe reunir personalidades na passarela, como a modelo Paula Mott e os cantores Ivete Sangalo e Caetano Veloso. Todos baianos, claro. E a semana de moda baiana tornou-se um evento respeitado, porém menor que os principais eventos do Rio, de São Paulo e Minas.

Os estilistas cearenses também ganharam eventos melhores. A versão cearense dos maiores eventos de moda do país costuma reunir estilistas consagrados, da terra ou não, morando a maioria fora do estado. Uma força para os modelos locais. No histórico Festival da Moda de Fortaleza já desfilaram personalidades do Brasil. De lá saiu a bela Suyane. A oportunidade cearense também se encontra em desfiles individuais de escolas de moda.

BAHIA FASHION WEEK · CEARÁ SUMMER FASHION
DRAGÃO FASHION · PARAÍBA FASHION WEEK OURONOR

Norte

Imagine ser modelo no Amapá ou em Rondônia. Quanto mais longe do eixo, mais difícil. Talvez um desfile local, um jornal, quem sabe? O estilista André Lima nasceu em Belém. Um talento assim pode gerar um trabalho ou outro, mas os concursos e caçadores de talentos são a luz no fim do túnel para as perfeitas do Norte. A paraense Caroline Ribeiro foi descoberta na praia por um caça-talentos e entrou no concurso da Elite em 1995. Foi a primeira colocada em Manaus, partiu para São Paulo e consagrou-se no mercado internacional.

A top model paraense Caroline Ribeiro, fotografada por Jairo Goldflus para a campanha "Faça parte", em apoio ao Ano Internacional do Voluntariado, criada pela agência DM9, em 2001, envolvendo o Shopping Iguatemi – SP.

Centro-Oeste

O conceito de modelo profissional das cidades fora do eixo Rio–São Paulo sempre é diferente. Os trabalhos são esporádicos e pagam pouco para modelos locais. Goiânia, cidade de Cláudia Liz, também cria moda. Assim, surgem eventos de moda, os desfiles em *shoppings*, mas ainda assim é difícil seguir carreira de modelo nessa cidade. A situação é sempre a mesma.

Em Mato Grosso do Sul nasceu a bela Luiza Brunet, que fez história no Rio.

No fim dos anos 1980, deixei a profissão porque fui morar em Brasília. Era quase impossível viver disso na capital do país, onde reinava a propaganda política e os astros eram os próprios candidatos. As campanhas publicitárias tradicionais incluíam comerciais de tevê, mas com pouca verba, tornando os cachês muito baixos. De lá para cá muita coisa mudou, mas para viver disso ainda é difícil. Mesmo que haja oportunidade em desfiles de *shopping* ou individuais, os eventos mais importantes acabam contratando modelos de São Paulo.

BRASÍLIA FASHION · GOIÁS MARCA MODA
FLAMBOYANT FASHION · SEMANA DE MODA MS

Emília Cechele, do Mato Grosso do Sul, foi a vencedora do concurso da agência Elite em 2003.

Exterior

Há boas oportunidades para modelos em toda parte do mundo, mas os grandes pólos de moda e publicidade encontram-se em poucos países. Numa vertente mais comercial, Japão e Estados Unidos estão entre os principais mercados. Na moda, Itália e França são veteranas, mas Inglaterra e Estados Unidos também são grandes centros mundiais de moda. E, como a moda não dispensa novidades, na virada do milênio a moda do Brasil começou a ser bem-vista por olhos estrangeiros.

As cidades de Nova York, Londres, Paris e Milão são os destaques do mundo fashion. Nas temporadas das coleções, esse é um roteiro familiar para top models internacionais. O motivo é o lançamento das coleções dos grandes estilistas, inclusive de brasileiros que ganharam importância lá fora. Duas vezes por ano, eles mostram as tendências das estações primavera/verão e outono/inverno, exibindo suas coleções para compradores e imprensa.

Quem participa de um desses desfiles de calendário da moda mundial pode sentir um impulso na carreira e um gosto de sucesso. Além desses eventos, há inúmeros desfiles isolados dos estilistas famosos.

As revistas de moda mais importantes do mundo douram a carreira das top models que estampam suas capas. Revistas como *Harper's Bazaar* e *Vogue* são para uma elite de profissionais que usa a beleza para ganhar dinheiro.

Porém, para se tornar modelo internacional é necessário ter qualidades suficientes para competir com gente do mundo inteiro. O agente Manoel Borrelli disse: "O brasileiro se dá bem em qualquer lugar por ser dono de uma personalidade, uma ginga que cativa o mundo inteiro". Mas isso não basta.

Os melhores países do mundo para modelos

Itália

Milão é o foco da moda italiana, apesar de que Roma também respira ar fashion. Nesse paraíso fashion, modelos estampam famosas revistas de moda ou caminham em passarelas cobiçadas, seja em desfiles prêt-à-porter ou de alta-costura. São inúmeros desfiles para o lançamento de coleções: Prada, Missoni, Gucci, etc.

França

Paris é o coração da moda francesa. É o mais restrito e elitista reduto da moda. É nobre, é puro glamour. Como na Itália, revistas e desfiles importantes atraem modelos do mundo inteiro.

Inglaterra

Londres faz parte do roteiro fashion, possuindo seus grandes eventos e revistas importantes.

Estados Unidos

Nova York tornou-se um mercado muito disputado, seja para ganhar dinheiro, seja para viver o glamour. Oferece inúmeras oportunidades: revistas, catálogos para lojas de departamentos, passarela, etc. De acordo com o agente Marcus Panthera, é o principal mercado. Pelo menos até o dia em que Nova York sofreu um ataque terrorista. Mas Nova York tem história. Afinal, foi lá que surgiu a primeira agência do mundo, além da famosa Ford Models.

Alemanha

Bom para modelos comerciais. Na terra de Claudia Schiffer há modelos que ganham muito dinheiro fazendo catálogos, um trabalho não muito glamoroso, porém rentável. Muitas beldades brasileiras fazem seu pé-de-meia por lá. A agência Louisa Models já adotou várias delas, como Camila Balbi, Giovana Libardi, Jeisa Chiminazzo e Carolina Bittencourt.

Japão

Considerado um mercado mais comercial, é mais indicado para new faces passarem uma temporada. Algumas modelos vão mais de uma vez enquanto são jovens e estão no começo da carreira. Aliás, o Japão é um bom começo para new faces aprenderem inglês, terem uma nova experiência, fazerem muitas fotos e conquistarem muitos clientes. As maiores oportunidades estão nas revistas, catálogos e comerciais de tevê. Muitas modelos começaram a carreira internacional em Tóquio, seguindo depois para os mercados mais cobiçados, como Nova York, Milão e Paris. Os agentes costumam dizer que esse mercado não é para tops. Mais atraente para as new faces, as top models vão para lá quando têm trabalho certo, e voltam logo. Na opinião de Marcus Panthera, não é um mercado tão prestigiado, mas ainda paga bem, apesar de já ter oferecido melhores cachês. Outro agente disse que geralmente as revistas do Japão não são usadas nos books da Europa e dos Estados Unidos, pois nesses lugares revista considerada boa é da Europa e dos Estados Unidos mesmo.

Outros países

Além dos principais, também há oportunidades em outros países, como os eventos de moda de Portugal, da Austrália, da China e as revistas espanholas. E a publicidade absorve modelos praticamente no mundo inteiro.

COLÔMBIA MODA · SEMANA DE MODA DE LONDRES
SEMANA DE MODA DE MILÃO · SEMANA DE MODA DE PARIS
SEMANA DE MODA DE NOVA YORK
SEMANA DE PRÊT-À-PORTER DE PARIS
SEMANA DE ALTA COSTURA DE PARIS
SEMANA INTERNACIONAL DA MODA DE MIAMI
SALÃO DA LINGERIE · PORTUGAL FASHION INTERNACIONAL
DESIGN 21 FASHION SHOW
SEMANA DE MODA AUSTRALIANA
SEMANA DE MODA DE HONG KONG · CHIC · TOKYO FASHION

O CAMINHO A SEGUIR

Que tipo de modelo você vai ser? E que tipo de modelo você *quer* ser? Há inúmeros caminhos que um modelo pode seguir, mas agora você já sabe que nem sempre dá para escolher. Tudo depende do seu biótipo, do lugar que você está, da sua sorte, do seu agente, da sua agência e de muitos outros fatores que podem mudar o rumo da sua carreira.

Ao contrário do que acontece na maioria das profissões, o destino de sua carreira é principalmente uma conseqüência do seu tipo físico, de sua aparência, sua personalidade e seu talento.

Um médico pode escolher sua especialidade de acordo com a sua vocação. Se ele quiser ser pediatra, provavelmente será. Ele tem o poder de decidir seu caminho. Com talento e inteligência, vai passar no vestibular, estudar todos aqueles anos e formar-se, até atingir o seu objetivo.

Para o modelo é diferente. Querer nem sempre é poder. Não depende de dinheiro ou inteligência. Você depende da sua natureza, do seu corpo e do seu rosto para conseguir o que quer. E nem sempre o que você tem a oferecer é o que o mercado quer. Para não perder tempo, o ideal é começar a carreira conhecendo seus limites e apostando nas suas qualidades. De qualquer forma, o mercado é que vai, aos poucos, definir o seu caminho.

Mesmo que uma menina de 15 anos tenha altura boa para desfilar, isso não significa que será uma top model. Pode haver algum detalhe que não permita a ela chegar ao topo. Mas isso não quer dizer que ela não ganhe dinheiro. Glamour não significa necessariamente riqueza.

Por tudo isso, o estilo de trabalho a ser seguido por uma modelo e outra pode ser muito variado. As principais linhas de trabalho são a fashion e a comercial, mas há outras opções para se ganhar dinheiro nessa carreira. Além do estilo, ainda pode variar a qualidade do trabalho. Veja os diversos caminhos que podem ser trilhados dentro dessa profissão.

MODELO FASHION

É modelo de moda. É quem vai exibir a criatividade dos estilistas – roupas e acessórios – nas passarelas, nos editoriais de moda, etc.

MODELO DE PROVA

É a pessoa que serve de modelo para a confecção de roupas. Para isso, é necessário ter um corpo perfeito, de acordo com o padrão real, que existe. É baseado nesse corpo que muitas confecções trabalham.

Para Misáe, que exerceu essa função por mais de vinte anos, a manequim de prova não pode ser muito magra, muito alta, nem ter cintura muito fina, porque a mulher brasileira não é alta e tem os quadris largos. Tem que ter medidas perfeitas, proporcionais e normais, inclusive os ombros, o comprimento de corpo, braços, cintura, busto, quadris e altura. Tamanho 42 em cima e embaixo, por exemplo. Querendo deixar a profissão, achou difícil encontrar uma manequim de prova para pôr no seu lugar. "A maioria é muito magra ou usa 40 em cima e 42 embaixo." Nas confecções para as quais ela já trabalhou, 1,70 m de altura é o ideal – exatamente a altura dela.

Quando as roupas são feitas especificamente para os desfiles – o que não significa necessariamente que serão vendidas nas lojas –, as manequins contratadas são altas e magras, como pede o padrão de passarela.

Alguns estilistas usam uma técnica de modelagem feita sobre o corpo do próprio modelo. Difícil é agüentar as espetadelas dos alfinetes. O estilista começa a provar a roupa no corpo do modelo, faz a modelagem e monta a coleção. Segundo Misáe, manequim de prova tem que dizer se a roupa está apertada, se está confortável, etc. Se for necessário, fica esperando que os ajustes sejam feitos. O objetivo é que a roupa fique perfeita para ser vendida. "Ficar três horas em pé só provando roupa, sem sentar, esperando que ajustem aqui e ali, não é um trabalho fácil. Para compensar o sacrifício, manequim de prova cobra por hora."

Claro que cada confecção trabalha de maneira diferente e tem exigências particulares. Além de ter desfilado para grandes estilistas nacionais e internacionais, Caetano Zonaro também já trabalhou como modelo de prova. Seu corpo perfeito e 1,88 m de altura serviram de modelo para roupas de grifes como a Zoomp. Por ter outros compromissos, Caetano nunca ficou muito tempo, e sempre experimentou poucas peças.

Na opinião da ex-agente e jornalista especializada em moda Astrid Façanha, a modelo de prova passa a entender muito de moda, pois trabalha nos bastidores de uma marca, diretamente com o estilista, além de familiarizar-se com o fato de colocar e tirar uma roupa. É uma superlição para quem pretende ingressar na passarela. Alguns estilistas acabam querendo dar continuidade ao seu trabalho com a mesma modelo. Muitas delas fazem o trabalho completo, da prova de roupa à apresentação da coleção para o público. Dos bastidores para a passarela. Depois que a roupa fica pronta, a modelo pode desfilar para representantes ou mesmo para o consumidor final.

Quando a modelo que vai desfilar uma roupa não é a mesma que fez a prova, pelo menos deverá ter as medidas semelhantes. Se o estilista faz a roupa sob medida, no dia do desfile ele não pode contratar uma modelo de medidas diferentes, pois a roupa não servirá.

MODELO COMERCIAL

É o modelo de publicidade, que faz trabalhos de fotografia e vídeo tanto em grandes campanhas publicitárias quanto em simples anúncios.

Garota(o)-propaganda

É uma vertente do modelo comercial. Na publicidade, um modelo empresta sua imagem para representar uma marca sob um contrato que pode levar muitos anos. Muitas vezes esse trabalho é feito por atores, como Carlos Moreno, que ganhou fama interpretando seus personagens para a Bombril por tantos anos. As campanhas pedem atores quando os trabalhos exigem interpretação de texto. Mas muitos modelos de beleza conseguem bons trabalhos. A supermodelo Cindy Crawford tornou-se garota-propaganda da indústria de cosméticos Revlon em 1988. Ela continuou emprestando sua beleza para as campanhas publicitárias da marca por mais de dez anos.

Os publicitários estão sempre inovando. Trabalhos diferentes sempre surgem. Um dia criaram a garota-outdoor. Colocaram modelos sentadas num sofá, no topo de um outdoor. Foi de parar o trânsito.

Modelo de beleza

Na verdade, modelos fashion e comerciais geralmente são modelos de beleza. Só que estes são extremamente belos, perfeitos para fotos de close para um anúncio de cosméticos. E é exatamente para a indústria da beleza que mais trabalham esses modelos. Basta lembrar as belas milionárias Claudia Schiffer e Cindy Crawford e seus contratos com marcas de cosméticos famosas.

Modelo de detalhe

Dentro da linha comercial, você pode ser modelo de beleza. Ou mais: modelo de detalhe. Modelo de barriga, boca, bumbum, costas, mão, pernas, pés, seios, ou de qualquer parte do corpo que apareça em destaque num trabalho.

Na publicidade, existem vários comerciais ou anúncios em que é necessário mostrar uma parte do corpo em detalhe. A câmera faz um close, colocando a parte que se quer destacar em primeiro plano e evidenciando o menor dos defeitos. Seja a boca ou as mãos, seja o bumbum ou os pés, o detalhe focalizado deve ser perfeito.

A gente sempre pensa que modelos são uma perfeição em forma de gente, mas nem sempre é assim. Há modelos lindas de rosto, mas de corpo não tão perfeito. Outras têm formas magníficas, mas o rosto deixa a desejar. E assim pode acontecer com todo o resto do corpo.

Há trabalhos em que só vai aparecer o detalhe. Então, é contratada uma modelo para exibir tal detalhe.

Quando a modelo ou atriz que protagoniza um comercial de sandálias, por exemplo, não possui pés bonitos, pode ter certeza de que os pés que você vê são de outra pessoa. Nesse caso, contrata-se outra modelo só para fazer o detalhe. Modelo que faz detalhe de pés precisa ter pés bonitos, com unhas lindas e bem-cuidadas. E nada de calos.

Seja para abrir um creme dental ou para segurar uma colher, seja para folhear uma revista, é necessário que as mãos sejam perfeitas. Se a protagonista do comercial não tiver as mãos tão bonitas (boas), será contratada uma modelo de mão. Mãos perfeitas, lindas, impecáveis, e unhas limpíssimas – é tudo que se exige do profissional que vai ao estúdio só para exibi-las.

Nos outros casos, só muda a parte do corpo utilizada, pois a situação é a mesma. O bumbum que estampa a capa de uma revista de saúde e beleza, os seios que vestem um sutiã, os olhos que mostram lentes de contato, o umbigo que exibe um *piercing*, os lábios que mordem o alimento num comercial. Preste atenção naquelas campanhas de alimentos que mostram uma boca carnuda e muito bem desenhada.

O curioso é que nem todo modelo de detalhe tem o rosto e o corpo que o mercado exige. Há modelos "especializados" que fazem muito mais detalhes do que trabalhos que mostrem o corpo inteiro. Há gente que tem pés lindos, mas um rosto que

O belo perfil de Gianne Albertoni, por Fernando Bahg.

não fotografa bem. Então, o ponto forte passa a ser os pés. Da mesma forma as mãos, o corpo ou a boca, por exemplo. A tendência é que esses modelos comecem a ser chamados para determinados tipos de trabalho que mostrem em detalhe a parte do corpo solicitada, que, essa sim, deve ser perfeita.

O modelo Ricardo Moratto possuía um book, de fazer inveja a muitos modelos, só de trabalhos com as mãos e os pés. A modelo Paula Ruiz carregava na bolsa pó, base, esmalte, tudo o que pudesse melhorar ainda mais suas mãos, das mais requisitadas para publicidade.

Dublê de corpo

Assim como nos casos anteriores, pode ser necessário usar o rosto de um modelo e o corpo de outra pessoa numa campanha publicitária. Atrizes e modelos costumam ter uma dublê de corpo em duas situações: ou não podem ou não querem mostrar o próprio corpo.

No primeiro caso, o rosto da modelo aprovada é maravilhoso, mas o corpo nem tanto. Ou a atriz é uma celebridade e a campanha foi desenvolvida para ela, mas seu corpo não é tão perfeito. Nesses casos, entra a dublê de corpo.

No segundo caso, às vezes, a atriz não aceita fazer cenas com menos roupa ou sem roupa, para não se expor. Em determinados locais, a atriz pode simplesmente se recusar a tirar a roupa para um trabalho e pedir uma dublê de corpo para fazer algumas cenas. Muitas vezes aquela atriz que você vê num filme não é a dona do corpo nu que aparece.

Sendo assim, escolhe-se alguém que tenha semelhança com o ator principal para substituí-lo em determinadas cenas. Pode-se precisar mostrar a pessoa inteira ou apenas um detalhe do bumbum, das pernas ou da barriga, por exemplo.

Além de todos esses trabalhos, corpos perfeitos faturam bem em campanhas de lingerie.

A gostosa

Atraente, cheia de curvas, sensual. Longe dos padrões requisitados para a alta-costura, esse perfil de modelo tende a fazer outros tipos de trabalho, e tem um enorme público para celebrá-lo: os homens.

Ela pode estampar os calendários das borracharias, pode ser uma personagem *sexy* da tevê, pode ser a gostosa do programa humorístico, pode ser a garota da banheira. E certamente vai receber convite para posar nua em revista masculina.

Pelas revistas masculinas de hoje passa todo tipo de mulher com esses atributos. Esportistas, modelos, atrizes; famosas ou anônimas; garotas e mulheres mais maduras, como as atrizes Ângela Vieira e Vera Fischer, que posaram nuas depois dos 40 anos.

A maioria não tem perfil de passarela. O mundo fashion não absorve uma modelo com 1,62 m de altura, 50 kg e 92 cm de quadril, mas foi com essas medidas que Suzana Alves ganhou fama na pele da personagem Tiazinha.

Cuidado! Nem sempre os trabalhos que surgem são de alto nível. Veja bem aonde você quer chegar, a imagem que pretende construir para a sua carreira.

Há modelos que exploram as próprias curvas para ganhar dinheiro e fama e acabam fazendo trabalhos de menor prestígio, como a garota-propaganda de cachaça que estampava cartazes para paredes de bares, um trabalho totalmente voltado para as classes sociais C e D. É isso que você quer?

O gostoso

Sensual, atraente, musculoso, na medida. É praticamente o mesmo homem que o mundo fashion absorve. Na verdade, os modelos nem têm tanta oportunidade para exibir uma sensualidade mais agressiva. Não me lembro de ver folhinhas de homens nus em ambientes femininos. Mas eles também tiram a roupa para as revistas. Na nossa sociedade ainda machista, o homem sofre menos preconceito. Será que o mundo da moda excluiria um modelo que tivesse posado nu?

OUTROS CAMINHOS E OUTROS TIPOS DE MODELOS

Recepcionista/promotora/divulgadora

Garotas para trabalhar em estandes de feiras, para promover degustação de produtos alimentícios, para Fórmula 1, etc. Mulheres bonitas ou não, que podem ter uns quilinhos a mais. Ou cheias de curvas, sensuais, que não têm tipo para a passarela. E a faixa de idade para esses trabalhos varia entre 18 e 28 anos.

Também não é trabalho para modelo. Não mesmo? Se você andar numas feiras, é certo que encontrará algumas. Pelo mesmo motivo que leva uma modelo a fazer figurações: dinheiro.

Figurante

É uma pessoa que não preenche os requisitos para ser modelo ou não teve orientação adequada para fazer bons trabalhos. Também pode ser um ator no começo da carreira. Muitas vezes, o figurante nem tem agência. É uma pessoa qualquer, convidada para fazer apenas um trabalho e nada mais. Um profissional de outra área faz figuração pela oportunidade de participar de uma filmagem, aparecer na tevê, estar ao lado de uma celebridade e coisas assim, e ainda receber um dinheirinho. Muitos dos figurantes de traços italianos da novela global *Terra nostra* eram moradores dos lugares das gravações.

Definitivamente, figurante não é modelo. Mas alguns modelos fazem figuração – porque têm que pagar as contas no fim do mês e podem não ter outra opção no momento. Os modelos que moram em cidades menores, então, não têm muita escolha. Fazem qualquer trabalho que aparecer. Nesses casos, fazer o quê?

A figuração é um trabalho mais atraente para as pessoas que necessitam de qualquer entrada de dinheiro. O cachê é baixo; o trabalho, nada glamoroso e cansativo. Ainda por cima pode tirar a chance de fazer bons trabalhos depois. O próprio anunciante pode não querer vincular a imagem de um produto nobre a alguém que costume fazer figuração. Quem pretende construir uma boa imagem profissional deve evitar esse tipo de trabalho. Se a sua preocupação não é essa, faça e divirta-se.

"Para crianças é diferente. A figuração não compromete tanto. Além disso, a criança adquire experiência." (Cida Banin, agente infantil)

Todo candidato a modelo que não tem o perfil exigido pelo mercado pode fazer figurações em comerciais, filmes, novelas e outros trabalhos desse tipo. A vantagem é que os figurantes não sofrem com o estresse de ter que seguir os padrões rígidos de top model, tendo direito a viver uma vida mais normal.

Sósia

Sósias são as pessoas que se parecem com alguém. Na publicidade, no teatro e em outros trabalhos do meio artístico, eles são contratados por serem parecidos com alguma celebridade. Também chamados de cover, eles conseguem trabalhar justamente por essa semelhança, que nem sempre é natural.

Quando os sósias não têm uma semelhança muito grande com alguma personalidade, eles a copiam com trejeitos, cabelos, roupas, maquiagem, peruca, bigode ou costeletas postiças. Exemplo disso são os milhares de Michaels Jacksons, Elvis Presleys e Marilyns Monroes que se vêem em eventos, na publicidade e na tevê.

Muitas modelos pintam os cabelos, vestem-se como a Marilyn Monroe, por exemplo, e imitam seus trejeitos para se parecer com ela. Diz-se nesse caso que a modelo está "montada", produzida para se parecer com alguém. Tudo por dinheiro.

No Brasil existe cover do Ronaldinho, da Carmem Miranda, do Tim Maia, da Lady Diana, do Bill Clinton e por aí vai. No mundo dos sósias também há modelos de beleza, parecidos com Tom Cruise, Brad Pitt, Leonardo DiCaprio, Julia Roberts e Suzana Werner, entre outros. Camila Palavicini ficou conhecida como a Cindy Crawford brasileira. Como as medidas e a beleza da modelo Camila não ficavam nada a dever à top americana, a semelhança rendeu-lhe reconhecimento e trabalhos de boa qualidade.

Alguns sósias são atores, uns poucos trabalham como modelos de beleza e muitos não são nem uma coisa nem outra, são só parecidos. Mas não basta ser apenas parecido com alguém. É preciso talento. O bom sósia precisa incorporar a personalidade do outro, interpretando um personagem.

Encontrados facilmente em agências de sósias, são classificados como tipos ou como figurantes, e dificilmente são protagonistas em um trabalho de alto nível ou ganham cachê alto. Mas toda regra tem exceções. Lena Braga, sósia da cantora Madonna, foi contratada para despistar os fãs e a imprensa durante a gravidez da estrela. Lena revelou à revista *IstoÉ* que daria para comprar um apartamento com o que ganhou por esse trabalho.

Aliás, já se constatou que uma estratégia de marketing para lançar alguém para a fama é fazer com que essa pessoa lembre uma celebridade do passado. No cinema, em Hollywood, Leonardo DiCaprio fez lembrar James Dean. Isso pode ser proposital ou não. Quando Maria Fernanda Cândido interpretou a Paola da novela *Terra nostra*, sua semelhança com Sophia Loren chamou a atenção de muita gente, o que acabou por lhe trazer mais reconhecimento. A atriz chegou a ser homenageada por isso.

Além disso, a concorrência é pequena. Quem for muito parecido com a celebridade tem trabalho quase garantido. Na verdade, esses "clones" de celebridades são mais procurados para fazer eventos do que comerciais e anúncios. São festas (casamentos e aniversários), lançamentos de produtos e outros trabalhos do gênero. O mundo fashion não dá atenção para essas coisas, mas a publicidade pede por eles de vez em quando.

Quando a semelhança com uma pessoa famosa é muito grande, eles passam por situações curiosas, constrangedoras, emocionantes ou até engraçadas. Após o falecimento de Airton Senna, um sósia perfeito do campeão provocou uma reação inesperada.

Priscila Freitas, sósia da Marilyn Monroe.

Sua agente Nilce Costomski conta: "Ao chegar em uma praia de São Paulo, as pessoas começaram a olhar para ele muito assustadas. Um homem foi conferir se ele não era um fantasma".

Mas por que contratam sósias e não as celebridades originais? Pense no cachê do Ronaldinho para um simples comercial de tênis. Agora pense no cachê do seu sósia. Este último cobra muito, mas muito menos. Além disso, nem sempre o Ronaldinho vai aceitar vender determinado produto ou vai ter um dia na agenda para filmar o comercial. Assim surge a oportunidade de trabalho para os sósias.

No caso dos atores, suas cenas mais perigosas geralmente são feitas por dublês, que também precisam ser parecidos com eles. Mais uma chance para os sósias. Entre tantos motivos, esses "clones" de gente famosa sempre são procurados. Thiago Lacerda, Pelé, Romário, o papa, Roberto Carlos... todos eles esperam por uma oportunidade na mídia e algum dinheiro.

Dublês

São os profissionais que fazem as cenas mais perigosas ou mais picantes. Assim como os sósias, devem ter uma semelhança com o ator substituído. Nem que seja só a silhueta. Assim, só precisam de beleza quando a pessoa substituída é bonita.

Tipos

Atores, modelos comerciais e figurantes podem estar na categoria "tipos". Para interpretar pessoas que fazem parte do nosso dia-a-dia ou uma figura muito exótica, nem sempre dá para contratar top models, ou melhor, modelos de beleza. É necessário contratar gente que se pareça com esses personagens na vida real. Pessoas comuns ou exóticas são contratadas para interpretar o roqueiro, o pedreiro, o motorista de caminhão, o motorista de táxi, o vendedor de sapatos, o vovô, o lutador de sumô, velhinhos "com cara de INSS", seguranças (homens robustos), etc.

De acordo com o Sindicato dos Artistas, tipos são classificados como figurantes. Eu os chamo de modelos-tipo. O que importa é que encarnam personagens perfeitos. Um estilo "a vida como ela é". Gente com cara de gente, como aquela dona de casa com cara de dona de casa que faz o comercial de sabão em pó. Ou são figuras excêntricas: cabeludos, tatuados, magérrimos, anões, gigantes, barbudos, bigodudos, carecas de bigode, gordões ou clubbers com suas cristas. Para a agente Conceição Araújo, há pessoas com cara de vendedor, de policial, de mafioso, de bandido, de pagodeiro, de vendedora de jóias, de gnomo, de caminhoneiro, etc. E mais: Papai Noel, baiana, a gostosa, Mr. Músculos, ou quem sabe um estilo Bob Marley.

Na publicidade, muitas vezes o tipo faz mais efeito que um modelo de beleza. O carismático Baixinho da Kaiser, personagem interpretado por José Valien, tornou-se um dos mais lembrados da propaganda brasileira.

O material fotográfico dos tipos destaca-se no meio de tanta gente padronizada. Lembro-me até hoje do composite de um modelo cabeludíssimo que fazia o gênero roqueiro. E do modelo-tipo que usava vários *piercings*. Geralmente, eles são chamados somente para interpretar personagens como eles próprios.

Longe do padrão de beleza exigido para top models, eles também devem ter boa aparência, fazendo, por exemplo, um bem-cuidado pedreiro. Mas há exceções.

"Uma campanha para o governo pedia um homem de uns 60 anos, feio, desdentado, bastante acabado, para representar um lavrador. Depois de pesquisar, sugeri o vendedor de doces da esquina da minha agência, mas suas unhas estavam horríveis, sujas. Ele parecia não ter tomado banho. Pois a produtora gostou, e ainda exigiu que ele não cortasse as unhas, nem lavasse o rosto antes da gravação. Ele ganhou o papel de lavrador e um bom cachê." (Conceição Araújo, agente)

Muitos deles são atores. Outros são profissionais de outra área que são convidados apenas para um trabalho. Alguns desses até se firmam no mercado, por terem um tipo muito procurado. Outros já exercem a profissão, ou vivem o tipo que interpretam no próprio comercial, como os motociclistas de Harley. Vendedor interpreta vendedor, maquiador interpreta maquiador, e assim por diante. Muita gente que trabalha com filmagens e fotografia acaba sendo chamada para fazer uma participação em algum trabalho.

Há também tipos bem esquisitos. Esses, principalmente, não costumam procurar por uma agência: a agência é que procura por eles – ou os produtores de elenco. Já pediram para a agência de Conceição gente com cara de louco, de sósia maltratado, negro de canela fina, japonês velhinho, velhinhas bem-acabadas, magrinhas e enrugadas, etc. "Uma vez pediram gente com cara de rato. No arquivo da agência, achamos umas vinte pessoas, entre adultos e crianças, com cara de rato ou morcego."

Considero nobre esse trabalho de quem pesquisa tipos. Dá trabalho, desgasta, exige sensibilidade, e muitas vezes emociona gente que jamais imaginou poder participar de um comercial.

Essas pessoas não são facilmente encontradas nas agências, e muitas vezes são descobertas nas ruas, nas academias de ginástica ou em favelas.

Os tipos também são muito procurados para novelas, teatro e cinema, embora o objetivo seja diferente do da publicidade. A linguagem publicitária é diferente da teatral. Mas não importa se o objetivo é fazer comédia, drama ou interpretar a realidade. Sejam personagens caracterizados, sejam tipos reais que encontramos nas ruas, os tipos sempre têm espaço para trabalhar.

É preciso aproveitar o que você tem de bom, mesmo que seja o seu jeito estranho. O problema é que muitas vezes os tipos não são respeitados. "Um ator classificado como tipo não é sensual, não tem um rosto normal ou bonito, mas também não é um palhaço – tem apenas um rosto diferente no meio de tantos outros. Fiz papel de ET, de gângster, político corrupto, assassino profissional e outros. Uma vez fui contratado para jogar basquete com uma equipe profissional. Quando cheguei na produtora de comerciais, me deram para vestir uma roupa de gorila, com uma saia vermelha. Jamais um modelo faria o papel que fiz porque o cliente está interessado em um rosto diferente e não em um rosto bonito. Mesmo assim, já fui muito desrespeitado como ator." (Marcos Cavalcante, ator)

De qualquer forma, o tipo tem seu valor. Ele nunca será o galã de uma novela, mas nem sempre o galã é quem tem mais talento.

ESTÁGIOS DA CARREIRA

Assim como há caminhos diferentes, há estágios diferentes para um mesmo caminho. Uma modelo pode passar por vários estágios dentro de sua carreira ou estacionar num deles. Assim, a modelo de passarela pode chegar a top internacional ou ficar apenas desfilando para pequenas confecções nacionais. Isso varia de profissional para profissional, e também depende de inúmeros fatores. Possibilidade, vontade, profissionalismo e muito mais.

Dificilmente alguém vai bater na porta de uma agência de modelos e se tornar uma celebridade na semana seguinte. Assim como nos empregos tradicionais, normalmente o modelo passa por vários estágios até atingir o sucesso. O tempo para isso é que é muito relativo.

Para os modelos fashion, esses estágios são bem definidos, partindo de new face em direção ao estágio de top model.

Para os modelos comerciais, isso é relativo. Para anúncios ou comerciais, o cachê varia mais em função do tipo de produto que será anunciado e do tempo de veiculação do que pela posição do modelo no mercado. O normal seria escolher os mais experientes para protagonizar comerciais, mas não é essa a regra, se é que ela existe. Se um diretor publicitário gostar de alguém que entrou na agência ontem para protagonizar um comercial, é essa pessoa que vai pegar o trabalho, ganhando o mesmo que outro modelo que trabalha há muito mais tempo (com exceção das celebridades).

MODELOS A, B E C

Essa é uma divisão que existe dentro das próprias agências, de acordo com a experiência e a desenvoltura de cada modelo. Embora essa classificação seja mais utilizada para o mundo fashion, ela pode servir de referência para modelos comerciais, que também são classificados em patamares diferentes.

Na opinião do agente Hélio Passos, a própria agência determina o que o modelo vai ser dentro do mercado e o direciona para o caminho mais adequado. Não adianta a agência dizer que você é A, que te considera A, se o cliente não concorda. O cliente só "compra" modelo A se for A, mas cabe à agência fazer com que o modelo seja visto pelo mercado como A.

Essa divisão serve como parâmetro para a determinação do valor do cachê, mas nem sempre vale a pena deixar de fazer um trabalho de nível B porque já se conquistou a posição A. Para Hélio Passos, o modelo tem que ser flexível, acreditando na orientação do seu agente.

Inexperiente e desconhecida, a new face vai para a letrinha C. É indicada para trabalhos de menor importância, geralmente. Quando começa a aprender as manhas da profissão e a ser mais valorizada, vira letrinha B, uma modelo mediana. De repente, os clientes sabem o nome dela, pedem pela beldade para trabalhos importantes e pagam caro pelo cachê. Sucesso total: ela virou modelo A, à beira de ser modelo especial e passar para top model. Nem toda agência segue esses critérios, mas é dessa forma que a maioria das agências de modelos trabalha.

Sendo assim, todas começam na categoria C, mas nem todas chegarão à categoria A, que dirá à especial. Ó mundinho cruel, esse da moda.

Se não deu para ser top model, isso não significa que a pessoa é descartável. Tem gente que é bonita, tem corpo bonito, mas há algum detalhe que a coloca em segundo plano. Pode ser a altura, um quadril mais largo ou qualquer coisa que o mercado de moda não aprove. Algo fora do padrão exigido. Ou uma falta de oportunidade mesmo.

Modelo C

C de cara nova? Pode ser, mas para ficar bacana chamam de new face. O normal é que todo modelo inicie na categoria C. Ah, esse começo, cheio de novidades, expectativas e dificuldades... A cada trabalho conquistado, uma enorme euforia. Nem que sejam figurações. Mesmo que não sejam figurações, o cachê é sempre mais baixo que o das veteranas. De acordo com a tabela sindical e da associação de agências, é o menor cachê.

Modelo iniciante precisa se esforçar para dar certo. E aí valem algumas dicas que você encontra ao longo deste livro.

Dependendo da agência, um modelo é considerado new face até completar de seis meses a um ano de trabalho. Depois disso, vai ter seu futuro determinado, afirmando-se no gênero comercial ou fashion, se não desistir da carreira.

Um modelo pode continuar sendo C por toda a carreira. O agente Hélio Passos observa: "Pode ser também um modelo que não progride, mas trabalha bem". E, mesmo não chegando ao estrelato, pode ganhar um bom dinheiro.

Modelo B

B de bom, de *better*? Pelo menos já é melhor que modelo C. De acordo com a tabela sindical e da associação de agências, já ganha cachê um pouco melhor. Alguns agentes dizem que o modelo deixa de ser C quando já realizou trabalhos, mas certamente isso depende do tipo de trabalho. Hélio Passos assim define: "Existem duas situações em que encontramos modelos da categoria B. Numa, a modelo ascendeu rapidamente na profissão. Está trabalhando bem, ainda não é A, mas provavelmente vai ser. Imagine que uma modelo C fez o melhor evento de moda de São Paulo, virou uma *darling*, estourou, fez vários desfiles, fez matéria da *Elle*, fez campanha para grandes marcas. Rapidamente virou B, mas não é A. Deixou de ser C porque atingiu um bom *status*. Não tem experiência, nem arrebentou a boca do balão. Em outra situação, a modelo está no mercado há cinco anos, trabalha bem, tem um bom book, fez os editoriais de boas revistas, mas não saiu nas mais prestigiadas. Essa ganha seu dinheirinho, mas já determinou seu posicionamento no mercado. Dificilmente será uma top".

Modelo A

A de auge? Não. Ainda é possível subir alguns degraus, mas chegar até aqui já é muito bom. Sua posição melhora, e o cachê também.

No exemplo de um booker, "uma modelo que fez carreira internacional e voltou para o Brasil, tem experiência, sabe trabalhar, é profissional poderia ser classificada como A".

Para o agente Hélio Passos, a modelo da categoria A pode ser aquela que é experiente, mas não é top. "É uma profissional superlegal, que já viajou para o exterior, tem trabalhos internacionais no book, fez as revistas de ponta no Brasil, já teve essa experiência, tem um tempo de carreira, mas não virou top".

Especial (special)

Acima da categoria A, o modelo já tem mais valor. Pela tabela de cachês, ganha mais que modelo A. Mas talvez dê para negociar o cachê. Na verdade, a agência faz um acordo com o modelo. E o cliente tem que aprovar.

Poderia ser alguém que se estabeleceu como modelo internacional. Hélio Passos exemplifica: "A Raica Oliveira pulou de C para special. Nunca foi B nem A. No fim de 1999, ela conquistou o segundo lugar no concurso Elite Model Look internacional. No início de 2000, começou a carreira internacional. Fez a campanha mundial da Gillette, fez Dolce & Gabbana, foi fotografada por Steven Meisel e Mario Testino. Fez uma campanha de Dior que foi para as bancas do mundo inteiro, foi capa da *Vogue Italia*, etc. Um ano depois, na Semana Barra Shopping de Estilo 2000, seu segundo evento, ela teve um valor de special, como a Gianne Albertoni. Ela já foi 'vendida' como special".

Chegar a esse estágio já é bom. Além de ter mais valor no mercado, os leigos já ouviram falar no seu nome. Por outro lado, há modelos que ninguém conhece que ganham muito dinheiro. É o caso dos que fazem catálogos e trabalhos de segunda linha em mercados comerciais como Miami, Alemanha e Tóquio.

Principalmente no exterior, o parâmetro é diferente. Hélio Passos citou como exemplo a modelo Camila Balbi: "Baseada na Alemanha, seu trabalho poderia ser comparado ao de uma operária. Para modelos como ela, todo dia tem catálogo. Quem quiser trabalha sete dias por semana. Uma boa modelo na Alemanha ganha uma diária de catálogo bruto de 3 mil a 5 mil dólares. Mesmo que ela ganhe 1.500 dólares por dia, trabalhando vinte dias no mês, ela vai ganhar 30 mil em um mês. Em pouco tempo dá para comprar um apartamento e muito mais".

Mesmo no Brasil, isso é relativo. As tops dos comerciais, sem fazer o gênero fashion, conseguem ganhar bem mais que muitas tops do mundo da moda. Com campanhas publicitárias, elas ganham cachês que raramente uma foto iria pagar.

Special plus

As agências não param de setorizar suas modelos e inventar nomes para todos estes setores. Esse é o estágio da modelo especial, que já negocia o valor do cachê, que determina esse valor. Trabalhar pela tabela, nem pensar.

Top model

Top model internacional ou nacional, não importa. Como o nome já diz, é o estágio mais alto que um modelo pode atingir e o sonho de todo modelo. É o símbolo da perfeição estética, correspondendo ao padrão de beleza daquele momento. Todas as exigências da profissão devem estar reunidas nesse profissional, que geralmente já nasceu belo e ajudou a natureza com ginástica, controle alimentar e outras coisinhas mais. A beleza máxima inclui dentes perfeitos, corpo perfeito, rosto marcante, cabelos bem tratados, etc. Tudo em uma só pessoa.

Essa modelo já está pronta para enfrentar qualquer passarela, seja no Brasil, seja em Paris, e conquistar os grandes estilistas e as grifes mais famosas. Expoente das passarelas ou top model editorial, estampa as melhores revistas e pisa em passarelas de ouro. É o melhor lugar para modelos.

Atualmente, mais do que pura beleza, valoriza-se a inteligência, a atitude, a personalidade. Estar entre as modelos mais requisitadas do mundo, morar longe do país e da família, aprender um novo idioma, adaptar-se a novos lugares e conseguir manter o equilíbrio emocional não é para qualquer rostinho bonito.

Às vezes alguém vê uma top model e imagina por que foi tão fácil para ela. Mas não é bem assim. Muita gente passa por momentos difíceis até fazer sucesso. Algumas modelos até chegam ao topo meio rápido, principalmente dentro do próprio país. Elas se tornam famosas no Brasil, têm tratamento de princesas e algumas preferem não ter carreira internacional, mas ficar aqui. Alcançar grande projeção internacional em um tempo curto é mais difícil.

Na verdade, essas classificações variam conforme a agência. A modelo que mais trabalha para determinada agência pode ser classificada como sua top model, mas ela não necessariamente é uma top model no mercado.

Celebridade

Toda pessoa famosa é uma celebridade. No mundo dos modelos, celebridade é a top model, ou aquele modelo comercial que todo mundo já conhece pelo nome. É mais do que ser top model, é ganhar o rótulo de supermodelo, megamodelo, übermodel. É estar na divisão Celebrities da agência. É ter fama no seu país ou no mundo inteiro, ganhar cachês fabulosos e desfrutar de todo o glamour que a profissão oferece. Mas isso é para uma minoria, como, por exemplo, para a bela Gisele. Aliás, as modelos mais importantes do mundo poderiam ser comparadas às antigas divas de Hollywood.

OPÇÕES DE TRABALHO

Os modelos são utilizados por vários mercados. Os principais são o mercado de moda e o publicitário. Conheça melhor os tipos de trabalho para os quais os modelos são contratados. Cada um tem suas características e seus respectivos cachês.

MERCADO FASHION

Desfiles

Para exibir roupas, acessórios, jóias, cabelos e maquiagem, o mercado de moda contrata manequins. Como um cabide, forma como muitos chamam os modelos de passarela, cuja função é mais do que levar uma roupa no corpo. É interpretar a roupa e valorizá-la ao máximo.

Exceto os desfiles de concursos, esse é um trabalho exclusivo do mundo da moda, em que as rainhas são as top models.

Da moda básica à alta-costura, as exigências variam bastante. Nas passarelas, uma boa altura é importante. Além do corpo esguio, é preciso ter graça, charme, ginga, ritmo e ser muito marcante, ter presença. O belo encanta. O inusitado choca. O exotismo chama a atenção. Às vezes, até a sisudez atrai os espectadores, mas a simpatia e a elegância ganham.

A modelo precisa de habilidade para desfilar com segurança as roupas mais estranhas, muitas vezes difíceis de vestir, usar ou tirar. Ou quem sabe descer uma escadaria com um salto 15 sem titubear.

O desfile é o mais apropriado trabalho para manequins, os chamados modelos fashion. Embora geralmente se ganhe menos do que nos comerciais, esse é o mundo glamoroso dos modelos. Se pudermos comparar, o modelo está para a passarela assim como o ator está para o teatro.

O objetivo dos modelos de passarela é conquistar o mundo da moda e fazer carreira internacional. Os eventos de moda mais badalados são formados por muito agito e altos cachês. Mas, além dos famosos eventos de moda, há muitos outros tipos de trabalho para os modelos fashion.

Eventos de moda

Todos os anos a história se repete. Em vários cantos do mundo se fazem desfiles de lançamento das coleções dos estilistas. Tradicionalmente, duas vezes por ano se realizam os grandes eventos: um para a moda primavera/verão e outro para a moda outono/inverno. Enquanto os holofotes iluminam Milão, Paris, Londres e Nova York, o Brasil vem ganhando destaque pelos eventos cada vez melhores.

Pisar na passarela de um grande evento de moda é bom para qualquer manequim. Quanto maior o evento, maior a visibilidade. Num evento como o São Paulo Fashion Week, por exemplo, os modelos são vistos pela imprensa nacional e internacional, por críticos de moda, empresários do setor, estilistas e artistas famosos. Uma reunião de formadores de opinião e muitas outras pessoas capazes de modificar sua trajetória – para melhor, é claro. Andar nessas passarelas douradas constitui um grande passo na carreira.

Desfiles de *shopping*

Diferentes dos grandes eventos de moda, são realizados com as roupas das lojas do próprio *shopping*, de grifes famosas ou não. Não importa se o *shopping* é pequeno ou grande, o *show* é feito para o seu público.

Desfiles individuais

Enquanto se realizam os grandes eventos, os donos de lojas ou estilistas promovem desfiles para exibir suas coleções.

Programas de tevê e outras oportunidades

Os desfiles nem sempre são realizados sobre uma passarela tradicional, aquele palco em que os manequins andam. Podem ser feitos num estúdio para um programa de tevê, numa casa, dentro de uma loja, num navio, etc. Mesmo um desfile para um programa de tevê pode ter como cenário uma casa. Num dos que presenciei, a modelo só precisava andar em volta da piscina, sempre voltada para a câmera. É mais rápido, bem diferente de enfrentar uma longa passarela.

Algumas butiques criaram o hábito de realizar desfiles fechados. Para Misáe, esses desfiles são mais difíceis de fazer. "Não é a mesma coisa que passarela. Há mais intimidade, mais proximidade do público. A manequim tem que ser mais simpática, como se isso desse vida à roupa."

Os estilistas mais ousados e originais adoram promover situações inusitadas para exibir suas criações. Ronaldo Esper causou impacto quando chegou a Congonhas acompanhado por doze limusines de onde desceram doze modelos vestidas de noiva. E Renáto Kherlakian, dono da etiqueta Zapping, saiu do comum para apresentar sua coleção verão 2000, no então Morumbi Fashion. Seus modelos não desfilaram nas salas tradicionais do evento, mas dentro de um supermercado, cujos funcionários viraram recepcionistas dos convidados vips.

Algumas lojas de roupas colocam na vitrine uma tevê, que fica transmitindo desfiles o dia todo. Muitas vezes são reproduções de desfiles realizados pela loja em determinado evento. Outras vezes, são desfiles preparados apenas para esse objetivo. Os desfiles são produzidos, gravados e exibidos posteriormente.

Showrooms

São os desfiles fechados feitos por confecções para exibir a coleção para um representante da marca, que irá revendê-la em uma butique. Trata-se de desfiles menos produzidos e menos glamorosos, em que o objetivo de quem está olhando é simplesmente analisar o produto que está comprando. Embora top models não façam esse tipo de trabalho, as modelos devem ser muito profissionais. A ex-manequim Misáe comenta: "A dona de uma butique vai para comprar. Ela quer ver o tipo de tecido, se a roupa está apertando, se veste bem, se tem bom caimento. É preciso ser muito simpática, pois a pessoa pega em você, faz perguntas sobre a roupa, etc. A manequim tem que ser rápida porque tem que mostrar muitas peças. Mas tudo tem que estar de acordo, combinando. Ela tem que estar bem, com o cabelo sempre arrumado. Para economizar tempo, é melhor usar os mesmos brincos. Não pode ser cansativo para as clientes, mas é cansativo para a manequim, que chega a vestir umas quarenta roupas. Além disso, a roupa de verão é mostrada no inverno, e vice-versa".

Convenções

Grifes como a M. Officer costumam realizar convenções em hotéis-fazenda para seus representantes, ou melhor, franqueados. Nesses eventos são realizadas palestras sobre uma nova coleção, que é apresentada com um desfile técnico. É como um desfile de *showroom*, mas feito para um público maior. Segundo a ex-agente Astrid, alguns modelos que desfilam para essas grifes nos grandes eventos também participam das convenções.

E, quando uma grife viaja com sua convenção pelo país, os modelos contratados garantem trabalho para o ano inteiro. Mas isso exige uma dedicação maior, e os modelos de maior destaque nem sempre podem participar.

Formaturas

Alunos estilistas contratam modelos para apresentar as coleções no final do curso. Como o cachê não é alto, vale mais a experiência.

Concursos

São desfiles promovidos para revelar novos estilistas ou cabeleireiros, que requisitam modelos para exibir suas criações. Alguns desses eventos têm grande visibilidade.

Premiações

Nas premiações dos talentos da maquiagem, dos cabelos, e da moda, como mostrar o resultado de uma maquiagem ou um vestido deslumbrante sem uma modelo? Num evento como Agulhas da Alta Moda Brasileira, os estilistas precisam de manequins para exibir suas criações de alta-costura. Esse evento concebido para premiar os melhores estilistas também passou a premiar a melhor modelo do ano.

Desfiles beneficentes

Nesses eventos criados para beneficiar a sociedade, vale tudo. Desfilam madames, *socialites*, celebridades, amigas de quem organiza o desfile, e até mesmo modelos. Como é tudo pelo social, em geral não há cachê. Talvez dê para ganhar uma roupa, e olhe lá. Quando as modelos convidadas são profissionais, é possível que paguem cachê.

Esses eventos são promovidos por donas de grifes, *socialites*, igrejas, etc. Uma embaixatriz abriu sua mansão para um desfile. Na embaixada, as manequins eram *socialites*.

Uma igreja evangélica promoveu um desfile a fim de arrecadar fundos para a construção de uma casa de recuperação de dependentes químicos. As manequins eram as evangélicas, mulheres de todas as idades, inclusive algumas ex-modelos, como Beth Martinez. A patrocinadora foi uma butique conhecida, que já realizou desfiles dentro da própria loja, em que as manequins eram as próprias clientes. Aliás, virou moda usar as clientes como manequins. É uma forma econômica de homenageá-las, já que a maioria não ganha cachê.

Margareth Libardi

Daniela Duglokenski e Amanda Quadros em *performance* durante o lançamento do *showroom* do estilista André Lima.

MERCADO COMERCIAL, FASHION, DE ENTRETENIMENTO E A IMPRENSA

Mídia impressa: fotos

Trabalho de modelo fotográfico. Seja no estúdio, seja numa locação, a origem do trabalho é sempre a mesma: fotografia. A diferença estará na forma de apresentação dessa foto, no tempo de exposição na mídia e no cachê.

Revista

Fotografar para revista é um trabalho muito bom, dependendo do tipo de revista. As adolescentes estampam revistas como *Querida* ou *Capricho*. As top models e atrizes, que já conquistaram fama e dinheiro, estampam freqüentemente as páginas das revistas de moda mais sofisticadas, como *Vogue* e *Cosmopolitan*.

Capa – Um dos trabalhos mais cobiçados por toda modelo é ser capa de revista de moda. Valoriza o book, atraindo novos trabalhos de alta qualidade. É uma publicidade para as próprias modelos. As top models são valorizadas pela quantidade e qualidade das capas que fizeram. Celebridades como Gisele Bündchen chegam a fazer centenas delas.

Na verdade, a modelo deve combinar com o perfil da revista. Houve um caso de uma modelo que ganhou um concurso de uma revista de moda voltada para a classe média. Ela deveria sair na capa, mas sua elegância extrema complicou o trabalho da equipe. O cabeleireiro e o maquiador precisaram fazê-la parecer mais simples, o que foi difícil.

"A escolha das modelos das capas é algo muito estudado no exterior. Não é aleatória. Precisa ser alguém que tenha a ver com a edição do mês, que passe uma imagem da edição, enfim, que faça vender mais revistas." (Zeca de Abreu, agente)

Editorial – É a reportagem (matéria) publicada no interior da revista, que pode ser de moda, de beleza ou de variedades. Para os modelos, o glamour sempre está ligado aos trabalhos de moda.

O cachê é menor que o da capa, mas é um trabalho bom. Tanto capa quanto editorial pagam pouco se comparados a grandes desfiles, mas funcionam como uma vitrine e são uma porta de entrada para o sucesso.

Anúncio – É a propaganda impressa. O trabalho pode ser ótimo e pagar bem, dependendo do produto.

Jornal

Modelos podem aparecer em anúncios, como os de lançamentos imobiliários, ou em matérias, como as do caderno de moda. Bem, também há aqueles anunciozinhos baratos de redutores de peso. Não sei de onde saem aquelas "modelos" do *antes* e *depois*, mas, sinceramente... não aconselho.

Outros impressos

Adesivo – Para carro, para janela, para chão e muito mais.

Banner – Cartaz pendurado em lojas de roupas, supermercados, etc.

Busdoor – É um outdoor ambulante, aquele anúncio colado no ônibus, seja no vidro de trás, seja na lateral. É o mesmo tipo de propaganda que se usa em trens e táxis.

Catálogo – É considerado um trabalho mais comercial, mais rentável e menos glamoroso que os desfiles. Mas isso depende do produto e da marca anunciada. A participação no catálogo da famosa grife de lingerie Victoria's Secret é uma honra para toda modelo, que precisa beirar a perfeição para ser contratada.

Calendário – Existem de todos os tipos: calendários erotizados, ingênuos, artísticos, de vanguarda, etc. As paredes de borracharias sempre tiveram folhinhas de mulheres nuas, um tipo de trabalho mais vulgar. Em 1964 a Pirelli passou a criar belíssimos calendários com fotos que reverenciam a sensualidade e a beleza feminina. Ao longo de décadas, muitas modelos célebres foram clicadas por alguns dos melhores fotógrafos do mundo. Naomi Campbell foi uma delas. Esses calendários fizeram muito sucesso, e as fotos sensuais foram parar no espaço nobre dos museus. Os calendários artísticos, com fotos lindas, tornaram-se moda. Vale a pena participar.

Capa de caderno, de agenda ou de livro – As primeiras são mais comerciais, e as de livros, mais artísticas.

Capa de CD – Não só os cantores estampam seus CDs. Atores estampam o CD com o tema da novela que fazem. Modelos costumam emprestar sua imagem para capas que exibem beleza e corpos perfeitos, como Luize Altenhofen no CD *Verão 2001*.

Cartão-postal – Pode ser um convite para uma festa, um anúncio, uma promoção, etc.

Display – Peça de campanha publicitária muito utilizada em balcões, vitrines, pendurada no teto de lojas ou até colocada no chão. Como aquelas fotos de uma pessoa em tamanho real, toda recortada na silhueta, na entrada de lojas. Parece até uma pessoa de verdade olhando para a gente.

Encarte – Geralmente incluído em jornais e revistas, é aquele anúncio de loja de departamentos, supermercado, etc. Às vezes a produção é barata, e o modelo fica feio quando não é. Não é sofisticado, não tem glamour, não é bom que se faça muito. Costuma-se dizer que queima o filme fazer encarte. Por outro lado, não há problema nenhum quando uma celebridade sai num encarte exibindo um produto que leva sua própria marca.

Embalagem e rótulo – Você já pensou em ter sua foto na embalagem de um xampu? É um trabalho que dura muito tempo, e sua imagem fica lá para todos verem. Por isso, o cachê é relativamente alto. Pode ser embalagem de meias, sutiã, cueca, sabonete, tintura para cabelos, etc. Há até pouco tempo não se viam fotos de modelos nas embalagens de leite, biscoito e margarina. Esta é uma nova tendência. Parece que descobriram que gente dá mais vida aos produtos. Que bom! Mais trabalho.

Folheto, folder, foto – O trabalho pode ser bom, dependendo da qualidade do material e do produto apresentado.

Lateral de caminhão e de prédio – Imagine sua foto cobrindo parte da lateral de um prédio bem alto no centro da cidade. É um trabalho de grande visibilidade.

Mala-direta – Folheto enviado diretamente ao cliente.

Painéis back light e front light – Esses verdadeiros outdoors iluminados fazem os modelos brilharem mais um pouco.

Pôsters – Muito usados no interior de lojas de roupas.

Release – Material informativo distribuído à imprensa para divulgação gratuita.

O Sindicato dos Artistas procura determinar valor de cachê para todos os tipos de trabalhos existentes, inclusive álbuns, anuários, guias, listas, relatórios, tablóides (jornais de ¼) e materiais promocionais diversos.

Mídia eletrônica

Nos trabalhos da mídia eletrônica, o modelo precisa dominar técnicas de vídeo para expressar-se melhor, com mais desenvoltura.

Painel eletrônico

Geralmente colocado no alto de ruas bem movimentadas, parecido com uma televisão. Muitos conhecem por Eletromídia, o nome de uma empresa que tem o painel.

Tevê (aberta ou a cabo) e cinema

Comerciais (filmes publicitários) – Os modelos podem fazer comerciais, que rendem bons cachês, principalmente os de primeira linha. A maioria é sem texto, ou melhor, o modelo não fala nada. Geralmente, quando há texto, procura-se um ator. Mas há exceções. Num comercial, você pode ser protagonista, coadjuvante ou figurante.

- **Protagonista** – É o personagem principal do comercial, aparecendo sozinho ou com maior destaque que as outras pessoas do elenco. O cachê é o mais alto, e ainda pode te projetar profissionalmente. Às vezes você pode dar a sorte de participar de um comercial marcante e ganhar fama. Quem conhecia a Michelly Machri antes da campanha do refrigerante Sukita? Foi o mesmo que aconteceu com Patrícia Luchesi, nos anos 1980, no comercial do primeiro sutiã, da Valisère.

- **Coadjuvante** – Participação em conjunto com o protagonista, mas de menor importância. Ou aparece menos ou não tem fala, mas não é figuração, e o cachê não é tão baixo.

- **Elenco de apoio** – Muito utilizado nas novelas, é semelhante à figuração, mas é fixo, e pode receber falas (texto), eventualmente.

- **Figuração** – Também chamados de extras, os figurantes são contratados para desempenhar papéis secundários, como os componentes de uma multidão, de uma platéia, aquela pessoa desfocada atrás do ator principal, etc. Atividade dura. O protagonista sempre tem prioridade. Figurante sofre. É o primeiro a chegar, o último a sair, e tem que esperar por tudo. Esse é um trabalho de pouca visibilidade e de baixo cachê. Às vezes, o figurante aparece; outras, apenas sua família, que conhece até a sua sombra, consegue vê-lo. Figurar de vez em quando não é problema. E como já disse a agente infantil Cida Banin, "criança pode fazer figuração sem problemas". Na verdade, quanto mais trabalhos uma pessoa faz, mais bagagem ela adquire em relação a como funciona um set de filmagem, mais segurança ganha. Mas é preciso filtrar os trabalhos. Um modelo que faz muita figuração pode se prejudicar, não conseguindo mais trabalhar como protagonista. Se esse é o seu limite, contente-se com isso ou procure outra profissão.

Apresentação de programa – É um tipo de trabalho muito bom, bem remunerado e de muita visibilidade. Mas é preciso falar bem e ter jogo de cintura. Atualmente, uma tendência das emissoras é contratar modelos para comandar programas de tevê. Os programas infantis já haviam importado modelos como Xuxa e Jackeline Petkovic. Há algum tempo, a ex-modelo Betty Lago começou a apresentar um programa de moda. A mania pegou. A linha de programas para adolescentes e adultos apostou em apresentadoras como Babi. Ela começou como modelo e foi parar na emissora MTV, consagrando-se como apresentadora de tevê. Sabrina Parlatore e Chris Nicklas tiveram história parecida, tornando-se VJ's na mesma emissora. Depois delas vieram modelos como Fernanda Lima, Adriane Galisteu, Alexandre Barros, Fabiana Saba e Luciana Gimenez. E a lista não parou aí. Só a MTV recheou-se delas. Na seqüência, vieram a Rede TV!, o SBT, a Record e outras emissoras.

Criança também tem vez. Debby ficou famosa apresentando o *Clube da criança*. Além de apresentar programas para o público infantil, as crianças trabalham como atores mirins em programas para adultos, como o Caquinho, que fez sucesso no global *Sai de baixo*. Em geral, a maioria dos que foram parar em programas como *Castelo Rá-tim-bum* passou por uma agência de modelos. Há também os programas que buscam talentos infantis, revelam artistas. Programas desse estilo mostram-se como boa oportunidade, mas às vezes há uma certa exploração que não é saudável para a criança.

Assistentes de apresentadores de tevê – Seja em programa infantil, seja de adolescentes, a competição para esse trabalho é enorme, porque o sonho é ser artista e ir para a tevê. Grande parte dos candidatos é modelo, mas é bom saber cantar e dançar. Ser paquita da Xuxa já foi o sonho de muitas meninas. Algumas ex-paquitas conquistaram espaço próprio e cresceram profissionalmente. Luciana Vendramini, Letícia Spiller e Andréa Sorvetão são algumas delas. Muitas vezes tem final feliz quem dá continuidade ao caminho artístico, mas esse sucesso depende muito do nível do programa.

Novelas ou casos especiais – Os atores ocupam a maior parte do elenco. E a nova geração de atores está recheada de modelos que investiram na arte da interpretação. Usa-se modelo quando há um desfile na própria novela ou em cenas que precisem de gente muito bonita e malhada. A novela da Globo *Malhação* já contratou vários modelos, que por conseqüência acabaram tornando-se atores. Priscila Fantin era modelo e foi convidada por um caça-talentos da Globo para um teste. Da noite para o dia tornou-se protagonista da novela para adolescentes.

Quase todas as crianças da novela infantil *Chiquititas* foram modelos de alguma agência e tornaram-se atores mirins. No fim dos anos 1990 a criançada passou a sonhar com isso: fazer parte da novela. Para se tornar uma estrelinha, o melhor caminho era ter uma agência.

Vinhetas – Abertura e fechamento de programas ou novelas. Há modelos que ganham muita visibilidade com este trabalho. Lembro-me do mergulho de Susana Werner na abertura da novela global *Cara & coroa*. Isadora Ribeiro fez a abertura do *Fantástico* e de uma novela da Globo, onde aparecia nua, enroscando-se numa árvore. A atriz Ana Furtado ganhou visibilidade depois de dar um *show* de dança cigana na abertura da novela global *Explode coração*. O que elas tinham em comum? Eram modelos e fizeram um tremendo sucesso. Em telejornais e outros programas, a vinheta pode ser uma versão do comercial de um patrocinador. Lembra daquela voz: "Um oferecimento de..."?

Videoclipes – Muitos modelos são contratados para aparecer nesses vídeos feitos para apresentar músicas.

Fitas de vídeo – Vídeo interno, de treinamento, ou institucional, feito para empresas. Pode utilizar modelos, embora o trabalho seja mais comum para atores.

Curtas e longas-metragens – Atores mirins como Samuel Costa, que fez o papel de Menino Maluquinho, costumam fazer comerciais antes de entrar para o mundo do cinema.

Mídia digital

CD-ROM

Os CD-ROMs institucionais de empresas são os que mais utilizam imagens de modelos.

Internet

Cada vez mais modelos são requisitados para a internet. Além da publicidade no meio digital, há *sites* que exibem modelos em fotos extremamente sensuais, só para os internautas babarem. Modelos de primeira posam para os *sites* mais badalados.

Mídia alternativa

O que não é mídia convencional é mídia alternativa, ou melhor, são as formas menos usuais de veicular uma propaganda, como bilhetes, bancos, adesivos em piso e lixeiras públicas. Ou até as luminosas máquinas de refrigerante e salgadinhos. Nisso podem estar incluídos trabalhos de fotografia ou de vídeo.

Mídia exterior

Também chamada de mídia extensiva ou mídia complementar, é toda mídia situada em locais externos, como outdoors, painéis back light e front light, painéis de prédio, placa de rua, placa de ponto de ônibus, relógio-termômetro digital, taxidoor, etc. Na verdade, a palavra outdoor poderia traduzir qualquer propaganda ao ar livre, mas na publicidade é o nome que se dá àquele cartaz de propaganda que já conhecemos.

Vitrine viva

O modelo é pago para ficar imóvel, dentro de uma vitrine, por algumas horas. É preciso muita paciência. Interessante é o impacto que isso causa nas pessoas que vêem o trabalho pela primeira vez. Para atrair a atenção dos consumidores, vale tudo. E de tempos em tempos alguém cria formas inusitadas para causar mais impacto ainda. Um modelo que fazia vitrine viva teve que ficar de sunga, e mais: trocava de sunga na própria vitrine. Para se proteger do público, ele apenas virava de costas. Que situação, hein?!

Estátua viva

Semelhante à vitrine viva, mas é trabalho para artista, porque exige uma *performance*, além de disciplina e concentração. É um trabalho mais usado em eventos, mas tem ator que fica no meio da rua fazendo sua arte. Geralmente não é um trabalho bem remunerado.

Eventos

Há vários tipos de eventos que contratam mulheres bonitas. Modelos, recepcionistas e promotoras sempre têm trabalho em eventos, mas cada um tem suas características. Vale a pena avaliar um a um antes de fazer o trabalho.

Feiras

Uma coisa é você trabalhar numa feira de moda como modelo, desfilando uma coleção. Outra coisa é você ficar num estande distribuindo folhetos e explicando o funcionamento de um produto. Distribuir folhetos é função para recepcionistas de feira, não para modelos. Teoricamente, modelo não faz isso. Na prática, faz. Em geral, não é um trabalho muito apropriado para modelos de nível mais alto. A maioria faz só pelo dinheiro. Mas cada caso é um caso. Tudo depende do cliente, do produto e do nível do evento. O trabalho pode ser interessante se houver uma inovação, algo diferente.

O perfil exigido para esse trabalho em geral é diferente do das modelos fashion, que sempre são magras. Nesses eventos, as curvas femininas fazem mais sucesso que a magreza. Embora os homens raramente fossem contratados, eles começaram a participar mais de eventos. Como disse uma agente de recepcionistas de feira, as mulheres estão mais independentes, consumindo mais, e as empresas perceberam isso. Ela contou que no Salão do Automóvel alguns fabricantes de carros contrataram rapazes para ficar nos estandes de carros mais comprados por mulheres.

Muitas vezes, a inteligência é mais importante que a beleza. Uma bela mulher que não tenha condições de divulgar um produto nem sempre funciona. Sorrisos apenas não vendem produtos. Além disso, é preciso ter muita desenvoltura, saber comunicar-se bem. Em alguns casos, é necessário falar outros idiomas para trabalhar numa feira. Uma modelo bilíngüe pode preencher as exigências de um cliente para fazer uma feira internacional no Brasil ou de um cliente que vai participar de feira no exterior e já contrata no Brasil.

Quando necessário, elas recebem treinamento para expor determinado produto adequadamente. Se, por um lado, não há glamour nesse trabalho, por outro, muitas vezes o trabalho exige muito mais que um lindo corpinho.

As beldades que moram em cidades menores não têm muita escolha. Para fazer dinheiro é preciso fazer feiras também. Principalmente em São Paulo, há uma infinidade de feiras durante todo o ano. Para quem quer, é um prato cheio. Feira de moda, de informática, de utilidade doméstica, de beleza, de decoração, tem de tudo que você imaginar. Aliás, as feiras de automóveis costumam contratar belas mulheres, que atraem, junto a carros fantásticos, a atenção dos homens.

Determinados eventos convidam algumas estrelas para marcar presença e distribuir autógrafos. Aí, o caso é bastante especial.

Inaugurações e lançamentos

Mulheres bonitas são contratadas para eventos de inauguração de empresas ou lançamento de produtos ou serviços. O trabalho pode ser num espaço fechado ou até no meio da rua. Talvez uma superfesta, um coquetel, um jantar, um *show*, ou algo mais simples. Na verdade, essa pessoa pode ser uma divulgadora, uma recepcionista, uma promotora ou qualquer outra profissional que não seja exatamente uma modelo. Mesmo assim, algumas modelos aceitam fazer esse tipo de trabalho.

Eventualmente, top models participam de lançamento de produtos como carros – e ganham muito bem para isso.

Comemorações

Eventos de entrega de prêmios e outros contratam recepcionistas.

Workshops, congressos, convenções, simpósios, seminários, palestras

Mais do que em feiras, é trabalho para recepcionistas, mas algumas modelos aceitam distribuir panfletos e material promocional, levar o microfone para os assistentes de uma palestra, etc.

Corridas de carros

Mulheres bonitas e sensuais sempre estão presentes em eventos de automobilismo como a Fórmula 1, ajudando a promover a marca dos patrocinadores. Às vezes o trabalho se estende ao material de divulgação do evento, e a modelo pode ter sua foto ilustrando os impressos que serão distribuídos à imprensa. Elas fazem tanto sucesso que num *site* sobre a Fórmula 1 era possível encontrar as fotos de cada modelo.

Muitas aceitam a tarefa esperando por uma oportunidade maior. Mas atrás da esperança pode vir a desilusão, pois o trabalho é cansativo e não muito glamoroso. Ficar o dia todo em pé, mantendo um sorriso obrigatório mesmo quando nada é divertido, não é fácil. Os convidados, muitas vezes alcoolizados, querem fotografar com as beldades, que recebem as mais variadas cantadas, algumas insuportáveis. Pelo tipo de trabalho e pelas curvas avantajadas que cada uma tem, não é difícil receber convites para posar nua em revistas masculinas.

Algumas promotoras têm a sorte de ser encontradas por caça-talentos capazes de levá-las à fama. Existem modelos que trabalharam na promoção da Fórmula 1 no começo da carreira e depois ficaram famosas trabalhando em programas de tevê.

Trabalhos artísticos

Os artistas plásticos, os primeiros a usar modelos no mundo, ainda precisam de musas para suas esculturas, fotos artísticas, pinturas, ilustrações, etc.

A fotografia artística usa modelos sem pretensões comerciais. Pura arte. É um trabalho mais raro, mas que ainda existe.

E a modelo de um artista não terá necessariamente idade ou medidas de top model. Pode ser uma pessoa mais velha, mais gorda, uma grávida...

Outros

Mestres-de-cerimônias

Também chamados de convidados de honra ou paraninfos, trabalham em festas de 15 anos, de senhoras, etc. Eles são a grande atração da festa. As debutantes sonham com seu convidado até a hora de dançar a valsa com ele. É um trabalho normalmente realizado por atores famosos, principalmente galãs de novela, mas que alguns modelos também fazem. Eles distribuem autógrafos, passam por constrangimentos, sofrem assédio de fãs. Por outro lado, têm tratamento privilegiado, são paparicados, admirados e ganham um bom dinheiro para isso.

Modelos mais conhecidos também recebem convite para ser apresentadores de eventos como entrega de prêmios, concursos de beleza, etc. É um trabalho que exige muita segurança, muito jogo de cintura.

Trabalho de voz

Teoricamente, ator pode dublar e fazer locução, modelo não. Na prática, alguns modelos fazem trabalho de voz em *spots* de rádio e comerciais de tevê. O ideal seria fazer um curso para isso.

Licenciamento

Não é trabalho, mas uma forma de ganhar dinheiro com a sua fama. Modelos de destaque emprestam seu nome forte para determinados produtos, como as sandálias e os óculos by Ana Hickmann.

Ana Hickmann na festa de lançamento da sua marca de óculos.

A cada momento surgem novas mídias e novas oportunidades para modelos. Quando escrevi este livro, as principais eram as que citei até aqui. É natural que alguma coisa já tenha mudado nesse momento, pois a criatividade do ser humano não tem limites.

QUEM CONTRATA MODELO

Os clientes de um modelo são todos os que contratam os seus serviços. É para quem o modelo vai trabalhar – que tanto pode ser uma pessoa como uma empresa.

Veja a seguir os principais clientes:

- anunciantes: pessoas ou empresas que vão anunciar um produto ou serviço;
- agências de publicidade: depois de preparar uma campanha publicitária, a agência pode contratar um modelo diretamente;
- agências de internet;
- diretores publicitários;
- editoras de revistas e jornais: profissionais que selecionam o modelo para capas e editoriais;
- emissoras de tevê;
- estilistas, donos de confecções ou de lojas;
- fotógrafos profissionais de moda e de publicidade;
- organizadores de eventos;
- produtores de elenco (casting).

APRENDA A SER MODELO

É normal ouvirmos dizer que alguém nasceu com talento para determinada coisa. Mas, quando se diz que alguém nasceu pronto e não tem mais nada a aprender, somos obrigados a discordar. Há pessoas que parecem estar mais prontas do que outras, só isso. O talento precisa ser lapidado. E aprender nunca é demais.

Uma boa modelo não coloca as mãos em qualquer lugar, faz uma pose qualquer e olha de qualquer jeito para a câmera. Existem técnicas e truques para modelar bem. Se algumas qualidades já nascem com a pessoa, como aptidão artística e fotogenia, há muitas outras a serem aprendidas, e muito o que aperfeiçoar. Pode-se vencer a timidez, tornar-se versátil, assim como aprender a se relacionar com a câmera e a valorizar os pontos fortes. Além disso, é importante vestir-se bem, saber se comportar no ambiente profissional e tudo o que estiver relacionado a essa profissão. Para aprender tudo isso, existem cursos, oficinas e *workshops*.

CURSOS DE MODELOS

Fazer ou não fazer? Tome uma decisão.

Acredito que para trabalhar como modelo todos deveriam fazer um curso. Só beleza não adianta. Se colocarem uma menina inexperiente e sem técnica na passarela, isso pode ser uma catástrofe. Na hora das fotos, o fotógrafo pode se esgotar com a inexperiência do modelo. O curso serve para que aspirantes à carreira iniciem a profissão com algum preparo e conhecimento sobre o assunto.

O problema é que muita gente acha que vai sair do curso de modelo e virar top model internacional. Na verdade, não é nada disso. Tem gente que faz curso e nem consegue entrar numa agência, nem vira modelo. Ou entra na agência, mas a carreira não decola, pois para que isso aconteça é necessário um conjunto de fatores. Enfim, nenhum curso pode garantir sucesso aos seus alunos. Eu fiz o curso do Senac Rio de Janeiro nos anos 1980. Da minha turma de mais de vinte alunos, lembro que apenas eu e mais uns gatos-pingados procuramos por uma agência. Um ano depois, praticamente só eu estava trabalhando profissionalmente. Dos famosos da época, não me lembro de nenhum que tenha feito curso no Senac, mas quem fez saiu bem preparado. O coreógrafo e ator Beto Bueno concorda: "Em 1980, fiz o curso de manequim no Senac. Eram seis meses de curso. Sou de uma geração de modelos que tinha preparo, sabia dançar, etc.".

Para mim, o curso serviu como ponte para o mercado de trabalho. Antes eu não conhecia ninguém dessa área. Nem sabia por onde começar. Para algumas pessoas, é a ponte para o sucesso. Gisele Bündchen é um exemplo de sucesso que começou a trajetória num curso de modelos. Mas isso não acontece com todo mundo.

Gisele fez o curso de modelos de Dílson Stein numa pequena cidade do Rio Grande do Sul. A intenção da adolescente tímida, alta e bem magra era melhorar a postura. A história de sucesso foi uma conseqüência.

Curso não é fundamental, mas é uma forma de levar informações aos aspirantes à carreira, treiná-los, prepará-los melhor e possibilitar sua entrada no mercado. Isso serve inclusive para modelos de cidades menores, que pretendem seguir a profissão em São Paulo.

Por outro lado, quem faz um bom curso de modelo aprende coisas que serão úteis não só para seguir a carreira de modelo, mas que lhe servirão para toda a vida. Há mães que põem as filhas em cursos de modelo para que vençam a timidez, percam a insegurança, melhorem a auto-estima, para deixá-las mais vaidosas, mais femininas, para melhorar a postura, etc. Aprender etiqueta social, por exemplo, vale para sempre, tanto na vida pessoal quanto em qualquer outra profissão que se venha a ter.

O agente Zeca de Abreu constata: "Curso de modelo vale a pena desde que seja feito com honestidade, mas isso é difícil de se encontrar". Ele cita Dílson pelo trabalho extremamente profissional e ético, sério, não iludindo, não prometendo nada para ninguém. Um curso assim funciona e fica muitos anos no mercado.

Fazer um curso pode ser bom, mas é necessário tomar cuidado ao escolher onde aprender sobre a profissão. As opiniões entre os profissionais divergem, e as tendências técnicas mudam de época para época, como o jeito de desfilar. Portanto, procure um curso sério e atualizado, mais entrosado com o mercado, que realmente possa te levar para o caminho desejado. Pense em que linha de trabalho você pretende atuar (passarela, vídeo ou foto) e o que esse curso pode te oferecer.

O curso de técnicas de passarela e fotografia do Senac é o mais antigo do país, com mais de 35 anos de existência. Foi por muito tempo o único reconhecido pela Secretaria da Educação, pelo Ministério do Trabalho e pelo Sindicato dos Artistas e Técnicos em Espetáculos e Diversões (Sated). Para fazer o curso do Senac era preciso passar por uma rigorosa seleção. Tive que esperar completar 18 anos para fazer o teste, que há alguns anos passou a exigir dos candidatos apenas 12 anos de idade. No início de 2001 o Senac São Paulo deu fim ao seu tradicional curso de modelos, que continuou a existir em outras cidades. Nesse momento, o Sated-SP permitiu que se liberasse o atestado de capacitação profissional mediante a apresentação do certificado de conclusão de qualquer curso. Passaram a exigir uma prova de que o modelo é profissional.

Quando o curso deixa de ser um caminho para obter o registro profissional de manequim/modelo, o maior propósito de fazer um curso é o aprendizado. Nesse caso, já não importa se o curso é profissionalizante; o que interessa é que ele seja bom.

Para donos de agências de modelos, o inconveniente do curso é o tempo que consome. Muitos dizem que às vezes não dá para esperar que uma menina se prepare durante um ano para depois entrar na agência. A beleza deve ser aproveitada no momento. E hoje a maioria das modelos começa bem cedo. Se o problema fosse só o tempo, estava resolvido, pois há cursos mais rápidos. Acontece que muitos cursos estão desatualizados no que se refere a técnicas profissionais. A maneira de desfilar – entre outras coisas –, como já disse, muda a todo momento. Há professores que nunca foram modelos, são inexperientes, estão mal informados, não sabem o que está acontecendo. Depois, os alunos chegam às agências cheios de cacoetes, vícios. Por isso, muitas agências de modelos são contra os cursos. Segundo o empresário Dílson Stein, corrigir alguém que aprendeu errado é muito mais difícil que ensinar.

Algumas agências indicam cursos ou possuem curso próprio. Cuidado! Existem bons cursos e maus cursos. Seja criterioso na escolha. O que te ensinarem você vai aceitar como verdade. E se te ensinarem um monte de besteiras?

Em muitas escolas de modelos, o aluno recebe a formação profissional necessária para atuar no mercado de trabalho. O programa dos cursos varia muito de um para outro. Não há regra. Cada um pode ensinar de forma diferente, oferecendo mais ou menos conhecimento. Há cursos bem abrangentes, outros não.

Há cursos que ensinam técnicas de passarela, outros que ensinam a ser modelo fotográfico e publicitário, e outros ainda que ensinam tudo. Existem também os cursos especializados, como os que ensinam boas maneiras, correção da postura, comportamento social (etiqueta social).

Um programa bem completo, que ensine o máximo de coisas sobre a carreira, deve incluir grande parte dos assuntos a seguir.

- **Técnicas de passarela** – Para desfilar bem, é preciso aprender como caminhar numa passarela, que é diferente do modo como caminhamos no dia-a-dia. Modelos fashion devem saber como desfilar com cada peça de roupa, e qual a maneira certa de tirar um casaco. Além disso, há treinamento para encarar situações diversas, como uma coreografia marcada. Umas regrinhas, uns truques, e o resto é com você.

- **Técnicas de fotografia** – Modelos fotográficos precisam saber como posar para fotos, buscar seus melhores ângulos, descontrair-se diante da câmera, e muito mais. Trabalhar expressão facial e corporal e interpretação também é fundamental para quem é fotografado.

- **Técnicas para vídeo** – Uma preparação para quem vai fazer comerciais de tevê ou participar de programas. Como olhar corretamente para a câmera, quais os ângulos que valorizam o rosto e o corpo são truques importantes para quem vai trabalhar com isso. O modelo deve representar para a câmera, assim como o ator para o público. Em alguns trabalhos fotográficos e filmagens, precisa representar, expressar-se e ter boa dicção.

Além das técnicas profissionais, pode-se aprender muito mais.

- **Produção de moda** – Saber se vestir é instrínseco à profissão de modelo. Assim, é melhor aprender um pouco sobre vestuário, como se vestir adequadamente em cada situação, que estilo seguir, etc.

- **Produção pessoal** – Envolve os cuidados com cabelo e maquiagem. Nem todos os trabalhos que o modelo profissional faz têm maquiador ou cabeleireiro à disposição. Às vezes, a modelo precisa produzir-se sozinha, o que para os homens é bem mais fácil.

- **Orientação alimentar** – Dicas para uma boa alimentação que ajudem a manter a beleza com muita saúde.

- **Orientação psicológica** – Um preparo para dar de cara com o sucesso ou com as dificuldades da profissão.

- **Etiqueta social** – Saber se comportar em sociedade faz bem a todos e ajuda a decolar na carreira de modelo.

- **Comportamento profissional** – Como se portar numa passarela, numa sessão de fotos, num teste, numa festa profissional, etc. Tudo isso é fundamental para quem pretende ir mais longe.

- **Marketing pessoal** – É preciso saber valorizar-se profissionalmente e se expor corretamente (o que vestir, o que dizer, etc.). A preocupação com a imagem é muito importante nessa profissão.

- **Legislação trabalhista** – Informar-se sobre seus direitos e obrigações nunca é demais.

- **Diversos** – Técnicas de relaxamento, trabalho em estúdio, conhecimentos gerais, teatro, ética profissional são outros assuntos abordados por muitas escolas. Também se aprende a ter postura corporal correta, a se desinibir, a melhorar a auto-estima, a explorar as qualidades e ocultar as imperfeições. Tudo para não dar vexame na hora do trabalho.

Na verdade, o curso de modelo serve para ensinar as regras gerais que rondam a profissão, aquilo que serve para todos, como andar com um pé na frente do outro, a boa postura, etc. Com o passar do tempo, o modelo pode quebrar algumas regras, criando seu próprio estilo. Vários profissionais da área comentaram sobre Gisele Bündchen, por exemplo, que criou a sua marca, seu andar de passadas longas na passarela. Destacaram sua maneira de caminhar com elegância e glamour, com um estilo próprio. A top virou referência. Ela mudou seu estilo inicial de caminhar e continuou sendo copiada por muitas modelos.

As regras também mudam de acordo com o contexto: um desfile de moda praia exige carisma; no *shopping*, onde o público é amplo, nada de cara fechada; num *showroom*, fechado para clientes e vendedores, já é diferente. Segundo Misáe, "para desfiles de jóias e de cabelos, os movimentos devem ser suaves."

Entrar num curso de modelos até que é fácil, mas pode ser difícil escolher um bom. Antes de se matricular num deles, o ideal é fazer uma pesquisa, para ter certeza de que escolheu o melhor. É preciso verificar cuidadosamente se o investimento vale a pena.

Por outro lado, alguns cursos são rigorosos ao selecionar os alunos, avaliando-os pela aptidão física e pelo potencial. É preciso ter uma condição mínima para seguir a carreira de modelo. Cursos não fazem milagres. Mas a maioria deles não trabalha dentro desse rigor, o que torna mais difícil julgar a seriedade de cada um.

ESCOLHA UM BOM CURSO

A fim de evitar problemas e tomar uma decisão adequada, é bom ser exigente nessa escolha. Nem todo curso que coloca anúncio em jornal ou revista é bom. Atualmente, há cursos até pela internet. O ideal é pedir conselho a profissionais da área ou a ex-alunos de cursos de modelos.

Não se deve entrar para um curso antes de conhecê-lo bem. Os cursos tradicionais, com muitos anos no mercado e boa imagem no meio, são menos arriscados. De qualquer forma, é bom conhecer a escola pessoalmente e tirar todas as dúvidas. E se possível fazer uma aula experimental.

Uma boa escola de modelos deve ter credibilidade no mercado, bons profissionais, espaço adequado para as aulas e recursos necessários para o aprendizado (passarela, espelhos para aulas de maquiagem e cabelo, etc.). Dependendo do objetivo do curso, é preciso ter televisão, vídeo e mesas para aulas teóricas, entre outras coisas.

Qual o programa do curso? Além do conteúdo, saiba qual o seu tempo de duração, a carga horária e o cronograma das aulas.

Infelizmente, há pessoas que não podem pagar por um curso. De outro lado, há quem dê uma ajuda para quem tem potencial. Um desconto, uma bolsa integral, quem sabe. Algumas beldades chegam a ganhar o curso.

Crianças e adultos

Não há idade determinada para aprender a profissão e melhorar o que já é bom. Há cursos de modelo para crianças e até para a terceira idade. O próprio Senac tinha curso de modelo para mulheres mais velhas.

"É importante que as crianças façam um bom curso de teatro, para que possam competir com aquelas que já estão no mercado há muito tempo." (Cida Banin, agente infantil)

Workshops e oficinas

Os *workshops* são uma espécie de curso ultra-rápido. Em geral, são palestras realizadas para esclarecer algum assunto específico. Ou fala-se superficialmente sobre muita coisa. Um agente fala sobre o mercado de trabalho, um modelo conta sua experiência, um fotógrafo fala de seu ponto de vista, um maquiador mostra suas técnicas, um produtor de moda ensina a se vestir e assim por diante. É um tipo de aprendizado dinâmico, sintonizado com o momento, porém superficial.

É bom para quem não quer perder tempo em cursos longos, mas deseja aprender técnicas básicas. Alguns *workshops* ensinam truques, inclusive técnicas de relaxamento, como fazer careta quando tiver que sorrir.

O ideal seria fazer um curso para ter a base de conhecimento requerida para ingressar na profissão, e depois fazer *workshops* de atualização. Essa reciclagem é importante, porque o curso é mais estático, e não dá para seguir as mesmas regras durante toda a carreira. É preciso acompanhar as tendências do mercado. Como se vestir, como se produzir e até como desfilar são tópicos que mudam constantemente.

Os *workshops* tanto podem servir para orientar futuros modelos quanto para aperfeiçoar os que já trabalham. A vantagem dos *workshops* é que são itinerantes: viajam por todo o país e levam conhecimento a lugares onde não existe a mínima estrutura.

As oficinas são parecidas com os *workshops*. Geralmente envolvem mais prática que teoria. Duram pouco tempo, horas ou dias. De repente, você fica um dia inteiro, e só. Isso depende de cada oficina.

Há também as palestras, que podem abordar importantes aspectos da profissão. Como eu já disse, aprender nunca é demais. Todo aprendizado é válido, contanto que esteja atualizado. Isso contribui para a profissionalização dos modelos. E, se não der certo a carreira de modelo, pelo menos esse aprendizado deverá servir para outra coisa. Muita aluna de curso de modelo acabou seguindo carreiras afins, como a de atriz.

Assessoria da agência

As grandes agências costumam ter profissionais preparados para orientar os novos modelos. Uma assessoria completa é dada para quem precisa aprender os truques a fim de estar em condições de enfrentar o mercado de trabalho da melhor forma. Na verdade, grande parte das modelos que ilustram as capas das revistas mais conhecidas e brilham nas passarelas internacionais não fizeram um curso de modelos tradicional. Muitas foram assessoradas pela própria agência e aprenderam com a experiência.

Várias garotas saem do interior ou de outras cidades do país para tentar a carreira nas grandes agências, mas chegam sem dinheiro. As agências, por sua vez, querem colocá-las logo para trabalhar e ganhar dinheiro, para não terem prejuízo, pois elas muitas vezes arcam com as despesas iniciais das meninas (book, composite, etc.).

O começo da carreira exige um investimento que nem todo mundo tem condições de fazer. Alguns não querem investir muito dinheiro nisso, principalmente pelo risco de nada dar certo. De uma forma ou de outra, muitos iniciantes gastam apenas com o essencial, e o curso fica em segundo plano. Então as próprias agências se encarregam de preparar seus modelos para o mercado, geralmente de forma superficial em relação aos cursos. Afinal de contas, seu objetivo maior é agenciar, e não oferecer curso para modelos. Mas há quem invista nessa preparação. Centros de treinamento ou departamento de new faces, vale tudo. Neste último costuma-se fazer um trabalho de base, que vai moldar o profissional. O agente Zeca de Abreu considera: "É preciso ensinar tudo para a modelo: a importância de ela ver revistas, observando as diferenças de atitude que deve ter diante da câmera, de acordo com o que a foto precisa; como ela deve se vestir para os castings, etc.".

Algumas agências têm um guia de modelos. Assim que um modelo é contratado, recebe o material para ler, que inclui os aspectos principais da profissão, inclusive a parte financeira.

Auto-aprendizado

Além do básico conhecimento que se exige de um modelo profissional, é bom que se tenha conhecimento do que gira em torno da profissão, como nomes das grifes, dos estilistas, revistas de moda, eventos fashion, quem são as supermodelos e outras coisinhas mais.

Vogue, Duran, Semana de Moda, Versolato, Yves Saint Laurent. Você conhece esses nomes? Se não, leia, participe mais.

Antene-se. Vale comprar umas revistas de moda, observar as tendências, cabelos, maquiagem, roupas, poses. Pedir conselhos para sua agência e assistir a programas de moda. Para se informar mais, assista a programas de variedades, vá ao cinema, leia jornal, navegue na internet, etc. Faz bem para o cérebro.

A EXPERIÊNCIA PROFISSIONAL FAZ MUITA DIFERENÇA

Independentemente da forma que você escolheu para aprender as técnicas e truques da profissão, nada como ter atravessado horas trabalhando para se tornar uma boa modelo. A competência mesmo vem com a experiência, que é fundamental. É difícil encontrar new faces com desenvoltura. Geralmente dá logo para notar que a modelo é inexperiente. Com o tempo ela passa a se conhecer melhor, aprende muito, muda o jeito de andar, de se vestir, de fotografar. Parece ganhar outra personalidade. Em São Paulo acontece muito isso: chegam modelos de outras cidades, e depois de um ano já se notam grandes mudanças. Às vezes, em três anos de carreira aquela menina "crua" já virou uma superprofissional.

"A vida vai ensinando. Nenhum curso te dá todo o aprendizado para ser um bom profissional." (Misáe, ex-manequim)

CONCURSOS

Os concursos são eventos criados para selecionar a melhor pessoa no meio de vários concorrentes. É uma maneira relativamente rápida de descobrir novos talentos, assim como o trabalho dos scouters.

No Brasil, ao longo do ano são feitos diversos concursos. Desde os regionais até os internacionais. De concursos de bebês a concursos de terceira idade. Para escolher homens ou mulheres. Simpatia ou sensualidade. Beleza ou feiúra. Isso mesmo! Lembro-me de um concurso anual realizado numa cidade do Nordeste que escolhia as mulheres mais feias. Os maridos davam todo o apoio, e as participantes ficavam muito felizes, por incrível que pareça. Mas aqui vou falar mais sobre aqueles que buscam qualidades como beleza, fotogenia, personalidade, talento, sensualidade e simpatia.

Esses eventos oferecem duas faces para quem participa. É gostoso ser a pessoa escolhida no meio de inúmeros concorrentes, não há dúvida. Mas a ansiedade é grande, não só para os candidatos como para a família e os amigos. Ensaiar, ensaiar, ensaiar, ouvir os gritos do coreógrafo, se cansar, competir com tantas pessoas, ficar com os nervos à flor da pele e saber que não dá para todo mundo ganhar. A tensão é enorme. Será que vale a pena a experiência?

Depende do concurso e do seu objetivo. Primeiro, é preciso saber o que se pretende com isso. Se para você isso não passa de uma brincadeira, ou você só quer ganhar uns prêmios, participe de todos os que quiser. Mas cuidado com os picaretas! Há muitos por aí. Há organizadores que só visam pegar dinheiro dos candidatos e adeus.

Quem faz o tipo gostosa – e quer usufruir disso – pode se candidatar a Rainha do Carnaval, Garota Verão e outros do gênero. Para ostentar o título de mais bela das belas, o caminho é participar de um concurso de *miss*. Para tentar ser top model, o melhor é participar dos concursos caça-talentos das grandes agências internacionais, que podem te lançar profissionalmente no mundo inteiro.

A vantagem dos concursos é que não é necessário ser profissional para participar. É uma porta de entrada para a profissão de modelo. Mas nem todos contribuem para a carreira. Alguns te colocam no mundo da moda de uma vez, outros arranham a sua imagem ou não mudam nada na sua vida. Tudo vai depender da importância, do objetivo, da abrangência (regional, nacional, internacional) e da seriedade do concurso.

As opiniões dos profissionais da área divergem. Uns odeiam, outros aprovam. Na verdade, o que conta é o tipo de concurso. Alguns dizem que concurso é válido quando ajuda a projetar as meninas que queiram ser modelos. É o caso daqueles ligados às principais agências, que já lançaram grandes modelos no mercado. Embora haja muitos concursos interessantes, o empresário Dílson Stein disse não ser muito fã: "Há muito concurso que explora, não é sério. Dá o prêmio para determinada menina porque isso interessa a alguém".

Na opinião de Marcus Panthera, tudo é válido. Talvez ele tenha razão, pois há modelos de sucesso que participaram de concursos insignificantes. Algumas até escondem o passado, que pode ter contribuído de alguma forma para a sua trajetória.

Os caçadores de talentos costumam freqüentar os concursos mais badalados para conhecer novos rostos, pessoas talentosas e bonitas. Então, convidam as mais interessantes para entrar em agências, fazer trabalhos. Nesse caso a competição vale a pena.

Para quem ganha, todo aquele estresse é compensado. É fantástico! Pura emoção. A reação é sempre igual. Cara de surpresa e lágrimas. Logo depois, a premiação, e talvez uma virada na vida. Quem perde chora ou abre aquele sorriso amarelo, mas não dá para todas ganharem. É preciso entender isso e tentar a carreira de outro jeito. Além disso, nem sempre a que ganha é a que faz sucesso. Até porque nem sempre a que ganha é a melhor, pois a escolha é subjetiva.

Para participar, geralmente o processo é o mesmo. O candidato tem que fazer a inscrição, preenchendo uma ficha com dados pessoais e características físicas, além de mandar fotos de rosto e corpo, que nunca são devolvidas. Depois, é feita uma pré-seleção, fase em que são selecionadas as fotos. Aí, dependendo do concurso, haverá uma seleção mais rigorosa ou não.

Cada concurso tem um padrão de exigências em relação a altura, idade, sexo e tipo físico. Além disso, cada tipo de seleção vai escolher qualidades diferentes.

Os grandes concursos são um verdadeiro negócio. Patrocinados por marcas famosas, transformam-se em megaeventos enquanto dão oportunidade para as beldades se projetarem como modelos. Conheça melhor alguns dos mais conhecidos.

CONCURSOS DE BELEZA

Os concursos de *miss*

Esse autêntico concurso de beleza tem como objetivo escolher a mais bela entre todas as belas, um conceito antigo que ainda persiste nos dias atuais, incorporado à busca de inteligência e personalidade.

O concurso oficial de Miss Brasil pode levar as primeiras colocadas aos principais concursos internacionais, como Miss Universo, Miss Mundo e Miss Beleza Internacional.

Concursos de modelos ou caça-talentos

Atualmente, os concursos mais cobiçados por quem sonha com a profissão de modelo são aqueles organizados pelas grandes agências internacionais. Quem se classifica num desses pode se orgulhar, pois a seleção é bem rigorosa. Mas não é só isso. Eles oferecem a chance de dar continuidade à carreira, e essa é sua grande vantagem em relação aos concursos de beleza. Isso é tão interessante para os futuros modelos quanto para as agências que os organizam. Em geral, quanto melhor a agência, melhor o concurso.

Os concursos de modelos realizados pelas agências Ford e Elite se estabeleceram entre os maiores do mundo. O Elite Model Look, criado em 1983 como The Look of the Year, já lançou inúmeras modelos que se destacaram no concorrido mercado internacional, inclusive estrangeiras como Cindy Crawford e brasileiras como Gisele Bündchen e Caroline Ribeiro. O Supermodel of the World, realizado pela agência Ford, também já descobriu várias estrelas do mundo fashion. Do Supermodel Brazil, a etapa nacional do concurso, surgiram as tops brasileiras Mariana Weickert e Luciana Curtis.

Meninas novas e bem altas são as preferidas nesses concursos, que elegem um padrão de beleza requisitado pela indústria da moda internacional. No mínimo 1,72 m de altura e idade entre 13 e 21 anos são exigências coerentes com as do mundo fashion.

AGÊNCIAS DE MODELOS

A agência de modelos é a empresa que faz o intermédio entre modelo e cliente. É como um arquivo de talentos, com um agente para representá-los e orientá-los, dando-lhes mais chances de trabalho. Quem realmente pretende assumir-se como profissional deve entrar para uma agência. A profissionalização do modelo vai ser mais rápida ao entrar para uma agência.

A forma mais comum de contratar um modelo é através de uma agência. O produtor de elenco pode eventualmente convidar um amigo, um modelo "direto", mas isso não é freqüente. Há muito mais gente trabalhando por intermédio de uma agência do que o contrário. Não somente pelo lado ético, mas pela facilidade. É difícil combinar horários e contar com a responsabilidade de cinqüenta pessoas num comercial, por exemplo. Então, o produtor passa a responsabilidade para a agência. Essa é uma das razões para que elas existam. Atualmente, só trabalha sem agência quem não tem condições de entrar para uma ou quem realmente não precisa dela.

Quem tem trabalho certo não precisa de agência. Isso acontece muito com modelos que começaram a carreira nos anos 1980 ou antes. Algumas grifes, por exemplo, têm suas manequins exclusivas, contratadas diretamente. Em pleno século XXI, a manequim Misáe disse: "Nunca tive agência porque nunca precisei. Comecei na tevê aos 23 anos, fazendo desfile em vários programas femininos. Passaram-se mais de vinte anos e continuei desfilando para algumas dessas butiques. Sempre ligaram para a minha casa".

O agenciamento traz vantagens de um lado – e elas são inúmeras – e desvantagens de outro. Uma desvantagem é que um percentual do seu cachê vai para a agência. É a chamada comissão, que geralmente é de 20%. Seja qual for o valor, se elas cobram parte do seu cachê, é porque estão fazendo algo por você. Pelo menos devem.

A maior vantagem é que a agência vai te "vender" para o mercado sem que você se esforce muito. É ela que vai te apresentar ao mercado de trabalho e te indicar para os testes e trabalhos. Essa é uma das principais funções de uma agência de modelos.

Algumas fazem até mais: dão orientação em relação a aparência e comportamento, entre outras dicas. A orientação em relação a que trabalhos são adequados ou não para a sua carreira fica sob a responsabilidade do seu agente. Elas administram a carreira dos seus modelos, cuidando do seu orçamento, acompanhando seus trabalhos, etc. E acabam sendo um pouco responsáveis pela carreira de cada modelo, conduzindo os profissionais da melhor maneira. Além de revelar novos talentos, elas fazem brilhar as estrelas.

Outra vantagem é que elas "protegem" o modelo, tomando conta das reveiculações e refilmagens, negociando cachês melhores, cuidando dos contratos, etc. Claro que isso tudo vai depender do perfil da agência.

As mais estruturadas vêm contratando até psicólogo para orientar os agenciados em relação a depressão, drogas, distúrbios alimentares e outros problemas.

É fundamental escolher uma boa agência, que reúna uma série de fatores positivos. Organização, agilidade, responsabilidade, credibilidade no mercado, respeito pelos modelos, modernidade, ética e visibilidade são alguns desses fatores. As boas agências são ágeis na hora de contatar os modelos. No momento de negociar o cachê, elas precisam ser hábeis.

Adoro as agências organizadas. Mas será que alguém não gosta? O cliente quer escolher o modelo com facilidade, praticidade, sem complicações. Composites padronizados e bonitos, uma ficha bem apresentada, com informações fáceis de achar, são uma demonstração de organização da agência. Isso é bom para todas as partes. O modelo é valorizado, a agência mostra ter bom nível, o produtor consegue visualizar melhor a foto e as características do modelo. É horrível receber um envelope com uma centena de fotos soltas e de tamanhos diferentes. Composites, fotos, xerox, tudo misturado, uma bagunça! Dá vontade de mandar de volta para a agência.

A tecnologia é uma grande aliada das agências. Cada vez mais informatizadas, estão montando seu cadastro de elenco no computador, mantêm *site* na internet, distribuem CD-ROM para clientes, sempre divulgando seu cast.

E por falar em recursos, algumas possuem o próprio estúdio fotográfico e de vídeo, possibilitando a produção de seu próprio material de divulgação: fotos, composites e fitas de vídeo dos modelos.

Como o objetivo da agência é "vender" o modelo para o cliente, é necessário apresentar o melhor material da melhor maneira possível.

TIPOS DE AGÊNCIAS

Existem agências de todos os tipos e para todas as categorias de modelos: das infantis às de adultos, das regionais às internacionais, das pequenas às grandes, das fashion às comerciais, das reais às virtuais, das que exigem exclusividade às livres, das organizadas às desorganizadas, das ótimas às péssimas, das mistas às especializadas, como as agências de negros e mulatos. Cada uma tem uma forma de trabalhar, um perfil, um diferencial.

Quando você pensa numa modelo consagrada mundialmente, já imagina que uma grande agência de modelos esteja por trás dessa profissional. Na verdade, as supermodelos encontram-se exclusivamente em agências muito estruturadas. Mas há modelos, dependendo das suas habilidades e perfil, ligados a agências de atores, artistas circenses, bailarinos, esportistas, sósias, tipos, figurantes e até recepcionistas.

ESTRUTURA E BENEFÍCIOS

Há agências mal ou bem estruturadas. As agências com boa estrutura oferecem ao modelo todos os pilares para transformá-lo num profissional de sucesso e mantê-lo nessa posição. Uma equipe de profissionais se prontifica a ajudar novos talentos e estrelas. Às vezes, o modelo usufrui de tudo isso sem pagar nada, ou obtém desconto com profissionais indicados pela agência.

Dentro da própria agência pode haver profissionais preparados para orientar os iniciantes e direcionar a carreira de cada um. A assessoria dentro da agência costuma ser gratuita para os modelos. Existe assessoria estética, de moda, assessoria jurídica, psicológica e muito mais. Um departamento de new faces tem gente para orientar no corte ou na mudança de cor dos cabelos, para acompanhar a primeira sessão de fotos, produzir, etc. Motoristas levam modelos em carros da agência para apontamentos, testes, trabalhos que começam muito cedo ou terminam muito tarde; ou para eventos noturnos, como festas envolvidas com a profissão. Em relação aos recursos, apartamentos próprios abrigam modelos que chegam de outras cidades.

Quanto aos serviços que a agência não presta, ela indica a seus modelos o que há de melhor no mercado. Existem agências que fazem permutas ou têm convênios com empresas e profissionais que prestam serviços necessários ao modelo. No caso das permutas, o modelo agenciado não paga nada. Quando se trata de convênios, o modelo tem desconto. Entre as empresas e profissionais que podem melhorar o dia-a-dia dos modelos encontram-se: academias de ginástica, clínicas de estética, cursos de teatro, modelo e idiomas, escolas de ensino fundamental ou médio, fotógrafos, massagistas, médicos (cirurgiões plásticos, dermatologistas, endocrinologistas, nutrólogos, etc.), dentistas, psicólogos, restaurantes, salões de beleza, cabeleireiros e maquiadores e até supermercado. Há casos em que o modelo vai ao cabeleireiro, tem aulas de inglês, faz ginástica, tudo de graça. Pagar 10% em restaurantes e ter um bom desconto na escola também é uma boa ajuda.

Graças a isso, os modelos conseguem aperfeiçoar-se como profissionais e ter uma vida saudável.

COMO ENTRAR PARA UMA AGÊNCIA

Se você ganha um concurso ligado a uma agência, seu caminho é mais fácil, pois haverá alguém para te dar as orientações principais e cuidar da sua carreira. Assim também acontece quando o scouter de uma agência já te descobriu, pois alguém já te aprovou. Meio caminho andado. Mas não pense que acabou. Provavelmente outras pessoas vão te avaliar. Quando o novo talento mora em outra cidade, longe da agência, o scouter normalmente manda sua foto instantânea para a agência avaliar. Se o pessoal tiver interesse, pede que a pessoa vá até a agência.

Quem ainda não tem agência precisa passar por algumas etapas antes de entrar em uma.

Escolha sua agência

É importante escolher muito bem para que agência você vai trabalhar. É lá que sua carreira vai ser delineada, principalmente se você trabalhar para uma agência só. É de lá que surgirão suas oportunidades. Quando a agência causa problemas aos clientes, ela começa a ser excluída do mercado. E o modelo acaba perdendo oportunidades.

Há muita agência ruim no mercado. A todo momento fecha uma, abre outra. Muitas vezes, sua estrutura é fraca, o proprietário quer ganhar dinheiro, mas não é competente. Mil promessas e pouco a oferecer. Às vezes, um novo modelo não conhece a agência e, mal informado, paga por uma sessão de fotos e pela inscrição, e nunca trabalha. Há falsas agências que faturam apenas com books e cursos. E ainda existem aquelas que não pagam os cachês dos modelos em dia, ou nem pagam.

Pode ser bem pior. Existem agências de garotas de programa que anunciam nos jornais como se trabalhassem com modelos de grandes agências. Modelo é uma coisa, garota de programa é outra.

Foi criada uma associação de agências, a Associação Brasileira de Agências de Modelos e Manequins (Abamm), formada pelas mais fortes do mercado. Para se ter uma idéia, de mais de cem agências da grande São Paulo, menos de dez pertenciam à associação no ano 2000. Mas a melhor agência para uma pessoa pode não ser a melhor para outra. E pode ser que ela nem seja ligada à associação.

Então, qual é a melhor agência? É a que se encaixa melhor com o seu perfil. É a que acredita em você, que aposta no seu futuro e vai fazer de tudo para sua carreira dar certo. Às vezes, a menina é linda, mas o agente não acredita tanto nela quanto em outra que já está na agência. Há vários casos de top models que foram rejeitadas pela primeira agência que procuraram e tornaram-se supermodelos depois de ter uma chance em outra agência.

Procure saber quem são os clientes da agência. Por aí dá para saber o perfil de trabalho dela. Saber há quanto tempo a empresa está no mercado é interessante, mas pode ser que uma nova agência seja muito boa. Alguns modelos escolhem a agência mais próxima de casa. Escolha a melhor, porque qualidade é mais importante.

Depois de fazer uma auto-avaliação, escolha a melhor agência para o seu tipo e habilidade. Essa é a hora de se avaliar e saber onde você se encaixa, pois algumas agências são mais fortes num determinado segmento (fashion ou comercial). Os verdadeiros agentes costumam encaminhar seus modelos para o segmento correto, se houver essa consciência. Mas existem agências que não têm agente, têm apenas dono de agência. Então, é preciso se lembrar do seu estilo, do seu biótipo e dos seus limites. Seja otimista, porém muito realista. E não perca tempo com o impossível. Se você bater na porta errada, tudo pode dar errado. Se a escolha for acertada, os trabalhos surgirão naturalmente.

O modelo pode optar por trabalhar para uma ou várias agências. Essa escolha vai depender do que você quer. O que você espera de uma agência? Se a agência é boa, para que ter duas? Além do mais, as melhores nem permitem essa atitude. Por fim, é bom que o modelo se sinta bem com sua agência, que seja respeitado e bem tratado.

Hora da entrevista: o teste da agência

Depois de escolher para que tipo de agência você quer trabalhar, é hora de agir. O primeiro contato com a agência pode – e deve – ser feito por telefone. Algumas antecipam suas exigências, como altura e idade, por telefone, para que ninguém perca tempo. Isso já elimina bastante gente. Geralmente, há dias e horários reservados para as entrevistas com pretendentes a modelo. Ligue antes para verificar quando a pessoa responsável poderá te receber. Detalhe: algumas cobram taxa para a entrevista.

Menor de idade deve estar na companhia de um responsável, que deverá conhecer e avaliar o funcionamento da agência e seu esquema de trabalho. Quem tem idade para ir sozinho pode até levar alguém. Algumas agências não gostam disso, mas, dependendo da agência, o melhor mesmo é levar. Mas também não é para carregar uma turma com você. Bom senso é importante em qualquer situação.

Vá com uma roupa transada, moderna. Nem muito chique, nem de qualquer jeito. Preste atenção nas unhas, nos cabelos, na pele. Cuide de tudo para suas chances aumentarem. O ideal é aparecer na agência da melhor forma possível. Do contrário, alguém pode te rejeitar. E aí você perde uma oportunidade. Criança não deve ir muito produzida.

Embora não seja fácil, é bom ficar tranqüilo. Na hora da entrevista pode dar aquele nervosismo, mas esse é o momento de demonstrar calma, mantendo uma boa comunicabilidade. A força de vontade soma pontos atualmente, pois a concorrência é enorme.

Cada agência adota um procedimento diferente para selecionar e agenciar modelos. Não há uma regra. Porém, há um procedimento básico que se repete em muitos lugares. As entrevistas podem ser rápidas, objetivas e práticas, como sempre fez a agente infantil Cida Banin.

Quase sempre é necessário preencher uma ficha com inúmeras informações. Geralmente, colocam-se os dados pessoais do candidato a modelo, as características físicas, os esportes praticados, as habilidades e outras coisas (posa sem roupa, fuma, bebe, etc.). Isso servirá para avaliação e futuramente para o cadastro da agência. Algumas agências perguntam até a marca do carro do modelo.

Nas menos exigentes, basta deixar o material fotográfico e preencher uma ficha para que elas possam administrar melhor a sua carreira. Nas mais seletivas, isso normalmente é feito depois da entrevista e da aprovação. Quem era de outra agência terá seu material avaliado, e se obtiver aprovação vai preencher uma ficha.

Os melhores agentes são os que não iludem os candidatos, mostrando como é o mercado de verdade. É preciso saber quando o sonho pode se tornar realidade.

O que eles avaliam

Dependendo da agência, vão avaliar mais ou menos coisas, mas é bom se preparar, porque podem estar de olho em tudo. As mais exigentes fazem uma avaliação completa: estética, psicológica e por aí afora. Os quesitos estética e saúde englobam muita coisa. Os entrevistadores podem tirar suas medidas e te analisar da cabeça aos pés, literalmente. Olham tudo: corpo, perfil, pele, cabelos, dentes, tipo físico, mãos, pés, etc. Às vezes é preciso andar na frente da pessoa que faz a seleção enquanto ela te observa. Enquanto isso, muita conversa. Depois, anotam suas características físicas, seus defeitos e suas qualidades. Isso é normal, pois a agência precisa te conhecer muito bem para te indicar para os trabalhos.

A fotogenia é um dos fatores mais importantes. Mas o pessoal da agência costuma ter uma noção de quem fotografa bem ou mal. Caso a pessoa venha de outra agência, analisam o book pronto. Quem tem foto deve levar. Quem não tem vai precisar tirar depois. Alguns agentes tiram uma foto instantânea e avaliam sua fotogenia. As agências infantis trabalham de forma diferente. Muitas fazem um teste fotográfico (que é cobrado) para avaliar a fotogenia da criança – ou para extrair dinheiro dos pais? – antes de fazer o book. Se der certo, a criança é aprovada.

Na avaliação psicológica entram perguntas como: "Por que você escolheu ser modelo?"; "Se um cliente te recusar, qual será a sua reação?"; "O que você faria se a carreira não desse certo?"; "Você desistiria diante de dificuldades e desafios?". É um teste de esperteza, de maturidade, de independência e outras coisas mais. A desinibição e a comunicabilidade são fatores que contam pontos.

"Quando uma pessoa chega na agência, o agente experiente bate o olho nela e já tem uma idéia do futuro profissional, ou seja, o que dá para extrair, explorar, qual será o seu potencial, em que ela pode se transformar. Geralmente, as candidatas chegam muito cruas e são menores de idade." (Manoel Borrelli, agente)

O bebê pode ser escolhido pela simpatia. Aquela criança que vai com todo mundo, conquista as pessoas, não chora tem mais chances de entrar para a agência. A agente infantil Cida Banin previne: "Mais do que em qualquer idade, o bebê precisa ser carismático, já que não tem muitos outros artifícios".

No mercado infantil, o talento pode valer mais que a beleza. É ótimo quando a criança tem os dois atributos, mas isso é raro. Ela é avaliada por vários aspectos. Durante a entrevista, a agência procura detectar se a criança tem talento, se é desinibida, simpática, esperta e espontânea. Estes são fatores importantes, podendo colocar a beleza em segundo plano. Cida Banin diz: "Reconheço um brilho nos olhos da criança, observo se ela é segura, se olha nos seus olhos, gosta de tirar fotos, fala com segurança, não é tímida. Seu comportamento diz muito, ela deve saber se colocar".

"A criança tem que querer e deve estar disponível. A graça da criança pequena está na espontaneidade. A mais velha sabe ler, e a gente indica para cursos sérios." (Mara Moraes, agente infantil)

Com as crianças maiores pode ser diferente. Em geral, a própria criança demonstra vontade de participar desse mundo e pede para o responsável levá-la a uma agência. Ela precisa gostar realmente desse trabalho. Quando ela não quer isso, é difícil até conseguir trabalhos.

Além disso, é importante o apoio dos pais. Para ter sucesso, é necessário persistência. O problema é que nem toda mãe encara isso profissionalmente, criando um compromisso. A agência chama para um teste, a mãe não leva. E às vezes a mãe vai a um teste, encontra aquela quantidade enorme de crianças e desiste.

"Se a criança faz alguns testes e é isso que ela quer, isso não será uma barreira. Ela aprenderá a ter paciência, a desenvolver o senso de responsabilidade e a disciplina." (Cida Banin, agente infantil)

O resultado pode sair na hora ou demorar mais de um mês. O teste não é um bicho-de-sete-cabeças. A agência simplesmente precisa atender às exigências dos produtores de elenco. Na verdade, ela precisa apresentar "produtos" que o mercado pede e "compra". São esses "produtos" que ela procura. Por isso, ela faz uma avaliação dos candidatos, para saber se a pessoa terá chances de trabalhar como modelo. Não adianta apostar em alguém que não vai se encaixar em trabalho nenhum, aquele tipo rejeitado pelo mercado. A agência perde tempo e dinheiro, e o modelo também. E as agências vivem da comissão de seus modelos. Mas lembre que cada uma tem um perfil diferente. Se você não é um tipo procurado em um estilo de agência, talvez seja em outro.

Cada agência possui um nível de exigências diferente para a formação do seu elenco e diferentes perfis de trabalho. Se o objetivo é colocar tops no mercado, essa agência não aprova um modelo que não tenha esse perfil. Pode ser difícil entrar lá. Por outro lado, são essas as mais cobiçadas por quem deseja ser bem-sucedido na carreira.

"É feito um trabalho de pesquisa em termos de imagem que é muito importante. Descobrimos o talento, ele é lapidado, e identificamos o que o cliente necessita naquele momento. Precisamos estar antenados com isso. Saber qual é a tendência de moda, a tendência de mercado. E buscamos exatamente o que o mercado está precisando." (Zeca de Abreu, agente)

A agência te aprovou. E agora?

Quem estiver dentro do perfil da agência provavelmente será aprovado. Parabéns, você passou no teste! Depois de tanta ansiedade, mais ansiedade. As dúvidas parecem aumentar. Como é que vai ser? O que eu preciso fazer?

Em geral, marca-se uma nova entrevista para conversar sobre o fotógrafo, a montagem do book e todo o processo para fazer nascer um modelo.

Se houver necessidade de mexer no seu visual – e é provável que sim –, a agência deverá dar as orientações necessárias para te colocar no caminho certo: qual o corte de cabelo mais adequado, o estilo a adotar, etc. E se possível indicará os profissionais apropriados para promover essas mudanças. Dentista para aparelho de dentes, nutricionista para emagrecimento, etc.

Agora você está com cara de modelo. Sua pele está linda, seu cabelo moderníssimo, seu peso está dentro do padrão exigido... Você está ok.

Para os iniciantes, é hora de fazer o material fotográfico. Algumas agências têm fotógrafo próprio e até exclusivo, principalmente as infantis. "Isso possibilita a personalização do material, como a cor, o fundo, a apresentação, etc." (Marcia Pecci, agente infantil)

Então, é marcada a sessão de fotos. A partir disso, o book é montado, e, se for necessário, são encomendados os composites com o nome da agência. Quem vem de outra agência e já possui um bom material, com o perfil aprovado pela nova agência, já pode pular essa etapa. Mas pode ser preciso fazer novos composites.

Depois dessa aprovação, você já não manda tanto na sua aparência. Procure não modificar seu visual, como mudar o corte de cabelo sem antes consultar sua agência. Esse tipo de surpresa nem sempre é bem-vindo. Ela te aprovou porque gostava de você do jeito que era. Se mudar alguma coisa por conta própria, talvez não agrade. Além disso, uma mudança radical implica um novo material fotográfico.

A agência vai falar do acordo de exclusividade, caso ela trabalhe dessa forma. Se for o caso, é a hora de assinar com ela um contrato de exclusividade.

Muitas agências infantis cobram taxa de agenciamento. Alguns agentes dizem que é para trabalhar em cima das fotos da criança, organizar o book, etc. Mas e o que já se pagou pelo book?

A agência não te aprovou. E agora?

Às vezes não dá certo da primeira vez. O resultado depende de quem te vê. E você nunca sabe quem vai encontrar na primeira agência. Às vezes quem comunica o resultado não é gentil e deixa a pessoa arrasada. Imagine alguém dizer para uma menina: "Pega a tua pasta, põe debaixo do braço e vai fazer um curso de datilografia".

Não desanime. Tente de novo, vá a outra agência e comece tudo outra vez. Há várias histórias de supermodelos que foram criticadas e rejeitadas por alguma agência, mas não desistiram. Foram aceitas em outra agência e fizeram sucesso.

Às vezes, a agência gosta do seu tipo, mas não quer você naquele momento. Alguns agentes evitam ter vários modelos com o mesmo perfil, para que não haja competição dentro da própria agência. Eles abrem exceções quando são pessoas maravilhosas, fora do comum, ou quando uma vai para o exterior e a outra fica.

Agora, se não der certo em várias agências, é melhor tentar outra profissão.

A aprovação do mercado

"A agência simplesmente tem o que o mercado pede. De nada adiantaria um agente adorar uma modelo e seu tipo não corresponder ao que os estilistas ou publicitários procuram." (Marcus Panthera, agente)

As agências fashion, principalmente, costumam ter um procedimento para saber se os novos modelos vão dar certo ou não. Uma modelo entra na agência, faz as fotos, os composites, aprende a desfilar, fica pronta para o mercado. Depois, a agência manda seus composites para os produtores, revistas, etc. Após esse processo, que pode levar um mês, ela vai fazer os apontamentos – apresentação da new face ao mercado. Na companhia de um booker ou sozinha, ela visita alguns fotógrafos, editoras, produtoras de moda, etc. Eles vêem a nova modelo, vêem seu book e dão um *feedback* para o agente, dizendo o que acharam de interessante ou não, se pretendem contratar a pessoa ou não. A partir daí, a agência já tem noção de como será a aceitação dessa pessoa e de seu futuro. Se a agência é mais seletiva na escolha dos modelos, fica mais fácil colocá-los nos trabalhos.

"Hoje, principalmente, a modelo precisa ter atitude, personalidade; não basta ser bonita. Precisamos conhecer muito bem a cabeça da pessoa que estamos agenciando: analisamos quais são seus problemas, seus pontos fracos e fortes. A partir disso, descobrimos como podemos mudar a sua imagem para adequá-la à sua personalidade. Esse trabalho de imagem é importante em relação aos clientes. Não posso pegar uma menina super-tímida, sem nenhum *sex appeal*, e querer que ela se torne *sexy*. Mas ela pode ser *cool*, ter uma imagem que condiz com a sua personalidade. Esse é um trabalho difícil de fazer." (Zeca de Abreu, agente)

AGÊNCIA-MÃE — *MÃE DE QUEM?!*

Pelo nome, diríamos que é a agência que fez nascer um modelo, que construiu sua carreira. Enquanto o modelo continuar ligado a essa agência, ela será sua agência-mãe. Mas, se o modelo trocar de agência, já não será mais. Então, agência-mãe é a agência principal do modelo em determinado momento. Esse termo é normalmente usado nas agências que pedem exclusividade. No caso de uma modelo brasileira que vai trabalhar no exterior para outra agência, a agência-mãe é a sua agência original, que fica informada sobre o que ocorre do outro lado do mundo com sua modelo.

Conforme o booker Luciano Spinelly, "quando uma modelo vai sair do Brasil para trabalhar no exterior, ela precisa ter um contrato firmado com a agência-mãe, que a representa no país de origem. Nesse caso, a agência brasileira é considerada a agência-mãe, que vai cuidar de tudo que se refere à modelo no exterior. Sempre que o agente internacional ligar para o Brasil, ele falará com a agência-mãe, e não com a mãe da modelo. Ele informa o que ela está fazendo, se está trabalhando, rendendo bem, etc.".

Se a agência-mãe – brasileira – não está satisfeita com o trabalho que estão fazendo com seus modelos no exterior, ela pode ligar para lá e, se for o caso, trocar por outra agência internacional. Comunicam que tal modelo vai sair e já o encaminham para outra agência.

A agência internacional que representa o modelo de uma agência brasileira no exterior dá uma comissão para a agência-mãe por trabalho. Da comissão do cachê do modelo, a agência internacional dá uma parte para a agência-mãe.

A SAÍDA DA AGÊNCIA

Existem três motivos comuns para deixar uma agência: abandonar a profissão, trocar de agência ou ser excluído dela.

O abandono da profissão

Alguns modelos nem chegam a ficar um ano na profissão. Outros resolvem abandoná-la muito tempo depois. Tem gente que enjoa, tem gente que se cansa, outros não querem investir em material atualizado e por aí afora. Falta de trabalho e falta de dinheiro transformam-se em falta de paciência. Geralmente, a pessoa vê que não é tudo tão fácil e brilhante como imaginava. O resultado é a desistência.

Quando se trata de crianças, muitas mães não querem renovar o material dos filhos. Mas é necessário, pois o cliente estará aprovando seu filho por uma foto – que deve estar atualizada. Só é preciso tomar cuidado com uma coisa: até que ponto a agência está agindo honestamente? Outro motivo de abandono é o desgaste dos testes de VT. Dá vontade de desistir mesmo, mas, se a criança gostar, vale a pena o sacrifício.

A troca de profissão não significa o abandono total da vida de modelo. Inúmeros ex-modelos – que se tornaram médicos, dentistas, etc. – continuam modelando eventualmente. Modelos que se tornam atores então, nem se fala. Às vezes dá até para continuar na mesma agência.

A troca de agência

Depois de um tempo de trabalho, alguns modelos decidem trocar de agência. Mudança de cidade, poucos trabalhos, insatisfação, convite de outra agência, crescimento profissional e mudança de habilidades são os motivos mais comuns. O modelo que faz curso de teatro, por exemplo, muitas vezes muda para uma agência de atores.

A exclusão

Por determinados motivos, uma agência pode excluir um modelo do seu cast. Existem os modelos-problema, e não é interessante mantê-los no elenco. Mau comportamento, desonestidade, falta de interesse, falta de consciência do que é ser modelo e de suas responsabilidades, desleixo com a aparência, envolvimento com drogas, inveja, fofoca e briga são boas razões para ser desligado do elenco.

Tem modelo que tenta boicotar os colegas no teste, prejudicando alguém para acabar com a concorrência. Outros mudam o corte de cabelo e não avisam. Engordar pode ser um problema enorme e um bom motivo para o mercado te abandonar. Se você não se esforçar para voltar ao normal, a agência não tem nada a fazer por você.

Recusar testes cansa a agência. Sumir, trabalhar por fora ou negociar antes da agência são erros que não devem ser cometidos. Não pagar a comissão para a agência, pior ainda.

Faltar a um trabalho sem justificar é uma atitude incorreta, e a agência encosta por um tempo ou exclui o modelo que faz isso. Ligar muito tempo depois para justificar é uma inutilidade. Melhor é avisar imediatamente.

O período de experiência

Assim como os funcionários de uma empresa, os modelos também passam por um período de experiência na agência. As mais seletivas costumam testar o modelo por algum tempo para saber se ele será aceito no mercado. Esse período varia de agência para agência.

Há agências que avaliam a carreira dos seus modelos semanalmente, mas tomam a decisão final num espaço de tempo maior. O período considerado suficiente para saber se um new face vai dar certo na agência varia. Pode ser de três meses ou até de um ano. Se um modelo fica uns meses sem trabalho, elas podem sugerir a reformulação do seu material ou desistir. Se num determinado período de tempo o modelo não está dando certo, não consegue ser encaixado nos trabalhos, o mercado não o está absorvendo, o agente precisa parar para ver o que está acontecendo, rever a sua situação, detectando o problema. Por que ninguém se interessou ainda? O agente Manoel Borrelli dá um exemplo: "Às vezes a pessoa é linda, mas tem uma personalidade difícil". Não adianta forçar o mercado. Muitos preferem apostar em outro modelo.

Chega um momento em que é necessário decidir. Existem agências que fazem uma reunião de corte para modelos que não funcionam. Mensal, bimensal, depende. Para quem deixou sua cidade e a escola, principalmente as meninas de 14 ou 15 anos, pode ser melhor voltar a estudar do que perder o ano tentando em vão. Depois, pode até voltar.

O problema pode surgir depois que o modelo se estabelece na agência. A menina que engorda, a que tem depressão pela falta de trabalho, nada disso é interessante para a agência, comercialmente falando. Os modelos – que vendem saúde e beleza – precisam estar bem, emocionalmente equilibrados. O agente Marcus Panthera conta: "Uma modelo deprimida chorava o tempo todo, no teste, na frente do cliente. Isso trazia problemas para o trabalho. Vender beleza com depressão não dá. Tivemos que tirá-la da agência". Algumas agências tentam solucionar o problema oferecendo consultoria psicológica ou o que for necessário, mas às vezes a pessoa recusa a ajuda.

Entretanto, o problema nem sempre está na pessoa. Pode ser que o seu material fotográfico não esteja bom. Nesse caso, é necessário reinvestir, fazendo novas fotos – mas nem todo modelo faz isso porque significa mais gastos.

Às vezes, o problema está na adequação à agência. O modelo pode não dar certo numa, mas pode se encaixar bem em outra agência. Mas, se a pessoa não tem mesmo perfil para ser modelo, aí não tem jeito.

Quando chega a fama

Há modelos que alcançam a fama e não querem mais uma agência, mas um empresário ou agente, um assessor ou qualquer profissional que cuide individualmente deles. Isso acontece muito com crianças que ficam famosas. Por não depender tanto da agência, a mãe abre uma empresa para cuidar só do seu pequeno talento.

Para tomar essa atitude, é preciso se garantir. Afinal de contas, uma boa agência mantém ótimos contatos constantemente, além de saber administrar carreiras.

CLICK · ELITE · FORD FASHION MODEL · IMG · ITALY
KARIN · L'EQUIPE · MARILYN · MEGA · METROPOLITAN
LOUISA MODELS · MODELS 1 · NEXT · PAOLO TOMEI
RICCARDO GAY · SELECT · SUCCESS · T MANAGEMENT
URBAN · WILHELMINA · WOMEN

NOME ARTÍSTICO

Para entrar no mercado de trabalho, os modelos, assim como os atores, costumam usar um nome forte, diferente, fácil de ser lembrado e curto. O modelo precisa destacar-se para ser notado, e um dos artifícios é o nome artístico, que pode ser um nome falso – também chamado de pseudônimo. O objetivo não é simplesmente inventar qualquer nome louco e "rebatizar-se". Há vários motivos para escolher um bom nome. Não ser confundido com outro modelo pelo telefone ou em outras situações, fixando seu nome e sua imagem na memória das pessoas é um deles. Quando alguém fala na Luiza, quantas Luizas vêm a sua mente? Quando alguém diz Luiza Brunet, acredito que você só pense em uma pessoa.

Quando o nome verdadeiro é horrível, não soa bem, é sem graça ou é enorme, também se usa um nome artístico. Nos anos 1960, Gertrude Wilhelmina Behmenburg foi Winnie Hart. Existem casos em que o nome falso nada tem a ver com o nome real da pessoa, mas nem a primeira letra. A magérrima Lesley Hornby ficou conhecida no mundo como Twiggy. E Edilaine de Barros Gonçalves foi uma modelo de sucesso nos anos 1980, conhecida como Marcela Prado.

Para facilitar, alguns simplificam ou abreviam o nome. Ou criam um nome artístico bem simples. É bem melhor dizer Xuxa que Maria da Graça Meneghel. Já para diferenciar, existem as Chandras, Marcellas, Jackellinnes. Difícil é escrever esses nomes corretamente.

Há quem troque de nome por causa da numerologia. Certa vez eu estava atualizando vários cadastros de modelos e liguei para uma senhora para confirmar se ela ainda estava modelando, e ela ficou muito feliz. Ela, que já havia deixado a profissão, contou-me que trocou de nome depois de consultar uma numeróloga, e o meu telefonema já era um sinal das mudanças que ocorreriam na sua vida. O fato de eu ter ligado para ela significava sorte, a chegada de novas oportunidades. Será?

Sophie Bisiliat uma vez me ligou e disse que virou Catherine Bisiliat. Os nomes são verdadeiros. Ela só resolveu mudar o primeiro pelo segundo, para variar. Simplesmente se cansou. Por motivos diversos, Vadmilce de Souza virou Veruska de Souza; Zilda Cristina Alves Pinto se tornou Vanessa Alves; Ronaldo Sérgio de Cintra Castro mudou para Ronaldo Artnic; e Leonina Leite Ferreira trocou o nome por Nicole Ashon.

Qual é o seu nome? Será o nome que você vai usar para trabalhar? Para que trocar? Nem sempre vale a pena fazer uma mudança radical, usando um nome completamente diferente do seu. Pode ser muito bom usar seu nome verdadeiro. Apenas o primeiro, ou o primeiro mais o sobrenome. Não há regra. O importante é diferenciar-se no meio de tanta gente. Paulo, por exemplo, é um nome muito comum – podem surgir inúmeros Paulos. Fica bem mais fácil ligar para a agência e dizer: Aqui é o Paulo Zulu. Quem vai confundi-lo com outros Paulinhos que andam por aí?

O ENSAIO FOTOGRÁFICO

Depois do teste com a agência e da aprovação, é possível que você tenha que se transformar antes de começar a trabalhar. Cortar os cabelos, emagrecer, comprar roupas novas, corrigir os dentes... Quando você ficar com cara de modelo, é hora de preparar o seu material fotográfico, que precisa ser lindo. O primeiro passo para fazer um bom material é contratar uma boa equipe, formada por um fotógrafo, um maquiador, um cabeleireiro e um produtor. Saiba escolher uma boa equipe.

CONTRATE SUA EQUIPE

O fotógrafo

A escolha do fotógrafo muitas vezes determina o futuro do modelo. O estilo de cada profissional influencia o resultado das fotos. E é desse resultado que começarão a surgir os trabalhos. De acordo com o tipo de foto, produção, cenário, cabelo e maquiagem, diferentes tipos de trabalho surgirão.

De preferência, escolha um fotógrafo especializado em modelos. Parece besteira, mas a técnica utilizada para fotografar gente não é a mesma que se usa para carros, paisagens e outros temas. Além disso, a maneira de fotografar modelos é diferente do modo como se fotografam pessoas para o jornalismo ou para outros objetivos. A linguagem é outra.

E mesmo os fotógrafos que fazem book também possuem estilos diferentes. Eles criam seu próprio estilo. Segundo o agente Manoel Borrelli, não dá para indicar o mesmo fotógrafo para todo mundo. "Há fotógrafos que lidam bem com o tipo mulherão, mulher fatal. Outros lidam melhor com a menininha, gatinha. O fotógrafo não é o mesmo para os dois estilos. Fazer de uma menina um mulherão não dá certo. Se a modelo não vende essa imagem, não é esse seu estilo, vai jogar dinheiro fora."

Por esse motivo, algumas agências só indicam o fotógrafo depois do primeiro contato pessoal.

"Ideal é que a agência indique várias opções de bons fotógrafos. A modelo poderia marcar um horário com vários fotógrafos e escolher aquele com quem ela se identificar mais." (Manoel Borrelli, agente)

Como nem todo fotógrafo faz book, é bom contratar um bom fotógrafo que esteja começando a carreira, e por isso ainda faça book. Se você estiver entrando numa agência, não se preocupe. Os agentes costumam dar toda a orientação necessária para se fazer um material adequado, indicando bons fotógrafos que fazem book, os mais conceituados no mercado e com boa experiência. As agências costumam ter seus preferidos, e os indicam para seus modelos. As boas agências costumam indicar os melhores profissionais, inclusive maquiador e produtor.

Algumas agências, principalmente as infantis, têm o próprio fotógrafo e até estúdio próprio. Para pertencer ao cast de uma dessas, é preferível fazer o material por lá. Além de ser mais cômodo, as fotos ficam no padrão da agência. Mas é bom ter cuidado, pois muitas agências vivem do que faturam com books.

Para quem está começando a carreira, é melhor ir à agência antes de ir ao fotógrafo. Geralmente, quem faz book por conta própria acaba tendo que fazer outro depois. A maioria das boas agências de modelos costuma não aceitar material que já vem pronto, por vários motivos. Um deles é que o material deve se adequar ao padrão exigido pela agência, e a maioria dos candidatos leva fotos que não se encaixam nesse padrão. Os composites, então, têm características bem particulares. Eu consigo, por exemplo, identificar o composite de cada agência, mesmo que não veja o nome dela. Cada agência tem um diferencial, uma marca que a destaca das outras.

Quando os agentes recebem modelos de outras agências, normalmente pedem para ver e avaliar o book, mas só aceitam as fotos se tiverem a qualidade esperada. Isso também acontece com novatos que têm book pronto. Se a pessoa chega com um material ruim, uma agência mais exigente não aceita. Alguns agentes não chegam nem a avaliar o material. Os mais críticos dizem que geralmente o material é um horror, e por isso não é aproveitado.

A briga está entre o brega e o chique. Aqueles chapéus de *cowboy*, plumas e roupas de dama antiga não funcionam num mercado exigente. Um fotógrafo "antenado" sabe disso e pode te dar boas orientações.

Além de tudo, o fotógrafo deve deixar você muito à vontade, estimulando sua criatividade e talento. Com seu profissionalismo, ele pode transformar uma new face numa "deusa".

Quanto ao que vai ser gasto com as fotos, faz parte da profissão. É um investimento necessário para a carreira. E há ótimos fotógrafos que cobram menos que os picaretas.

Considere tudo isso antes de contratar uma equipe para produzir suas fotos.

Que furada!

Tem muito fotógrafo iludindo meninas, sem o menor entrosamento com o mercado, prometendo-lhes um futuro de sucesso. Não entre numa fria! Existem as chamadas fábricas de book. Pode ser uma armadilha, pois dificilmente você obterá trabalhos de qualidade com esse tipo de foto. É uma porcaria, não presta, é muito ruim. Às vezes, a pessoa gasta um dinheirão para fazer isso, até mais do que gastaria com um ótimo fotógrafo. Faz um material ruim e nem consegue trabalho. Também existe muita agência picareta para tirar o dinheiro das pessoas.

Muitas meninas desinformadas mandam fotos completamente inadequadas para as agências e produtoras. A empresária Regina Mello observa: "Tem aquelas que tiram o sutiã, pegam um copo, sobem numa cama de motel, com uma cortina desenhada ao fundo, achando que estão abafando. Não falo de prostitutas. Provavelmente são menininhas virgens, ingênuas, que acham que modelo tem de ficar nua, e que a foto 'certa' para o sucesso é daquele jeito. Uma pena!". Esse é o melhor caminho para te jogarem nos piores trabalhos, os mais vulgares, e talvez os mais perigosos.

Maquiadores e cabeleireiros

Crianças e modelos masculinos poderiam até dispensar esses profissionais para fazer um book, mas para fazer uma produção caprichada eles são necessários. Já as belas mocinhas devem contratá-los sempre. Às vezes, o maquiador também é cabeleireiro, ou vice-versa, e você não precisa contratar duas pessoas, o que pode baratear a produção das fotos. Nesse caso, procure saber se esse profissional é competente nas duas áreas. O importante é sempre contratar bons profissionais.

Da mesma forma que o fotógrafo, os cabeleireiros e os maquiadores dão seu toque pessoal, imprimem seu estilo, utilizando-se do seu rosto e cabelo. Principalmente para trabalhar com modelos, esses profissionais devem estar atualizados em relação às tendências da moda.

O maquiador precisa se atualizar quanto às técnicas de maquiagem e aos novos cosméticos. O seu trabalho pode ter objetivos diferentes de acordo com a situação. Cada trabalho pede uma maquiagem diferente.

Para o material fotográfico de modelo, sua função é valorizar o que a pessoa tem de bonito e disfarçar seus defeitos. Um nariz pode parecer mais fino, assim como cicatrizes e olheiras podem desaparecer com uma maquiagem bem-feita. Escolha os melhores, atualizados e criativos, para que seu look seja bem aceito no mercado.

Geralmente, os maquiadores de cinema publicitário não atuam no mundo fashion, e vice-versa. A maquiagem para passarela é mais ousada, teatral, exagerada, com a intenção de produzir um efeito aos olhos dos espectadores, causando mais impacto, até porque o público fica distante dos modelos.

Para a tevê, o maquiador prepara a pele do modelo para que a sua cor, após a maquiagem, possa ter um bom resultado no vídeo. É que o processo de filmagem parece modificar as características da pele ou pode acentuar alguns defeitos, principalmente num close. O resultado que se busca é a beleza e a naturalidade no vídeo.

No livro *O filme publicitário*, um dos autores, Cláudio Meyer, explica que a maquiagem é uma técnica que permite preparar a pele de um modelo ou de um ator para que a sua cor, após a maquiagem (geralmente exagerada), possa responder bem às características do material sensível, e parecer o mais natural possível no momento da projeção do filme.[2]

Lembre que os maquiadores do cinema precisam de técnicas que permitam "envelhecer" uma atriz de 20 anos, deixar roxo ou ensangüentado o ator que "sofre um acidente", e da forma mais natural possível. Esses artistas passaram a ser tão reconhecidos que a categoria maquiador passou a receber Oscar, o prêmio mais cobiçado do cinema.

Com os cabeleireiros a situação é muito parecida, e talvez até mais complicada. Eles devem conhecer novos penteados,

---

[2]   C. Meyer & L. Gage, *O filme publicitário* (São Paulo: Atlas, 1985).

novas técnicas para mudar um visual, produtos novos para cabelos, e saber usufruir isso tudo. A técnica do *megahair*, por exemplo, usada para transformar cabelos curtos em longos de um dia para outro, não é dominada por qualquer cabeleireiro.

Produtores de moda

Eles são responsáveis pelas roupas e pelos acessórios que você veste, pelo cenário das fotos e todo o material que estiver à sua disposição no dia da foto.

Todo fotógrafo costuma ter seu produtor de moda. Muitas vezes o fotógrafo atua como produtor também, e aí você não precisará de uma pessoa para cada função. Caso não contrate um para as fotos do seu book, trate de fazer uma produção de muito bom gosto.

A SESSÃO FOTOGRÁFICA

Depois que a equipe já foi escolhida, é hora de fazer as fotos.

"Apresentar-se mal ao mercado não vale a pena. Quem está acima do peso não deve fazer as fotos. Muita menina insiste em conhecer o fotógrafo logo, mesmo com uns quilinhos a mais. Não faça isso! Pegar fama de gordinha é muito fácil; você se queima muito rápido; para mudar isso, vai levar uma vida."
(Manoel Borrelli, agente)

Capriche. Roupa escolhida, maquiagem pronta e cabelos penteados. Agora é com você! Durante a sessão fotográfica, sinta-se muito especial e faça o melhor. Relaxe! Tudo dá certo quando se trabalha por isso.

Certa vez um fotógrafo me disse que um dos problemas dos modelos masculinos é querer posar de machão. Às vezes, o homem fica todo duro, com medo de relaxar, e não consegue uma boa pose. Isso pode atrapalhar o resultado do trabalho.

Você deve passar algumas horas na sessão de fotos. O fotógrafo costuma usar vários filmes para ter um bom material. Dependendo da sua escolha, o trabalho pode ser feito no estúdio ou fora dele (externa).

Depois de tiradas as fotos, o fotógrafo deverá te chamar para escolher as que serão ampliadas, que servirão para o book. Algumas agências decidem isso pelo modelo.

PREPARE SEU "CURRÍCULO"

Para começar a trabalhar como modelo, você precisa antes se apresentar. Nas profissões convencionais, as pessoas se mostram por meio de um currículo, uma espécie de resumo da sua formação escolar somada à experiência profissional.

O currículo de modelo é um pouco diferente. Seu maior diferencial é a sua imagem, além de outras qualidades e habilidades. Então, é necessário mostrar seu rosto, seu corpo, sua expressividade, seu tipo.

Existem várias maneiras de mostrar como e quem você é. A forma mais comum de apresentação do modelo é pelo composite e pelo book. O videobook e o CD-ROM também são utilizados, mas a internet é a mais nova forma de os modelos se apresentarem aos clientes.

FOTOS

No começo da profissão, você precisa investir seu tempo e seu dinheiro. Como já foi explicado anteriormente, para começar a trabalhar é necessário providenciar as suas fotos. E nada de tirar aquela foto nas férias e mandar para produtoras, revistas e agências, OK? Aquelas tiradas no sofá com o gatinho ou no jardim de casa também não auxiliam em nada. Só ajudam a queimar seu filme.

Quando você não está no escritório do cliente para exibir sua beleza e seu talento, sua foto faz isso por você. A foto te vende. E, já que você depende da sua imagem para trabalhar, capriche nas fotos. Lembre-se de que um bom ensaio fotográfico está relacionado a uma boa equipe (fotógrafo, maquiador, cabeleireiro e produtor).

Um material fotográfico bem montado deve apresentar fotos variadas, de boa qualidade e bem produzidas. Esse material deve corresponder às exigências do mercado. Diferentemente do ator, que deve fazer fotos mais caretas ou caricatas, o modelo pode ousar, fazendo a linha fashion.

A escolha da foto em P&B ou colorida é muito discutível atualmente. Não há regra para isso. Já se foi o tempo em que modelo só devia usar P&B porque é mais profissional. Os conceitos

Fotos do book da modelo e atriz mirim Alessandra Libardi para a agência Top Kids.

mudaram ao longo do tempo. Na hora de contratar um elenco, prefiro as fotos coloridas, que me deixam ver bem o tom de pele, de cabelo e a cor dos olhos do modelo. Tem negro que no material em P&B parece mulato, por causa da iluminação. Ora, o objetivo dessas fotos não é confundir o cliente, é mostrar o modelo. Uma boa opção é mesclar fotos coloridas com P&B.

A foto deve ter o perfil que o mercado aceite e ser compatível com o material da agência. Nas agências infantis que têm o próprio fotógrafo, faz-se um estilo, diferenciado pela cor de fundo, tamanho da foto, produção, etc. Mas os melhores agentes de crianças não gostam de chapéu, batom, etc.

Todo modelo que investe em material fotográfico espera bons resultados, ou melhor, trabalhos em boa quantidade e qualidade. Para isso, é preciso fazer um bom investimento. Quando falta dinheiro para as fotos, é melhor esperar algum tempo do que apresentar um material ruim. Se a menina for muito especial, uma futura top model, existem agências que chegam a considerar um adiantamento, pagando as fotos até que ela faça os primeiros trabalhos e possa devolver o dinheiro. Se nada der certo, pode ser necessário um novo investimento. Esse material costuma ser caro, e nem sempre o primeiro vende o modelo, que ainda não tem experiência. O amadurecimento só vem com o tempo.

O material fotográfico é do modelo ou da agência? Bom, é natural que as ampliações fiquem na agência para que os clientes possam vê-las. Por direito autoral, os negativos são do fotógrafo. Quem quiser comprá-los precisa negociar, pagando um pouco mais. Mas isso é relativo, e depende de uma série de coisas. Se o modelo faz as fotos por conta própria, pode ser que os negativos fiquem com ele. Quando o modelo faz as fotos na agência, esta muitas vezes fica com os negativos, e ele não tem acesso livre a esse material. Quando se deixa a agência, as fotos podem ser devolvidas para o modelo, mas o material nem sempre volta completo, porque algumas fotos são perdidas ou danificadas pelo próprio cliente. Há quem pense em processar a agência pelas fotos perdidas, mas isso faz parte do negócio.

BOOK

Com as fotos ampliadas você monta o seu book, um álbum grande com algumas fotos que representarão você. Atualmente, o tamanho mais utilizado é 24 x 30 cm. Em geral, trabalha-se inicialmente com cinco a doze fotos. Claro que são escolhidas as melhores, aquelas que "vendem" o profissional. O mais indicado é colocar fotos que mostrem sua versatilidade e todas as suas qualidades. Close, meio corpo, corpo inteiro; expressões, estilos e produções diferentes (roupa de banho, roupa básica, etc.).

Mostre tudo de bom que você tem: corpo, boca, dentes, mãos, pés, etc. Quando vejo um composite em que o modelo não sorri em nenhuma foto, penso que seus dentes são horríveis, tortos ou amarelos.

A atualização do book é importante, já que sua função é "vender" o modelo. Conforme o profissional vai realizando trabalhos, o book vai se tornando mais valorizado e mais completo, pois são acrescentadas as fotos desses trabalhos. Capas de revistas, editoriais, fotos de desfiles, etc. são acrescentados a esse álbum. O uso de xerox a *laser* (colorida) dá uma boa aparência ao book, já que o tamanho das fotos fica padronizado e muito bem organizado. Com o passar do tempo, é bom substituir as fotos antigas pelas melhores e mais recentes.

COMPOSITE

O composite é um cartão impresso que reúne as melhores fotos do modelo, trazendo informações básicas sobre suas características físicas, seu nome e telefone para contato.

Enquanto o book vale pelas fotos originais, grandes e em papel de boa qualidade, o valor do composite consiste em apresentar o modelo como um todo. É o currículo visual do modelo, em que as imagens valem por palavras. Funciona como um cartão de visitas.

Das fotos do book, você vai escolher as que farão parte do composite. Escolha fotos realmente importantes. As melhores do book e as mais variadas. Há quem coloque cinco fotos com a mesmíssima expressão, mudando apenas a roupa. Há o contrário também. Expressões variadíssimas, mas a mesma roupa. Para quê? É melhor colocar duas fotos ótimas do que cinco descartáveis.

Pense no objetivo do composite. Mostrar sua beleza, versatilidade, ou melhor, sua capacidade de interpretar produtos diferentes com a mesma competência. É isso que o seu cliente (produtor, estilista, diretor, etc.) quer ver.

Nos Estados Unidos, algumas agências anexam ao composite do modelo uma foto instantânea, daquelas que deixam a gente bem horrível. Acredito que seja para o cliente não se iludir com a aparência do modelo produzido.

A vantagem do composite é divulgar o modelo e seu talento para todos os possíveis clientes, de forma econômica. São feitas centenas de composites para distribuir em testes, produtoras, editoras, etc. Em agências que pedem exclusividade, o composite é uma exigência. Em agências mais livres, existe a opção de não se fazer composite, o que pode ser pior. Nesse caso, deixar apenas uma foto em uma única agência vai te limitar, pois é necessário deixar o cliente te ver, espalhar o seu material por onde for possível. E poderá custar muito caro copiar muitas fotos originais para distribuir por aí. Dá para imaginar o prejuízo? Fazer composite pode não parecer barato, pois você paga de uma vez. Mas, ao longo do tempo, você gastaria muito mais distribuindo fotos originais. Nesse caso, o caro sai barato. A quantidade é meio padronizada, e não compensa mandar fazer poucos. Dependendo do lugar, eles exigem no mínimo cem, quinhentos ou mil. Quanto mais você fizer, menor o preço por unidade.

Os coloridos e de bom papel são meus preferidos. As fotos ficam nítidas e dá para ver o tom de pele, cabelo e olhos. Para ter um em P&B com papel de má qualidade, acho melhor esperar ter dinheiro para fazer um bom material.

Em relação à letra, ela deve ser legível. Tem gente que "capricha" tanto, que escolhe uma letra que não dá para entender. Fuja das muito *desenhadas*.

Cuidado com os erros de impressão, como nome errado, medidas erradas, foto desfocada ou com manchas. Não deixe isso acontecer com você.

Normalmente, o composite apresenta cinco fotos impressas: uma de rosto na frente e quatro variadas atrás. Tem gente que faz com duas (uma atrás e outra na frente), e há quem coloque até vinte fotos. O número de páginas varia. Existe frente e verso, quatro páginas e o que mais se inventar. Um tamanho muito utilizado atualmente é 15 x 21 cm, mas não é uma regra.

O conteúdo

Nome artístico

Contato: nome da agência ou telefone particular

Fotos

Indicação de outras habilidades: ator, bailarino, cantor, etc. (opcional)

Altura

Manequim/terno (para homens)

Busto (para mulheres)/tórax (para homens)

Cintura (para mulheres)

Quadril (para mulheres)

Sapato

Cor dos olhos

Cor dos cabelos

Peso (opcional)

Data de nascimento (opcional)

Versão em inglês (mais usado nas agências fashion)

As agências que podem "vender" o modelo para o exterior já colocam no composite os dados em inglês, assim como as medidas americanas.

As melhores agências de modelos preparam tudo para você. A maioria delas possui um composite padrão da agência, diferenciado pelas cores, pelo formato, pelo tipo de papel, pela diagramação ou pelas informações. Como contato, são colocados o nome e o telefone da agência impressos no material.

Se você prefere trabalhar para várias agências, tem que procurar por um profissional. São poucos os que formatam composite no Brasil. Às vezes, o fotógrafo já faz o serviço completo, compondo um pacote fechado, que inclui fotos e composites. Pode custar um pouco mais caro, mas o trabalho é menor. Nesse caso, pode ser colocado o seu telefone para contato ou reservado um espaço para o telefone de cada agência.

Quando trocar o material

Fotos atualizadas, uma regra a ser cumprida. Seu material deve corresponder ao que você é naquele momento. Afinal, uma seleção de modelos geralmente começa pelo material fotográfico. Qualquer mudança considerável no visual é motivo para renovar fotos e composite. Uma mudança no cabelo (pintou, cortou, raspou, deixou crescer...), alteração no peso (emagreceu, engordou), tudo implica a renovação das fotos. No caso das crianças, a atualização deve ser constante, pois as mudanças são mais rápidas. Elas crescem, perdem dentes, ganham dentes, a fisionomia muda, e assim por diante. Deve-se levar em conta o assunto na hora de preparar o material fotográfico. Em vez de gastar muito com as crianças, é mais importante trocar o material a cada mudança perceptível.

Agentes infantis costumam pedir para as mães atualizarem o material ou passarem na agência de vez em quando para que eles vejam a criança e acompanhem suas mudanças. Há fotógrafos que contratam o modelo por foto, portanto ela precisa ser atual.

Uma vez recebi uma foto de uma mulher que possuía uma pinta no rosto. Ela fez a seguinte observação na foto: "Agora não tenho mais aquela pinta no canto esquerdo do olho. Operei". Ora, se a pinta saiu e não vai voltar, por que não tirar uma nova foto? Fica muito melhor mandar uma foto atualizada, não? Foi o caso da atriz que estava acima do peso. Ela estava cadastrada com uma foto que não a valorizava. Algum tempo depois chegaram novas fotos. Fiquei impressionada com seu sucesso. Após um emagrecimento de 20 kg, ela renovou seu material. Ficou lindo e atual. Já o modelo-tipo que possuía orelhas de abano fez uma cirurgia para corrigir o defeito. Logo depois, mandou-me seu novo composite, mostrando as novas orelhas.

O modelo mais experiente monta seu composite com fotos de trabalhos realizados, valorizando sua imagem profissional. Capas de revistas, editoriais, outdoors e desfiles são os mais usados.

Imagine duzentas lindas adolescentes com as mesmas características físicas a serem escolhidas para determinado trabalho. Em princípio, não há muita diferença entre elas. É uma escolha subjetiva, pois depende do gosto de quem está escolhendo. Se o composite de uma delas mostra uma capa de revista de moda que ela fez, isso pode modificar o resultado da escolha. Dá um certo respeito à modelo. Mostra sua experiência em trabalhos de bom nível. Prova que ela não apenas sonha com a profissão, mas tem capacidade para ser modelo e já teve aprovação do mercado.

VIDEOBOOK

O videobook é o resumo do modelo em uma fita de vídeo VHS. Nele podem estar contidos uma apresentação do modelo com fala ou trilha sonora, cenas de desfiles realizados, comerciais de tevê, cinema, videoclipes, etc.

O modelo terá a oportunidade de mostrar sua desenvoltura diante de uma câmera, o modo de falar, de andar, suas expressões em movimento. Além disso, nem toda pessoa bonita fica bem no vídeo. Essa é uma forma de mostrar que você fica.

Algumas agências também possuem o seu videobook, que contém uma breve apresentação de todo o seu elenco.

Isso tudo é válido para emissoras de tevê e outros clientes. No caso das produtoras de vídeo, esse material nem sempre é necessário, já que se fazem testes de VT com vários modelos antes de escolher o que realizará o filme. Mas, quando não há teste, o modelo pode até ser aprovado pelo videobook.

Pode-se notar que esse material é muito útil, porém nem sempre as pessoas podem assistir ao videobook. Ou por não haver tempo disponível ou por falta de equipamento – um videocassete. Portanto, ele serve mais como apoio aos outros, e dificilmente substitui o composite.

CD-ROM

Também chamado de book ou composite digital, é uma forma de apresentação bastante moderna. É semelhante ao composite, mas em forma de CD-ROM.

Há CD-ROMs com imagens em movimento que são maravilhosos. Assim como na fita VHS, o produtor pode ver o modelo em movimento e a descrição de suas características físicas. Nesse caso, o produtor ou o cliente vai precisar de um computador para te ver, mas nem sempre tem um disponível para isso – uma limitação que será cada vez menor ao longo do tempo.

BOOK VIRTUAL, FILE BOOK E INTERNET

As agências de modelos que possuem *site* na internet podem exibir fotos dos seus modelos, suas características físicas e tudo o mais que for necessário para que eles sejam contratados. O cliente pode consultar o *site* e fazer sua produção de elenco pela rede mundial de computadores.

E as facilidades não param aí. Um banco de dados, uma espécie de arquivo digital de talentos, tem sido utilizado pelas agências para facilitar a contratação de seus modelos pelo mercado. Os clientes da agência podem receber por *e-mail* as fotos dos modelos sugeridos, com a possibilidade de imprimir fotos dos preferidos. A agência Elite foi uma das primeiras a utilizar essa tecnologia no Brasil.

Se ainda há resistência em relação a essa nova forma de selecionar modelos, isso não vai durar muito. Conforme os clientes passem a usar a internet para ver os modelos das agências, os books tradicionais tendem a ser cada vez menos utilizados. Toda essa praticidade deverá desbancar a forma antiga de se produzir casting.

No caso das páginas pessoais de modelos, há dois aspectos envolvidos. De um lado, as beldades célebres têm suas próprias páginas, exibindo suas fotos e divulgando detalhes da carreira, que são muito acessadas. De outro, modelos desconhecidos e sem agência criam seus *sites* pessoais e deixam telefone para contato, esperando ser contratados diretamente. É uma divulgação interessante, mas um pouco ilusória. Diferentemente do caso dos famosos, quem vai se interessar em consultar a página de um modelo anônimo no meio de tantos *sites*? Ainda mais com tantas agências boas para onde telefonar. É verdade que internautas do mundo inteiro podem te ver, mas não é bem esse o caminho para ganhar fama. É mais interessante para quem tem agência e trabalhos realizados. Do contrário, talvez seja bom para se divertir. Mas será que é esse o seu objetivo?

Com certeza as páginas das anônimas nuas são bastante acessadas. E certamente elas recebem inúmeras "propostas de trabalho". Acredito que não seja exatamente esse tipo de "modelo" que você queira ser.

APONTAMENTOS

Uma empresa nova precisa ser divulgada para atrair clientes. Um produto novo precisa ser divulgado para atrair consumidores. Os novos modelos, os chamados new faces, também precisam de divulgação. Isso faz parte do marketing. Eles precisam ser apresentados ao mercado para que este os conheça e comece a chamá-los para os testes e contratá-los.

Existem várias maneiras de fazer essa apresentação. Uma delas são os apontamentos. Trata-se de uma apresentação dos novos modelos para o mercado de moda e publicitário, principalmente. Chamados no exterior de *go see*, esses encontros não têm uma relação direta com os trabalhos. O objetivo principal é que cada modelo seja visto pelos seus prováveis clientes para que um dia seja contratado. É diferente de testes, que são realizados quando o cliente já procura por um modelo para determinado trabalho.

Assim que uma new face entra na agência e prepara seu material fotográfico, seu agente começa a apresentá-la às pessoas que poderão contratá-la no futuro. Formalmente, são marcados os encontros da modelo com grandes fotógrafos, as principais revistas, as editoras de moda, etc. A modelo tem a oportunidade de conhecer pessoalmente profissionais que determinam quem vai dar certo ou não. Esses possíveis clientes vão fazer uma avaliação da new face. Vendo a modelo ao vivo, eles podem ter um *feeling*, saber se ela tem chance de brilhar. É diferente de ver a pessoa na foto.

Uma outra forma de divulgar a new face é mandar seu composite para o departamento de elenco das produtoras, emissoras, etc. Além disso, as grandes agências mantêm assessores de imprensa para colocar a modelo em entrevistas de programas sobre o assunto, mandam fotos para as revistas publicarem aquelas notinhas, etc.

Nem toda agência age dessa mesma maneira. Cada uma divulga seus modelos como quer, como pode e como sabe. A grande maioria costuma mandar o composite dos novos modelos para os clientes. E tem aquelas agências que só mandam o material quando o cliente pede um perfil que coincide com o perfil do modelo. Essa não é a forma ideal de promover um modelo, que para conquistar o mercado precisa mostrar seu talento e beleza.

A maioria dos agentes define os apontamentos como esse primeiro encontro entre o modelo e o mercado, quando ele é enviado para fazer as visitas a futuros clientes. Alguns profissionais dizem que os apontamentos também são os compromissos do dia de um modelo, como os testes. Na verdade, o nome que se dá a isso é só um detalhe. O que importa é trabalhar.

TESTES

Em geral, antes de se contratar um modelo para realizar um trabalho é feito um teste com vários profissionais até a escolha do melhor, principalmente em trabalhos de vídeo. Tem modelo que fotografa bem, mas não fica bem no vídeo. Ou se encaixa bem num comercial de cartão de crédito, mas não interpreta bem num anúncio de alimento. Por tais motivos, os testes passam a ser uma rotina na vida de todo modelo. À medida que um modelo se torna mais conhecido, os testes tendem a ser eliminados, especialmente no caso das celebridades. O publicitário pode criar um comercial para uma determinada estrela, e um estilista pode criar uma roupa já pensando na manequim que vai apresentá-la nas passarelas. Quando não há tempo e para alguns trabalhos fotográficos também não se faz teste. Mas esta não é a regra, é a exceção.

Muitas vezes a modelo já é conhecida no Brasil e praticamente não participa de testes, mas quando chega ao exterior precisa esquecer a boa vida e suar mesmo. Uma top brasileira passou por isso. No exterior ela chegava a fazer oito castings no mesmo dia.

Normalmente, o produtor de elenco liga para as agências, pede o perfil do modelo exigido pelo cliente, sugere os de sua preferência e aceita sugestões da agência, que é obrigada a conhecer bem o seu elenco: quem dança, quem emagreceu, quem engordou, quem viajou, etc. Após essa discussão, a agência envia para o produtor o material fotográfico dos modelos sugeridos ou o mostra pela internet, para que o produtor tome a decisão certa, determinando quem realmente ele quer para o teste. O booker confirma se os modelos indicados poderão fazer o trabalho. Dia, hora, cachê, produto e tipo de trabalho devem ser informados ao modelo. Se o modelo aceitar, será marcado para o teste.

O produtor de elenco ou o booker deve informar o modelo sobre a produção. Alguns testes têm maquiador e cabeleireiro. Nesse caso, não se produza à toa. Lembro que uma atriz foi para um teste completamente maquiada e com gel nos cabelos. O cabeleireiro e o maquiador viraram duas feras e exigiram que ela tirasse a maquiagem e o gel. A coitada ficou trancada no banheiro do estúdio até tirar tudo aquilo.

Quanto à roupa que você vai usar, devem te orientar. Cumpra todas as recomendações. Se pedirem que vá de calça jeans e camisa branca, não apareça de roupa preta. Se no teste já houver a roupa que deve ser usada, não se preocupe. Mas também não apareça de chinelo, certo? No teste para modelos, a aparência conta muito.

A disciplina é importante. O horário dos testes precisa ser respeitado. Nos testes de VT, o horário estabelecido geralmente é flexível. São marcados à tarde, entre tal e tal hora. Então, você só precisa chegar dentro desse horário. Para desfiles e outros trabalhos, pode ser um horário mais preciso. Se tiver que se atrasar ou mudar o horário estabelecido, é bom avisar. Se não puder comparecer, avise a sua agência ou o produtor. No caso das crianças, muitas vezes os pais não têm tempo para levá-las ao teste, prejudicando a continuidade da carreira.

O bom comportamento ajuda. Entre um modelo educado e um que certamente vai dar problemas no dia do trabalho, é preferível o primeiro, é óbvio. Fale baixo perto do estúdio, para não atrapalhar a equipe, e não fume em lugares fechados, no mínimo. Leve companhia só quando for necessário, como é o caso das crianças e adolescentes. Tem modelo que leva amigo, namorado, bicho...

Em dia de teste na produtora, eu estava na minha sala quando, de repente, entrou um cachorro enorme. Uma modelo bem conhecida foi fazer o teste com seu labrador, que soltou uma infinidade de pêlos nos corredores da empresa. No dia seguinte, a faxineira trabalhou dobrado. Bem, virou moda levar cachorro para o trabalho, mas não é todo cliente que gosta. Nessas horas, bom senso é fundamental.

Nos testes você terá oportunidade de encontrar produtores, fotógrafos, diretores... É recomendável levar o book, composites, agenda, caneta, ou melhor, suas ferramentas de trabalho.

No primeiro teste a maioria sente nervosismo. Às vezes, a preocupação é tanta que aparece justamente aquela espinha que você não tinha há muito tempo. Dá aquela dor de barriga. Ou você se arranha no lugar que vai ser fotografado. O nervosismo pode atrapalhar tudo. O corpo treme, dá branco na hora de dizer o texto, você fala besteira, um horror! Uma modelo relatou que sua primeira vez foi um terror total. "Minha boca tremia, os dentes batiam uns contra os outros. Perdi o controle sobre as minhas atitudes." Relaxe, logo você se acostuma. O segundo será mais tranqüilo. Dá para ficar muito mais à vontade. Comparar-se a outros modelos, se achar horrível, menor, pior, nada disso! Confie no seu potencial e prepare-se para enfrentar os concorrentes. Há muita gente querendo a mesma oportunidade. Procure sobressair, mas seja natural.

TESTE PARA COMERCIAIS

Para um comercial de tevê é muito arriscado contratar um modelo por foto. Então normalmente se faz um teste de VT (videoteipe) para o produtor, o diretor e o cliente verem como o modelo se posiciona, se movimenta e fala – se necessário – diante da câmera. E se ele possui afinidade com o produto, passando credibilidade naquilo que diz ou mostra.

O termo de compromisso deverá ser preenchido antes de ser feito o teste. Se houver texto, o modelo é avisado. Quando o texto é curto, costumam avisar na hora. Durante o teste, alguém anota seu desempenho num papel. Prepare-se para o que der e vier.

Para um teste de refrigerante, os modelos precisavam dançar e beber o refrigerante na garrafa ao mesmo tempo. O guardanapo estava lá para secar a lambança de cada um. Tem gente que baba, tem gente que não. Os que babavam morriam de vergonha. Que bobagem! É normal.

Depois do teste, o diretor assiste à fita gravada e escolhe os melhores modelos para aquele trabalho, editando as melhores imagens de cada um. De uma fita com dezenas de modelos que foram testados, ficam apenas os melhores. Esses são os editados, termo comum nessa profissão. Esse filtro é como uma primeira fase do teste. As pessoas que ficam de fora nem sempre se saíram mal. O objetivo é apresentar um número reduzido de modelos para não confundir as pessoas envolvidas na escolha final. Na verdade, há muita gente envolvida na escolha do modelo, mas a decisão final fica por conta do cliente.

Depois que ele vê essa fita é que vem a aprovação para o trabalho, mas se for preciso pode haver mais de uma etapa de teste, até a aprovação final. Quando algo dá errado ou quando há muita gente boa e o cliente fica indeciso entre os editados, pode ser necessário refazer o teste.

Para as emissoras de televisão (novelas e programas de tevê), o processo é muito parecido.

TESTE PARA DESFILES

Assim como para a publicidade, os modelos de moda têm que corresponder ao estilo que o cliente (estilista, lojista, etc.) procura. Além do cliente, sempre há mais gente envolvida nessa seleção. Gente que escolhe, gente que influencia. E o produtor do desfile é uma figura importante nesse processo.

Depois do processo inicial de escolha para o teste, os modelos precisam provar que o corpo está em forma e que levam jeito na passarela. Ter que desfilar um pouco para mostrar andamento e ritmo é normal. Quando há coreografia, a coordenação é um ponto a mais. Mesmo que haja um coreógrafo para os ensaios, ele não fará milagres. Atualmente os desfiles costumam ser mais simples, com andamento normal, mas são ritmados, com música e tempo certo para acabar.

"Reservamos um dia para o casting oficial do evento, mas quem decide quem serão os modelos participantes são os estilistas, que escolhem esses modelos de acordo com o conceito da roupa. Grifes para jovens que vestem uma roupa transada escolhem modelos teens, garotinhas. Outras já trabalham com o estilo mulherão." (André Hidalgo, criador da Semana de Moda de São Paulo)

FOTO-TESTE

Ocasionalmente, faz-se teste para fotografia também. O cliente quer escolher o modelo que representa melhor determinado produto. Ou pelo menos quer ver o modelo pessoalmente antes de contratá-lo, pois tem modelo que de perto não parece aquela beldade que se vê no book. É impressionante. Um fotógrafo mandou a modelo embora do estúdio porque não era tudo aquilo que a agência havia tentado "vender" para ele. Chato levar um fora desses.

TESTE PARA TRABALHAR NO EXTERIOR

Prática comum para modelos de primeira é trabalhar uma temporada no exterior. Tem gente que vai por conta própria, com a cara e a coragem, tentar decolar na profissão. Para quem vai por meio de agência, para ficar uns meses ou para trabalho certo, é preciso fazer teste.

Os agentes brasileiros que têm acesso a agências internacionais costumam conversar com os responsáveis das novas modelos e perguntar se eles vão permitir que as meninas viajem, vão embora para outro país. Caso permitam, depois de uns meses, quando as modelos já têm material e uma postura adequada, a agência começa a introduzi-las no mercado internacional.

As tops internacionais costumam ser contratadas automaticamente para os trabalhos. Se for uma top nacional, provavelmente terá que passar por uma avaliação. No caso de new faces, que são enviados constantemente para uma temporada no exterior, geralmente a agência brasileira indica seus modelos ou faz contato com uma agência no lugar de destino. Nesse caso, o teste pode ser por foto, ou o agente do exterior vem até o Brasil para fazer a seleção pessoalmente. Os agentes do Brasil contam que mensalmente as agências estrangeiras vêm buscar modelos daqui. Da Europa e da Ásia, principalmente.

Agências do mundo todo passaram a fazer casting no Brasil, esperando encontrar outras tops como Gisele Bündchen e Raquel Zimmermann. Um agente chegou a receber num determinado mês 27 agências do exterior. Os agentes internacionais vão selecionando as modelos. Algumas meninas são escolhidas por várias agências. Depois, o agente nacional vê qual é a mais adequada para cada modelo, mais fashion ou mais comercial.

As exigências variam conforme o país de destino e o objetivo. Esse mesmo agente disse que no Japão, por exemplo, não se exige tanta altura porque o país não faz parte do roteiro fashion. Em geral, as agências estrangeiras pedem modelos que falem inglês. É difícil encontrar meninas de 14 anos no Brasil que tenham fluência no inglês, mas com a necessidade elas aprendem logo, muito rápido. Muitos modelos não sabem nada de inglês ao viajar pela primeira vez e depois aprendem a falar fluentemente o idioma.

DEPOIS DO TESTE

Que ansiedade! Que agonia ter que esperar a resposta! O resultado nem sempre sai logo. Tenha paciência. Nunca mude o visual até receber o resultado. E o pior é que a agência só liga para quem passou. Se quiser, ligue para a agência para saber, mas não exagere. Bom senso é fundamental.

OS REPROVADOS

Não passou no teste? Não desista, tente de novo. Modelos precisam de paciência e persistência, pois não dá para vencer todas.

OS APROVADOS

Às vezes surge uma insegurança, você acha que não vão te escolher, que há concorrentes melhores. De repente, escolheram você. É uma grande alegria.

OS PRIMEIROS TRABALHOS

Ser modelo de primeira viagem não é nada fácil. O início da carreira é muito difícil para a maioria, mas dá para agüentar, porque as expectativas e a vontade de vencer são enormes nessa fase. Cada conquista é uma delícia. Tudo é novidade. Tudo é excitante.

De um lado, a ansiedade, as expectativas de uma vida nova. Você tem que se adaptar a um mundo que não é o seu. A possibilidade de atingir a fama de repente, a certeza de aprender tantas coisas, a vontade de aparecer na capa da revista que você compra.

De outro lado, o seu dia-a-dia. Muitos testes, pouco trabalho. A competição é grande, e os profissionais sabem disso. Em geral, ganha-se pouco. Às vezes não sobra dinheiro para a passagem do ônibus ou para a comida. Ou não se ganha nada. Há quem aceite trabalhar de graça pela vaidade de aparecer na mídia. Mas isso é trabalho, e deve ser remunerado! A não ser que seja por uma boa causa.

Ó mundo cruel! Muitos vão te desprezar, pois dizem que modelo não pensa. Podem te dar um chá de cadeira. Uma modelo contou que ficou horas esperando ser entrevistada por um agente. Quem vem de outras cidades ainda tem de viver em apartamentos coletivos, com gente que nem sempre é bacana. Sempre há alguém disposto a desfrutar da sua ansiedade ou pronto para derrubar seu sonho.

No começo pode ser assim, mas seja persistente. Talvez você não passe por tudo isso. De qualquer modo, é bom se preparar para enfrentar altos e baixos. Não é todo cliente que vai concordar em contratar uma modelo inexperiente, porque o barato pode sair caro. Pode ser perigoso para um fotógrafo ou diretor de comerciais contratar uma new face para fazer um editorial, um catálogo ou um comercial. Se eles não tiverem a sorte de encontrar uma iniciante talentosa, pode dar tudo errado.

É preciso cumprir os horários estabelecidos. Em filmagens e sessões fotográficas, é bom não levar ninguém, para não atrapalhar o ritmo da produção. Para acompanhar menores de idade, só um responsável basta. Quanto menos gente num estúdio, melhor para todos. E mais! Só quem sabe quando o comercial vai para o ar é a agência de publicidade. Não perturbe o pessoal da produtora.

Como aprendiz, observe como os outros se comportam e mire-se em bons exemplos, pois ética e profissionalismo devem andar juntos. Tente ser melhor a cada dia.

COM QUEM MODELOS SE RELACIONAM

Modelos sempre trabalham com equipes. Um bom relacionamento ajuda na hora de trabalhar e para manter-se na carreira. Simpatia e respeito caem muito bem em qualquer situação. Veja alguns dos profissionais que estão em contato direto com modelos.

O pessoal da agência

agente/dono de agência

headbooker

booker

scouter (olheiro, caça-talentos)

O pessoal do trabalho

cabeleireiros

maquiadores

camareiras

estilistas

figurinistas

fotógrafos

produtores de elenco

produtores de moda

diretores publicitários

CUIDADOS COM A APARÊNCIA

Ainda não conheci uma profissão em que a beleza seja tão importante como na de modelo. Uma das maiores obrigações de todo modelo é manter a beleza. Para entrar e manter-se nessa profissão é necessário estar sempre em boa forma, com cabelos, pele e corpo impecavelmente bem cuidados, de preferência lindos, exuberantes.

Uma das funções de um modelo é emprestar sua beleza e sua aparência saudável para vender produtos. E beleza é sinônimo de saúde. Pele, corpo, dentes, cabelos e unhas saudáveis estão diretamente relacionados à imagem de beleza que um modelo precisa "vender".

Todo cuidado é pouco. Modelo é exemplo, e precisa estar bem o tempo inteiro. Seu objetivo é causar boa impressão. Celulite, estrias, flacidez, espinhas são problemas que modelo não pode ter. Pelo menos não deveria. Então, cuide-se.

CUIDE DA ALIMENTAÇÃO

Uma boa alimentação colabora com a saúde e a beleza. Pele, cabelos e corpo refletem o que você anda comendo. A qualidade do alimento que você ingere é muito importante, assim como a quantidade consumida. O consumo de alimentos nutritivos e saudáveis numa quantidade adequada às suas necessidades é fundamental para quem vive da beleza.

A dermatologista Adriana Vilarinho observa: "A celulite é um problema que pode ser o resultado de diversos fatores. O mais comum é o hormonal, piorando no período pré-menstrual, mas a alimentação desregrada, inadequada, também influencia. Se a pessoa ingere muito sal, o corpo retém mais água, deixando a pele com aquele aspecto da casca de laranja".

Uma alimentação balanceada só faz bem. Veja algumas dicas que valem para todo mundo:

Coma sempre:

- frutas, legumes e verduras
- cereais

Beba:

- muito líquido (água e sucos) – 2 litros por dia, no mínimo

Evite:

- doces, inclusive chocolates
- frituras
- refrigerantes não light
- sal e açúcar em excesso

CUIDE BEM DO CORPO

Corpo bonito e saudável é requisito básico para qualquer modelo. Medidas proporcionais, musculatura firme, bumbum durinho e muita saúde fazem parte dessas exigências. Quem já é assim naturalmente deve agradecer a Deus e seguir os mandamentos para continuar em forma. Quem não é assim talvez possa chegar lá, mas tem que se esforçar. E como se consegue isso? Com atividades físicas, boa alimentação e inúmeros recursos de beleza.

Exercícios – *Vamos malhar!*

Praticar esportes ou fazer qualquer tipo de exercício regularmente é uma ótima forma de conquistar um corpo perfeito, requisito fundamental para modelos. A prática de exercícios traz muitos benefícios. Além de melhorar a aparência, faz bem para a saúde física e mental.

O exercício físico combate a gordura localizada e a flacidez, deixando o corpo mais bonito, com músculos mais definidos, tonificados, e com medidas proporcionais. E ainda coloca seu organismo em forma, o que se reflete na saúde da pele e dos cabelos.

A postura também melhora com os exercícios. Uma top model não pode andar curvada. Isso é para quem tem problema de coluna. Antes de iniciar a carreira, muitas modelos já tiveram uma postura errada, até pelo fato de serem muito altas e se envergonharem disso. Os cursos de modelos costumam ensinar a postura correta, mas dependendo do caso é preciso recorrer a um professor de educação física, que poderá indicar um exercício orientado, ou mesmo sessões de fisioterapia com um profissional especializado em RPG.

Outro benefício da atividade física é o combate ao estresse, tão comum na vida de modelos muito requisitados.

Entre os fatores relacionados à celulite também está a falta de exercícios. A dermatologista Adriana Vilarinho comenta: "Mesmo magérrimas, muitas meninas têm estrias, celulite e flacidez. Se uma pessoa magra não fizer ginástica e não se alimentar direito, poderá ter um percentual de massa gorda (gordura corporal) maior que de massa magra, que inclui a camada muscular". Claro que isso vai depender da constituição de cada um, da sua alimentação e estilo de vida, mas manter uma atividade física é muito saudável.

Conforme a *personal trainer* Iva Bittencourt, não adianta se exercitar apenas uma vez por semana para obter bons resultados. Exercícios aeróbicos, como bicicleta, esteira e corrida, devem ser feitos no mínimo três vezes por semana. Para as modelos, que em geral não podem apresentar músculos muito definidos, recomenda-se fazer musculação com peso baixo e muitas repetições. Se faltar tempo, vale uma caminhada, ou quem sabe uma aula de dança. Os mais exigentes vão além e contratam um *personal trainer* para cuidar do corpo, recebendo assim um cuidado personalizado, adaptado aos seus horários e às suas necessidades.

Recursos de beleza

Nessa profissão, a feiúra é um *crime*; ter defeitos é um *absurdo*; relaxar com a aparência é um *abuso*; e gordura é *pecado*, a não ser que você seja top da confecção de números especiais. Para combater esses "horrores", vale tudo – tudo o que for saudável e seguro.

Hoje, com tantos recursos de beleza à disposição, é possível refazer uma pessoa. Põe peito, põe bunda, tira nariz, tira flacidez, disfarça a celulite, estica a ruga, suga o culote, cola a orelha, e assim quase todo mundo pode ser bonito.

Cirurgias, ácido húmico, ácido retinóico, ácido glicólico, Botox, corrente russa, cremes, crioterapia, crioeletroterapia, drenagem linfática (manual ou mecânica), drenagem cromática, eletrolipoforese, endermoterapia, fio de ouro, gomagem, implante de colágeno, isometria, lipoaspiração, lipoescultura, *lifting* facial, máscara de ferro, massagem, mesoterapia, *peeling* a *laser* e *peeling* químico, pressoterapia, próteses de silicone, raio *laser*, séruns, *sculpter*, terapia das pedras quentes, ultra-som, vibrolipossucção, uau! Essa lista não tem fim. Mas, antes de tomar qualquer atitude, pense se vale o sacrifício pela profissão e sempre procure orientação de um bom profissional. Alguns tratamentos só podem ser feitos por profissionais da área de saúde, como médicos, enfermeiros e fisioterapeutas.

Dietas, regimes e remédios

A gordura é um problema que aflige muitas pessoas. Para modelos, isso é uma tortura, pois o padrão de beleza exigido deles vai além do conceito de beleza das ruas. Para a sorte dos homens, o padrão de beleza masculino geralmente é mais natural e saudável, valorizando os músculos, o corpo definido. Mas a magreza feminina venerada pelos estilistas é difícil de ser conquistada naturalmente. E aí é que está o perigo. Às vezes, uma menina comete loucuras em busca de uma magreza idealizada e que não corresponde ao seu biótipo.

Vá com calma. Respeite o seu biótipo para não comprometer a saúde. Cuide do seu corpo dentro dos seus limites. Não seria possível fazer da Carla Perez uma Gisele Bündchen, mesmo com cirurgia plástica. E cada uma faz sucesso com o corpo que tem, cada uma com um estilo de trabalho. Esse é o caminho.

Além disso, os padrões de beleza variam demais. Você pode enlouquecer ao se deixar escravizar pelos modismos do conceito de beleza, que ora privilegiam modelos magérrimas, ao estilo Kate Moss, ora silhuetas mais cheinhas. Algumas modelos tentam seguir essas tendências para moldar-se ao padrão de beleza, fazendo dietas para engordar ou para emagrecer, dependendo da época. É mais fácil e saudável tirar proveito do seu biótipo do que tentar mudá-lo de acordo com as tendências. Mulheres como Daniella Cicarelli, Vera Fischer e Luma de Oliveira alcançaram o sucesso com curvas e formas distantes do conceito de magreza imposto para modelos fashion.

Antes de fazer qualquer dieta, por mais simples que seja, procure sempre orientação médica, especialmente de nutricionistas ou nutrólogos. Se você precisar emagrecer, nada de sair tomando remédios ou fazer dietas "milagrosas" por conta própria. Aliás, as dietas vêm sendo substituídas pela reeducação alimentar ou plano alimentar, um novo conceito de emagrecimento e manutenção de um corpo saudável que vale para toda a vida. Isso significa comer com saúde, sem exagerar, sem passar fome ou deixar para trás festas e restaurantes. Só quando a reeducação alimentar não funciona para a pessoa é que o médico recomenda uma dieta ou remédio.

"Mesmo sendo magra, precisei diminuir 5 cm de abdômen para entrar na agência onde trabalhei. Uma nutricionista traçou uma dieta para que eu alcançasse esse resultado." (Patrícia Libardi, atriz e ex-modelo)

O ideal é manter o peso sob controle, evitando o efeito sanfona, engorda/emagrece, que pode causar estrias, além de um congelamento na sua agência. Se você engordar, comunique à agência antes que ela te mande para um teste ou trabalho, confiando no seu composite.

Os suplementos vitamínicos, como ferro, zinco, produtos com cálcio, fibras, vitamina C e complexo B, vêm sendo muito utilizados. Mas, assim como os remédios de emagrecimento, só os utilize sob orientação médica. O nutrólogo Mauro Fisberg constatou que muitas modelos utilizam medicamentos para emagrecer que elas vêem nos anúncios. E isso é totalmente inadequado.

CUIDE BEM DOS CABELOS

Modelos devem ter cabelos bem tratados (macios e brilhantes), saudáveis e bem cortados. Bons produtos e cuidados diários são fundamentais.

O corte deve ser atual, combinando com seu estilo e adequado ao seu tipo de rosto. Cabelos curtos ou compridos? Desalinhados ou certinhos? As agências costumam dar uma orientação em relação a isso. Alguns homens raspam a cabeça e fazem a linha exótica. Um modelo careca, natural ou não, também pode conseguir trabalhos, mas já vai depender do perfil exigido para o trabalho.

Para testes e trabalhos, no caso das mulheres, cabelos sempre limpos e com uma escova natural são o suficiente. Nada de penteados mirabolantes, a não ser que peçam. Essa dica tem uma razão. Além de te pentear, o cabeleireiro teria que te despentear primeiro. Imagine o trabalho e a perda de tempo.

Utilize produtos bons e adequados às suas necessidades. Existem fórmulas especiais para cada tipo de cabelo e situação: tingidos, encaracolados, crespos, frágeis, normais, secos, etc.; para exposição ao sol, para piscina, praia, vento, etc. Para completar, banhos de creme, silicone, pomadas, filtro solar e muito mais recursos para deixar seus cabelos lindos. Use e abuse daquilo que foi feito para você.

Para os negros, por exemplo, foram desenvolvidos muitos produtos especiais para os cabelos, além das técnicas para deixá-los mais bonitos. Os tratamentos para cabelos e opções de penteado são variadíssimos. Apliques de fio sintético ou natural, alisamento, permanente afro, relaxamento, trancinhas finas ou grossas, grudadas ou soltas, costuradas ou no estilo rastafári, tudo para melhorar o visual.

No caso das crianças, quanto mais natural melhor. Basta um cabelo bem tratado, bem cortado, limpo e penteado. Tem mãe que clareia os cabelos da filhinha, como se ela fosse uma adulta. Não é recomendável passar água oxigenada numa cabecinha de 6 anos. Agentes infantis chegam a pedir que a mãe tire a mecha ou coloque o cabelo na cor natural se o cabelo da criança estiver tingido. O penteado das meninas? "Basta um rabo-de-cavalo, fica uma gracinha", recomenda a agente Cida Banin.

A não ser que o trabalho exija, pode-se fazer uma produção exagerada, incluindo cabelos e maquiagem. Mas deixe isso por conta dos cabeleireiros e maquiadores. Eles sabem o que estão fazendo.

Em festas, sinta-se à vontade para ousar. Modelos têm toda liberdade para fazer a linha fashion. Se for moda e combinar com seu estilo, use trancinhas, grampinhos, tiaras, etc.

Problemas

Entre os problemas com cabelos que afligem os modelos estão a queda e os piolhos. Você já imaginou uma modelo linda, de cabelos brilhantes, com piolho? Pode parecer inacreditável, mas acontece. Ao saber que uma modelo estava cheia de piolhos, um fotógrafo mandou-a embora. Seria até anti-higiênico o cabeleireiro usar sua escova para penteá-la.

A queda de cabelos é um problema típico dos homens, mas também afeta as mulheres. O cabelo começa a cair e a pessoa entra em pânico. Segundo a dermatologista Adriana Vilarinho, isso pode ter várias causas, e para cada uma existe uma solução. "Estresse, ansiedade, raiz oleosa, dermatite seborréica (um tipo de caspa) e alguns alimentos (condimentos, frituras, etc.) podem fazer os cabelos caírem. Outra causa pode ser a lesão dos fios pela ação excessiva de tintura, reflexo ou descoloração, que deixa o cabelo poroso. A água oxigenada quebra a cutícula do cabelo. O cabelo descolorido exige tratamento intenso, como banhos de hidratação com bons produtos. Se deixar de ser tratado, em pouco tempo fica estragado, parecendo palha. A solução pode ser cortar o cabelo, mas, para as modelos que usam cabelo longo, a hidratação é uma boa saída. Também dá para usar medicamento via oral para nutrir o cabelo e fazê-lo crescer."

CUIDE BEM DA PELE

Pele de seda, macia e gostosa. Nenhuma estria, nenhuma cicatriz, nenhum arranhão. Não é sonho, é pele de modelo. Para quem vive da beleza, a pele é um cartão de visitas e precisa estar perfeita. É fundamental para qualquer modelo ter a pele bem tratada, tanto a do rosto quanto a do corpo. Essa perfeição depende de cuidados adequados, assunto em que dermatologistas e esteticistas são autoridade.

Entre os segredos para ter uma pele bonita e saudável estão a limpeza e a hidratação.

A limpeza é importante para eliminar resíduos (poeira, poluição, etc.).

- Lave o rosto de manhã e à noite, no mínimo, de preferência com um sabonete neutro. Além disso, mantenha um tratamento para o seu tipo de pele (seca, mista ou oleosa).
- Sempre limpe a pele antes de dormir. Se estiver com maquiagem, retire-a. Há produtos específicos para isso. É terrível tirar a maquiagem naquelas noites em que se chega quase dormindo, mas é melhor fazer um esforço.
- O vapor d'água abre os poros, facilitando a penetração de produtos no tratamento, além de ajudar a eliminação de espinhas e cravos.
- Para fazer uma limpeza profunda, os esfoliantes, que eliminam o excesso de impurezas, são recomendados.
- Antes de se maquiar, prepare a pele, limpando e tonificando-a.

A hidratação pode ser feita assim:

- Beba bastante água, é bom para todo o corpo: oito copos por dia ou 2 litros é o ideal. Essa quantidade é capaz até de curar um problema de pele.
- Cremes de boa qualidade, e de acordo com seu tipo de pele. Hoje, existe creme para tudo: rosto, antiestrias, anticelulite, contra acne, preventivo de rugas, etc. Preste atenção, pois há muito fabricante fajuto, que promete milagres que não pode cumprir.
- Banho de imersão enriquecido com produtos – como sais de banho – ajuda.

Modelos precisam ter uma pele bonita, saudável, sem manchas, espinhas, descamações, etc. A maquiagem fica mais uniforme num rosto assim. Pele negra, morena ou branca, não importa, tem que ser bela. A pele branca já teve que ser branquíssima, no entanto a pele bronzeada ganhou permissão no mundo fashion, mas sem exageros. Em alguns casos, como fotografia de uma linha de maiôs, a modelo deve estar bronzeada. A modelo não pode é se limitar a vestir determinadas roupas. A marca de biquíni aparecendo começou a ser valorizada nas dançarinas da virada do milênio, mas no mundo das modelos é completamente desaprovada, salvo algumas raras exceções. Fica feio a modelo fotografar com um biquíni deixando aparecer a marca de outro. Ou desfilar com um vestido decotado deixando aparecer a marca da alça do maiô.

O sol é importante para o organismo, mas sem exagero e dentro dos horários apropriados. De preferência até as 10 horas e após as 16 horas. Evite a exposição ao sol em horários inadequados. Uma pele exposta constantemente ao sol envelhece mais rápido. Um bronzeamento exagerado leva ao fotoenvelhecimento cutâneo, que se caracteriza por uma aparência desagradável, rugas e manchas. E ainda há o perigo de contrair câncer de pele. Portanto, para proteger a pele do sol, deve-se usar um filtro solar diariamente ou um creme noturno. O filtro solar deve ser usado até nos pés e nas mãos, principalmente pelos modelos de detalhe. Na praia, chapéus, bonés, camisetas e barracas de algodão ou lona também ajudam.

É necessário tomar cuidado, pois os efeitos do sol aparecem mais tarde. Todo mundo acha bonito uma pele jovem bronzeada, mas com o passar do tempo essa pele vai exibir os efeitos dos raios nocivos à saúde. Após os 40 anos é que começam a aparecer manchas nas mãos, no rosto, lesões corporais, cada vez mais precoces.

O bronzeamento artificial, muito utilizado atualmente, passou a ser pesquisado e discutido por dermatologistas. Em geral, essa prática não é aconselhada pelos especialistas, que estudam cada vez mais para descobrir os reais efeitos dessa mania de dourar a pele. A dermatologista Adriana Vilarinho explica:

"O bronzeamento artificial causa os mesmos danos que o sol em excesso. Altera a estrutura celular, provocando envelhecimento, rompendo fibras de colágeno, fazendo surgir ruguinhas e manchas na pele escura ou clara. Chega a causar câncer de pele. Em alguns casos, ele é indicado. Para algumas doenças, por exemplo, indica-se o bronzeamento artificial aliado ao tratamento, mas com bom senso, critério e tempo certo para uso". Teoricamente, uma pessoa precisaria apresentar uma receita médica para fazer bronzeamento artificial, mas nem todos levam isso a sério. Pelo contrário, exageram na dose. Se eventualmente surgir um trabalho que exija de você um bronzeamento, pense seriamente no assunto e decida o que fazer.

A pele também pode ser prejudicada por outros motivos. Conforme a dra. Vilarinho, a gravidez pode deixar manchas. Também ocorre pigmentação por uso precoce de anticoncepcional.

Para manter uma pele jovem por mais tempo, mantenha distância do cigarro e evite bebida alcoólica. Para evitar os famosos pés-de-galinha ao redor dos olhos, use óculos escuros de boa qualidade.

> Truque de modelo – Nas fotos de biquíni, use um creme para dar um certo brilho nas pernas. (Dra. Adriana Vilarinho, dermatologista)

Problemas mais comuns

Acne, espinhas e estrias são problemas que aterrorizam muitas modelos lindas e magrinhas. Conforme a dermatologista Adriana Vilarinho, esses problemas de pele são comuns nas modelos. A maioria delas começa a trabalhar no período da adolescência, em que a acne é um dos distúrbios mais comuns. "Elas costumam associar a acne à maquiagem, à esponja do maquiador ou à maquiagem de má qualidade. Maquiagem não estraga a pele, desde que seja adequadamente limpa. Os modelos masculinos também sofrem com o problema de acne. Às vezes, a pele também tem uma porosidade, bolinhas grossas no corpo todo, parecendo uma lixa."

"Com o crescimento muito rápido das meninas muito altas e magras e pela falta de hidratação, é normal que a pele venha a ter estrias", observa ela.

Para tudo isso há solução. Os dermatologistas existem para amenizar ou eliminar imperfeições ou curar doenças de pele. Deve-se recorrer a eles diante de qualquer problema nesse sentido. Além disso, medicamentos e recursos estéticos é o que não falta para ajudar na busca da beleza e da saúde. Cada vez mais preocupados com a aparência, os modelos masculinos também recorrem aos tratamentos.

> Conselho – Evite apresentar-se com espinhas em dia de trabalho e de teste. Apesar dos truques de maquiagem, isso pode comprometer a sua imagem como profissional. Se o problema for muito visível, é bom avisar a agência. Nada melhor que uma boa conversa e uma dose de honestidade. Para alguns tipos de trabalho, como fotos de close, o resultado pode ser prejudicado. Em alguns casos, é melhor não fazer o trabalho.

Algumas imperfeições são discutíveis. As sardas são manchas perdoáveis. E sabe aquela pinta que muita gente acha um charme? Pois muitos modelos tiram suas pintinhas para melhorar o perfil estético numa fotografia. Mas não é uma regra. Basta lembrar a famosa pinta da americana Cindy Crawford.

CUIDE BEM DOS PÉS E DAS MÃOS

Pés de modelo têm que estar lindos. Principalmente se você é modelo de pés. Se o formato não ajuda, pelo menos que sejam muito bem tratados. Pés macios, unhas limpas. Massagens, acupuntura, banho de parafina, há muitos recursos. Nada de rachaduras nos calcanhares, calosidade, joanetes, alergias ou micose (pés descamando).

Para as mãos, valem os mesmos conselhos. Mãos macias, lisinhas, sem manchas, unhas lindas. Impecáveis sempre, maltratadas jamais. Veias salientes, flacidez, ressecamento e manchas não combinam com modelos. Geralmente expostas ao sol, ao vento e a outros agentes agressores (produtos de limpeza, etc.), as mãos envelhecem mais rápido que outras partes do corpo, por isso são elas que primeiro revelam a sua idade. Substâncias químicas como as contidas em detergentes e sabonetes tiram a proteção natural da pele. Os especialistas dizem que até lavar as mãos demais ajuda a envelhecê-las. Mas higiene é fundamental.

Por tudo isso, é importante cuidar bem delas, usando filtro solar diariamente, hidratando-as, fazendo esfoliação, etc. Os sabonetes ricos em substâncias hidratantes e oleosas são os mais indicados. A hidratação das mãos ajuda a mantê-las bonitas, mas o hidratante deve ser indicado por um dermatologista, especialmente se você é modelo de mão.

As modelos de mão geralmente andam com todos os aparatos dentro da bolsa: base, esmalte, lixa, alicate, creme, etc. Prontas para o que der e vier.

> Conselho – Não se devem comer frutas como limão, laranja, figo e uva sob o sol. Elas têm uma substância que provoca manchas. Para quem já tem manchas, o *peeling* e a crioterapia são recursos muito utilizados.

As unhas

As modelos precisam estar sempre de unhas feitas – das mãos e dos pés. Para um desfile de jóias, por exemplo, é preciso ter unhas perfeitas para mostrar os brincos, o anel, o colar, etc. E modelo que faz detalhe de mãos ou de pés precisa de cuidados dobrados com as unhas. Roê-las, jamais!

No caso das modelos, as unhas também acompanham a moda quanto ao comprimento e ao tom do esmalte, que muda de acordo com a estação. As cores discretas são mais adequadas para ir aos testes.

Quanto à cutícula, fica uma dúvida: tirar ou não tirar? Os dermatologistas dizem para não tirar, pois é uma proteção que evita a entrada de bactérias e fungos. Mas fica difícil tomar essa decisão quando suas unhas são o foco das atenções. De todo modo, tenha cuidado! Imagine ter que desfilar com uma unha encravada ou tirar foto do pé com uma unha infeccionada. Os podólogos dão um jeito nas unhas encravadas, nas calosidades.

As unhas devem ser saudáveis para estarem bonitas. Além de cuidar da pele e dos cabelos, os dermatologistas cuidam das unhas. Se elas estão fracas, amareladas, deformadas ou escurecidas, por exemplo, recorra a esses profissionais. E, pela profissão, fique longe do cigarro! Quem fuma pode ficar com unhas e dedos amarelados.

CUIDE BEM DOS DENTES

Lembra daquele sorriso dos comerciais de creme dental? Seus dentes são assim? Branquinhos, certinhos e bem cuidados? Parabéns! Do contrário, não fique triste, pois você pode conseguir isso com a ajuda de um bom profissional.

Para começar, a profilaxia é fundamental – aquele cuidado diário, muito chato e básico, como escovar os dentes, passar fio dental, evitar doces, etc. Modelo não combina com cárie. Ir ao dentista regularmente também é importante, nem que seja para fazer uma limpeza anual. O tratamento tradicional é imprescindível: limpeza, manutenção, tratamento de cáries, uso de aparelhos (que modelo não pode usar nos trabalhos).

Mas nem sempre dentes sadios são bonitos. Aí entram os dentistas da estética, que conseguem transformar os sorrisos mais assustadores em sorrisos dignos de um comercial de creme dental. Embora causem polêmica entre os dentistas tradicionais, eles são responsáveis por oferecer a quem não tinha dentes bonitos por natureza a chance de seguir a carreira de modelo.

Problemas como dentes separados (espaçados), tortos, encavalados (apinhados), desalinhados ou de tamanhos diferentes, amarelados, escuros e ausência de dentes são resolvidos por esses profissionais, que se utilizam dos modernos recursos da odontologia para fabricar beleza dentro da boca.

Os recursos utilizados são vários. Entre eles estão o clareamento, a colocação de lâminas de porcelana, de resina e a plástica de gengiva. Mas, antes de dar qualquer passo, o profissional avalia a estética facial, considerando as linhas de simetria do rosto de cada cliente, traçando paralelo horizontal e vertical e definindo a melhor solução para cada caso – ou seja, o sorriso deve ser transformado de acordo com os traços faciais de cada pessoa.

Segundo os especialistas, esses tratamentos nunca são prejudiciais à saúde. Porém, é bom tomar cuidado com o profissional que você escolhe. Há clínicas em que todos os tratamentos são aprovados pela American Dental Association, outras, não. Além disso, a qualidade dos produtos disponíveis no mercado varia, e nem todos são aprovados pela associação. Para ter bom resultado, esse tratamento deve ser personalizado, com a escolha, por exemplo, de um protético que faça artesanalmente as próteses de cerâmica.

O ideal é que o modelo comece bem a carreira. Algumas agências já recomendam a seus new faces o trabalho de estética dentária, mas há quem faça o tratamento depois de um tempo de carreira. O resultado aparece na conquista de trabalhos. Os drs. Marcelo Kyrillos e Marcelo Augusto Moreira, dentistas especializados em estética, que passaram a atender modelos de agências como a Elite, Mega e Marilyn, citam vários casos de sucesso.

Um deles foi o da modelo que não estava acostumada a sorrir. "Dentes escuros e tortos eram responsáveis por sua aparência sisuda nas fotos do composite. Por trás da falsa antipatia morava um total constrangimento. Depois de um tratamento estético, ela trocou as fotos do composite e conseguiu inúmeros trabalhos."

"Outro modelo tinha uma ausência dentária, restaurações manchadas aparentes, e dentes amarelados. Depois de um clareamento dentário, da troca de restaurações e de uma prótese fixa de porcelana, ele recebeu o prêmio Abit Fashion de melhor modelo masculino do ano."

"Clareamento, lâmina de porcelana e uma plástica de gengiva foram recursos que mudaram o sorriso de Tatiane Machado, uma modelo de beleza que se tornou modelo para a área de odontologia." Seu caso rendeu aos drs. Marcelo Kyrillos e Marcelo Augusto Moreira o primeiro lugar na premiação do II Congresso Internacional de Odontologia Estética da APCD.

Sorriso de criança

O dentinho é um detalhe importante para os modelos mirins. Na fase da troca de dentes, a criança geralmente pára de trabalhar. O mercado costuma exigir crianças com dentes perfeitos, e sem nenhum faltando. Para alguns produtos, nada impede que a criança esteja desdentada; para outros, como alimentos, a exigência é maior. Pensando nisso, as mães mais prevenidas passaram a encomendar ao dentista uma espécie de prótese, com dentinhos falsos, que é colocada sempre que há necessidade, para que a criança não perca trabalhos nessa fase. Criança com aparelho fixo raramente trabalha. Até já tentaram um aparelho meio transparente, mas não dá certo quando é preciso focalizar bem o rosto da criança.

Como publicitária, não concordo totalmente com essa posição. Toda criança, em determinada fase, fica sem os dentes da frente. É natural, não é um defeito. É claro que se os dentes estiverem tortos fica muito feio, mas, se a criança possui os dentes perfeitos e apenas perdeu o dente de leite, ela pode conquistar o público com sua graça e render bem numa campanha.

OUTROS CUIDADOS

Preste atenção nas tendências e mantenha um look atualizado.

- Sobrancelhas – Muita gente se esquece desse detalhe tão importante. Retirar os pelinhos em excesso deixa o olhar mais expressivo, atraente, e as pálpebras mais limpas. Na primeira vez, não tire a sobrancelha sozinha. Um profissional saberá fazer isso muito bem, e conhece o que está na moda. Hoje a sobrancelha natural pode ser *in*, e amanhã?

- Maquiagem – Na maioria dos trabalhos a modelo deve chegar de cara lavada para ser maquiada lá. Muitas usam apenas um creme para o rosto antes de uma sessão de fotos. O ideal é um batom atual e no máximo um rímel transparente e *gloss*. Quanto menos maquiagem, melhor. Se te pedirem para ir maquiada, o natural vence o artificial. Nada de exageros ou excentricidades, a não ser que o trabalho exija. De qualquer forma, é bom ter sempre na bolsa o arsenal completo: batom, *blush*, pó, base, corretivo, delineador, rímel, sombra, entre outras coisas. Em festas dá para ousar, mas cuidado para não cair no ridículo. A maquiagem de passarela costuma ser bem teatral, e não convém copiá-la a qualquer hora. Em qualquer situação é importante seguir a tendência no que se refere a cores e técnicas de maquiagem.

- Depilação – Com cera, cremes depilatórios ou a *laser*, você escolhe. Nessa profissão não se pode ter pêlos em excesso. As mulheres precisam estar sempre prontas para vestir um biquíni, usar uma saia, etc. Tem modelo que só fotografa corpo, fazendo foto de biquíni ou lingerie. Dependendo do tipo de foto, o homem não pode ter pêlos no corpo. Por isso, muitos modelos aderiram à depilação. Eles vêm adotando esse visual, seja para barba, bigode ou para o corpo todo. A depilação com gilete causa foliculite, aquelas inflamações em forma de bolinhas de pus. A depilação definitiva, feita com *laser*, é uma solução para quem tem problemas com pêlos encravados, principalmente para depilar áreas extensas.

- **Evite olheiras** – Durma e acorde cedo, de preferência. Ou durma o suficiente: pelo menos oito horas por noite. Para amenizar as olheiras, faça compressas de chá de camomila gelado. Para disfarçá-las, use corretivo.

- **Mantenha uma boa postura** – Uma postura bonita é sinal de elegância, mas também de saúde. Já viu modelo reclamar de problema de coluna?

Crie bons hábitos

Nada melhor que um bom sono. Ele é responsável pela saúde da sua pele, dos seus cabelos, da sua mente. Em conseqüência, mais disposição e beleza.

Abandone maus hábitos

Se você fuma, abandone o vício. Cigarro não combina com modelo, que vende saúde e beleza. Além de todos os problemas de saúde que o cigarro pode causar, o vício acaba com a sua aparência. Acelera o envelhecimento, é um aliado da celulite, escurece os lábios, causa manchas na pele, tingindo-a com uma cor pardacenta, e muito mais. Para se ter uma idéia, segundo especialistas/dermatologistas, o sol em excesso é a causa número um das rugas precoces. O segundo maior causador é o vício do cigarro. A nicotina e outros ingredientes do cigarro impedem a oxigenação necessária das células, desencadeando o processo de radicais livres e o conseqüente envelhecimento.

A pele mal nutrida fica flácida e pode se tornar seca ou oleosa, dependendo da tendência de cada pessoa. E não adianta pensar na cirurgia plástica como remédio, porque as cirurgias em fumantes são mais complicadas, principalmente as que dependem de boa circulação.

COM QUE ROUPA VOCÊ VAI?

É muito importante o modelo saber se vestir. Assim como o advogado usa terno para obter respeito, o modelo deve se vestir bem para fazer o seu marketing pessoal. As pessoas em geral esperam comportamentos e atitudes de um modelo, o profissional que representa a beleza. Seja numa entrevista para a tevê, seja em festas, faça jus ao seu sucesso. Para as festas, faça uma bela produção e apareça.

Além de impressionar produtores, diretores e quem mais for necessário, há trabalhos e testes em que o modelo usa a própria roupa, que precisa estar adequada às exigências feitas pelo produtor. Num teste ou num trabalho para um comercial de tevê, sem figurinista, por exemplo, seu produtor pode pedir que você leve uma roupa esporte fino. E aí? Usar o quê, então? Para não ter dúvida, é necessário saber como se vestir.

Independentemente do seu estilo, existem regras sociais no que se refere a roupa. Cada ambiente, cada horário pedem trajes diferentes. Existe um tipo de roupa adequada a cada situação. E os modelos devem ter o guarda-roupa abastecido com essas opções. Roupa para trabalhar, para ir a casamento, para ir à praia, enfim, para todas as situações. Você deve saber que não se deve usar camiseta de malha num casamento, nem minissaia vermelha num velório. São símbolos de respeito pelas outras pessoas. Isso se aprende nos cursos, mas sua agência pode te orientar sempre que você pedir. É melhor evitar um vexame do que vivenciá-lo.

Diferentemente dos profissionais burocráticos, a discrição não é uma exigência nessa área. Pelo contrário, pode ser bom quebrar regras. Um toque de ousadia e extravagância pode te destacar das pessoas comuns e te vender melhor profissionalmente. Como você não dirige uma multinacional, nem trabalha num hospital, não siga totalmente as regras de como se vestir para o trabalho: proibido barriga de fora, decotes, roupa estampada, roupa justa, use cores discretas, etc. Como modelo, use roupas que valorizem seu corpo, mas mantenha distância da vulgaridade. Uma modelo magrinha, por exemplo, pode usar roupas justas, que marquem o corpo, mas com bom senso e bom gosto.

Claro que a roupa que você veste não é tudo na sua carreira. Uma modelo não vai ser descartada de um teste de tevê porque chegou com uma camiseta, um jeans e um tênis velho. Mas vai impressionar se chegar maravilhosamente bem vestida. Se a sua preocupação é o conforto, existem roupas muito transadas e confortáveis. Não estou falando de luxo, mas de bom gosto, elegância e estilo.

Aliás, estilo é uma palavra muito comentada atualmente. Há livros que falam somente disso. Não sou exatamente uma *expert* no assunto, mas você precisa saber escolher o que combina com você sem se deixar influenciar pela moda. A moda é passageira, o estilo não. O segredo é saber extrair da moda aquilo que te valoriza. Para exemplificar, se está na moda minissaia, fica muito melhor uma senhora com peso excessivo continuar usando um vestido largo. É preciso saber o que fica bem em você. A facilidade para as modelos é que quase tudo fica bem nelas. A propósito, é por isso que elas são modelos.

De qualquer maneira, é bom saber combinar acessórios (bolsas, sapatos, jóias, relógios, etc.). Por falar em sapatos, usar salto muito alto para disfarçar os centímetros que faltam nem sempre é uma boa estratégia.

Look de modelo

Clássico, underground, natural, clean, elegante, são vários os estilos. Qual é o seu?

Os modelos masculinos podem fazer o estilo menininho, carinha de anjo, moleque, andrógino, homem sério, *sexy*, fashion, exótico, etc. As modelos também se diferenciam assim, assumindo uma identidade. O estilo de cada um deve corresponder à própria personalidade. E cada um deve manter o seu estilo, que inclui o jeito de se vestir, o corte de cabelo e a atitude. Contanto que combine com você e não prejudique sua carreira, valem calças largas, boinas, lencinhos na cabeça, tatuagens, *piercings*, etc. Por outro lado, o modelo deve adequar-se ao que se pede no teste.

Até há pouco tempo, modelo com tatuagem era algo fora do normal. As coisas mudaram, e no fim dos anos 1990 as tatuagens, permanentes ou não, cada vez mais estavam presentes no universo da moda. Entramos no terceiro milênio com beldades tatuadas como Mariana Weickert e Marina Dias, provando que as regras podem ser quebradas. Os modelos passavam a exibir essa espécie de arte que se aplica na pele. A própria Gisele Bündchen fez tatuagem, colocou um *piercing* no umbigo e continuou fazendo muito sucesso.

Mesmo assim, a tatuagem pode atrapalhar a carreira de um modelo, limitando seu trabalho, mas isso depende do seu tamanho e da parte do corpo onde foi feita. Uma tatuagem pequena num lugar discreto pode ser disfarçada, mas imagine-se com um dragão no braço fazendo um desfile de alta-costura. Não é todo cliente que vai gostar. Tathiana Mancini cobriu as costas com um dragão e fez desfiles, mas ela virou apresentadora de tevê. Nesse caso, já não é preciso se preocupar tanto com o dragão.

Atualmente, existem recursos para eliminar tatuagens, como o *laser*, mas nem sempre se obtém um resultado satisfatório. Antes de fazer uma, é melhor pensar duas vezes.

O *piercing* também ganhou espaço nas passarelas, mas não é todo trabalho que permite. Tudo bem, quem desistir pode tirar.

Look infantil

A criança não precisa de produção, mas de saúde e higiene. Quanto mais natural, melhor. A beleza infantil é básica: uma pele bonita e aveludada, dentinhos brancos, cabelos sedosos e penteados, unhas cortadas, toda cheirosa.

Criança tem que parecer criança. A beleza está na sua pureza. Criança não tem que ser sensual. Fica vulgar, horroroso! Menina tem que parecer menina, não mulher. Nada de vestir a menina toda de preto, pôr salto, passar esmalte e batom. Quem disse que isso é bonito? É forçado, e os bons profissionais não gostam.

CUIDE DA MENTE

O equilíbrio emocional é importante para todas as pessoas. Para um modelo, ajuda a enfrentar as rejeições, pressões e outros problemas característicos da profissão. Aguardar a resposta de um teste, uma filmagem demorada, um cachê que atrasou. Analisar uma nova proposta, assinar contratos, viajar, morar longe da família. Situações que fazem parte do dia-a-dia de um modelo podem ser mais bem resolvidas se o lado psicológico estiver bem.

O estresse acaba com a nossa saúde, além de ser uma das causas da celulite. Tente resolver os seus problemas da melhor maneira. Tudo se torna mais fácil quando há calma.

Para ter esse equilíbrio, faça o que puder. Psicólogos, exercícios físicos e técnicas de relaxamento ajudam bastante. Mas, obrigatoriamente, divirta-se, relaxe e seja feliz.

Absurdos e exageros em busca da beleza

A obsessão pela beleza não é saudável. Muitas pessoas cometem loucuras em busca da perfeição.

A modelo carioca Rosane Braga sonhava com uma cinturinha de pilão, uns centímetros a mais de altura e um nariz mais afilado. Se na altura de 1,65 m não deu para mexer, no resto ela fez o que pôde. Depois de uma lipoaspiração, uma lipoescultura e uma rinoplastia, ela radicalizou: retirou as duas costelas inferiores, deixando onze de cada lado, para afinar mais a cintura. Tudo para ficar ao estilo Barbie.

Com intenções parecidas, a Miss Rio Grande do Sul de 2000, Juliana Dorneles Borges, com apenas 22 anos, declarou ter feito várias cirurgias plásticas, apontadas pela imprensa como dezenove.

E ao final do século XX, aproveitando os avanços da tecnologia da perfeição, foi lançado um serviço polêmico: venda de óvulos de modelos para quem desejava ter lindos bebês. Haja modernidade!

PROFISSIONALISMO

Mesmo uma profissão divertida deve ser encarada com seriedade. Quem faz da atividade de modelo uma profissão, e não um passatempo para satisfazer ao ego, deve agir com profissionalismo, com responsabilidade. Seu comportamento reflete seu pensamento. Nenhum diretor vai querer trabalhar com um modelo que faz disso um divertido passatempo. Principalmente se o modelo quer se divertir na hora errada. Em compromissos profissionais, aja com profissionalismo.

"Depois de vinte anos de carreira, as pessoas continuaram me chamando não só por eu estar com as mesmas medidas, mas por causa do profissionalismo." (Misáe)

HORÁRIOS

A pontualidade é um hábito que todo modelo deve ter. Chegar atrasado a um compromisso pode ser motivo para colocar um modelo fora do mercado. Não chegar é um bom motivo para que isso aconteça. Estar doente é aceitável, mas o desinteresse, a falta de responsabilidade ou a preguiça, não! Às vezes o diretor atrasa a filmagem, o fotógrafo não chega, mas não importa. Esteja lá no horário combinado. Não é tão difícil substituir um modelo por outro. E, se você conseguiu o trabalho por meio de uma agência, lembre que ela está apostando em você.

DISCIPLINA

Cuidados com a pele, com o corpo e os cabelos são obrigações para modelos profissionais. Comer bem e dormir bem são alguns dos hábitos necessários para quem leva essa vida. Não deixe que se decepcionem com você. Em dia de teste ou trabalho, algumas regras são básicas, como:

- Nada de marcas de bronzeamento, pele avermelhada ou descamando. Isso compromete qualquer trabalho. Então, evite tomar sol e sempre use filtro solar.

- Nada de marcas de relógio ou de roupa íntima. Escolha roupas que não marquem ou mais folgadas nesse dia, e tire os acessórios (relógio, anéis, etc.) com antecedência.

- Nada de olheiras e aparência cansada. Durma bem na véspera, de preferência cedo.

- Nada de marcas roxas, arranhões. Os cuidados devem ser redobrados quando o dia se aproxima. Tudo bem, os acidentes são imprevisíveis, mas não vá lutar jiu-jitsu um dia antes do compromisso.

- Nada de espinhas no rosto. Faça de tudo para evitá-las, porque o maquiador nem sempre consegue disfarçar esse problema.

Modelos podem se divertir, mas têm que se cuidar profissionalmente. Diante de um ritmo de trabalho muito intenso, é preciso ter disciplina. Se a modelo acordar cedo e dormir muito tarde, isso vai se refletir no dia seguinte. Nas temporadas das coleções, por exemplo, os dias são agitados. Depois de um longo dia de trabalho resta muito cansaço. Você ainda teria vontade de sair para dançar?

Uma modelo não deve ficar numa festa por muitas horas, para demonstrar sempre vitalidade e beleza. Afinal, ela é um cartão de visitas de si mesma. Além disso, não pode sair cansada porque precisa ter energia para trabalhar no dia seguinte.

Depois de ficar horas dançando e bebendo, se no outro dia tiver trabalho, ela não estará preparada.

Quando as modelos brasileiras começaram a perder espaço para as belgas no mercado internacional, muitos agentes atribuíram o fato à falta de disciplina delas.

COMPORTAMENTO E ATITUDES

Bons modelos precisam agir de forma profissional. Não é porque essa profissão não é burocrática que você pode fazer o que quiser a qualquer hora. Durante o trabalho, siga estas dicas:

- Chegue com antecedência ao local determinado pelo produtor: quinze minutos é o suficiente. Você pode até chegar na hora exata, mas a equipe de trabalho começa a ficar estressada, achando que ocorreu algum problema, e isso não é bom. Em alguns tipos de trabalho, é bom chegar mais cedo ainda. Antes de deixar as passarelas, Misáe dizia: "Eu chego no local do desfile, verifico as minhas roupas e os meus sapatos, se tudo cabe e está de acordo".

- Evite levar amigos, parentes ou namorado; isso só é permitido e bem-visto se você não tem idade para ir só; mas, em determinadas situações não muito seguras, é melhor levar alguém com você, sem medo de ver uma cara feia.

- Não ande descalça no camarim ou no estúdio, para não sujar os pés; em desfiles mais organizados, colocam folhas de papel para proteger os pés da sujeira.

- Não mexa nos cabelos ou na maquiagem depois de prontos.

- Se possível, use desodorante antitranspirante e sem cheiro, para que a roupa não fique com seu perfume. E não use perfumes fortes.

- Se surgirem problemas contratuais, tente resolver da melhor maneira possível, sem criar um clima desagradável.

- Não fique fazendo muitas perguntas à equipe de trabalho. Quem tem agência deve tirar todas as dúvidas possíveis com ela, que é a intermediária entre o modelo e o cliente. No caso das crianças, o responsável deve tomar esse cuidado. Aliás, as mamães têm que se controlar. Algumas querem interferir no trabalho da equipe; outras querem ficar o dia todo falando das proezas do filhinho para quem está extremamente ocupado. É bom lembrar que todos estão ali para realizar um trabalho, e não para ficar ouvindo histórias. Tudo isso acaba criando um clima desagradável, e a criança pode até ser prejudicada pelo comportamento da mãe.

- Evite mascar chicletes na hora errada, para não levar um fora de alguém, principalmente na hora de filmar.

- Tenha cuidado com a roupa que vestem em você e outras coisas. Quando o modelo não se importa com o que não é seu é um problema.

- Em trabalhos nos quais você precisa se produzir sozinha, siga as orientações do produtor no que se refere a roupa, cabelo e maquiagem. Ou use o bom senso e bom gosto.

"Toda manequim tem que saber fazer cabelo e maquiagem. Alguns desfiles têm cabeleireiro e maquiador, mas, quando não, a manequim tem que se produzir sozinha. E mudar o cabelo de uma roupa para outra, colocar um aplique, uma peruca. Se eu tivesse que prender o cabelo na última roupa, na hora eu fazia um penteado. Também sempre levei os meus sapatos, porque os da produção raramente davam certo. A manequim deve ter sapatos de todas as cores e estilos, e dentro da moda. Sempre levei tudo que era necessário: meias, sapatos, brincos, luvas e outros acessórios." (Misáe)

VIRTUDES

Quem ainda não as possui tem que desenvolvê-las:

- Paciência – Faz parte do ofício repetir todas as fotos ou cenas até que fiquem boas. E quantas vezes for necessário. Isso pode depender da sua competência ou não. Às vezes, o diretor não gostou do cenário ou alguém falou durante a filmagem.

- Disposição – Você precisa de muita para filmar com fome; de madrugada; debaixo do sol, agüentando calor; dentro da água num dia frio, etc.

- Desinibição – Vergonha é palavra proibida para modelos. Para começar, os camarins geralmente são únicos para homens e mulheres. Trocar de roupa com pessoas do sexo oposto é normal. Essa é uma profissão que expõe quem a segue, seja fotografando na rua ou filmando numa praia.

- Humildade – Procure tratar bem todas as pessoas de uma equipe. Eles terão prazer em trabalhar com você novamente.

- Bom senso – Rir ou falar alto pode atrapalhar uma filmagem ou incomodar quem está trabalhando por perto. Use o telefone somente se for importante, e seja breve. Se você tiver celular, fale à vontade, mas fique atento e esteja disponível sempre que a equipe te requisitar. Evite fumar. Tem gente que não gosta, e não é nada saudável. Cuide da imagem que você passa.

- Bom humor – Sempre que puder! É maravilhoso trabalhar com pessoas de alto-astral.

- Simpatia – Esforce-se. É muito bom lidar com pessoas assim.

- Autocontrole – Não ligue à toa para sua agência.

- Rapidez – Agilidade para trocar de roupa num desfile é fundamental. Aliás, modelo tem que adorar trocar de roupa. A ex-manequim Misáe conta que já chegou a vestir duzentas peças num dia, trocando de roupa umas cinqüenta vezes em três desfiles diferentes de *showroom*.

- **Dedicação** – O ideal é fazer bem cada trabalho, não pegar um desfile perto do outro. Às vezes é inevitável, mas é bom tentar.

- **Obediência** – Se não pedirem a sua opinião, não queira escolher a roupa ou a maquiagem a ser usada num trabalho. Se precisar usar o telefone ou sair do local do trabalho por uns instantes, primeiro converse com seu produtor.

- **Flexibilidade** – Modelo que diz que não veste tal roupa porque não gosta da cor, do modelo, vira um problema para qualquer figurinista. Tem gente que quer recusar a roupa que a produção escolheu. Se um profissional te dá uma roupa para vestir, você tem que fazer o melhor que puder com isso. Modelo ruim dá muito palpite, não chega na hora, não confia na equipe, tem insegurança, entre outras coisas. É preciso confiar no trabalho da equipe, que provavelmente vai fazer o melhor por você, a não ser que te odeiem. Um cabeleireiro experiente conta que, para um comercial de supermercado, fez um rabo-de-cavalo na modelo coadjuvante, que faria uma cena andando de bicicleta num parque. Ela não gostou, começou a reclamar do cabelo e acabou sendo mandada embora pelo assistente de direção. O penteado estava adequado para aquela situação, mas ela não entendeu.

ETIQUETA SOCIAL

As regras de etiqueta foram criadas para que as pessoas se relacionem com mais harmonia ou para que a comunicação entre elas seja facilitada. Um garçom, por exemplo, sabe quando pode retirar seu prato da mesa ao observar a posição dos talheres sobre ele. Acho que algumas são exageradas, mas outras são indispensáveis. Como modelo é exemplo, siga-as.

Modelos costumam viajar, freqüentar festas, restaurantes. E mais, precisam interpretar situações e personagens bem variados. É bom estar preparado para qualquer situação que encontrar. Imagine um comercial de bebida em que você precisa interpretar uma mulher chique, jantando em um restaurante fino. Ótimo, você saberá como proceder.

Você precisa...

Facilitar a comunicação – Um celular, um *pager*, telefone residencial, secretária eletrônica, fax, *e-mail*. Tudo que possa te ajudar a ser encontrado. Às vezes ocorrem emergências, o modelo é chamado para trabalhar de última hora. Se não te acham, a oportunidade escapa.

Se você trocar de telefone, avise a sua agência, pois nem sempre vão descobrir onde você foi parar. Se você trocar de agência, avise a quem puder (produtores, estilistas, etc.), embora sua nova agência seja responsável pela sua divulgação.

Preparar-se para o que der e vier – Modelos deviam andar de mala, carregando book, composites, agenda, caneta, óculos escuros, desodorante, protetor solar, hidratante, etc. As mulheres deviam ainda carregar maquiagem, demaquiante, escova, etc. Estou brincando! Mas pode ser que você precise disso em algumas situações.

BUROCRACIA

A parte burocrática da profissão de modelo envolve contratos, DRT, notas fiscais, autorizações, sindicatos, associações, leis e muito mais. Esse é um assunto muito chato para uns e muito importante para todos. Ser legal é conhecer seus direitos e suas obrigações e agir de acordo com isso. Seja legal. Exija seus direitos e cumpra suas obrigações.

REGISTRO PROFISSIONAL

Existem aspirantes a modelos, modelos amadores e, finalmente, os modelos profissionais. Do ponto de vista legal, assim como os atores profissionais, todo manequim/modelo deve obter seu registro profissional na Delegacia Regional do Trabalho (DRT – Ministério do Trabalho).

Apesar de esse mercado trabalhar muitas vezes na informalidade, contratando pessoas não registradas, a fiscalização pode solicitar à realizadora do trabalho (produtoras, revistas, etc.) a documentação do modelo. Para evitar problemas com a fiscalização, alguns clientes exigem modelos completamente legais, registrados na DRT e com a contribuição anual do sindicato paga. E o mercado de trabalho vem se profissionalizando cada vez mais, exigindo assim modelos com registro profissional. Normalmente, antes da contratação o cliente já pede o número do registro do modelo, ou, como se diz usualmente, o número do DRT.

Uma das vantagens de ter registro é poder participar dos trabalhos que exigem modelos registrados. Para viajar ao exterior a trabalho, por exemplo, pode haver a necessidade de ter o registro. Alguns países são mais rigorosos que outros nesse aspecto.

Para obter registro de manequim/modelo é preciso apresentar à Delegacia Regional do Trabalho a documentação exigida, que inclui a Carteira Profissional e o atestado de capacitação profissional expedido pelo sindicato que representa a categoria. Os detalhes desse processo podem ser diferentes em cada estado.

A idade mínima para obter o registro profissional de modelo varia conforme a lei. Crianças tiram carteirinha de artista mirim. Mesmo que o trabalho no Brasil seja proibido até 16 anos, como artista a criança pode receber autorização do sindicato dos modelos e do Juizado da Infância e da Juventude para exercer a profissão.

SINDICATOS E ASSOCIAÇÕES

Sindicatos

Os sindicatos existem principalmente para defender os interesses gerais dos profissionais de uma categoria e seus interesses individuais, fazendo toda a parte burocrática de uma profissão funcionar bem, seja respeitando as leis ou criando normas específicas para cada caso.

Como não poderia deixar de ser, os modelos também têm seu sindicato, que na maior parte do país é o Sindicato dos Artistas e Técnicos em Espetáculos e Diversões (Sated). Este sindicato engloba vários profissionais (atores, modelos, artistas circenses, figurantes, etc.) e existe em quase todos os estados do Brasil. Além do Sated, existem outros sindicatos que representam modelos. É preciso saber qual é o sindicato que representa legalmente os modelos na sua região antes de se filiar a um.

Lei é lei, e não há diferença em qualquer parte do país quando se fala na Constituição, na Consolidação das Leis do Trabalho (CLT) e na legislação pertinente à profissão de modelo. Porém, existem normas definidas pela diretoria de cada sindicato representante dessa categoria profissional (estatutos, etc.). O número de horas-aula exigido para os cursos de modelo profissionalizantes, por exemplo, pode variar de acordo com a cidade.

As atribuições do sindicato em relação aos modelos são inúmeras. Entre elas estão: definir as funções do profissional, englobando o que o modelo pode fazer ou não; estabelecer critérios para se tornar profissional; determinar a carga horária mínima para cursos de modelo profissionalizantes; fiscalizar se o mercado está agindo de acordo com a lei, combatendo a informalidade na profissão; lutar pela dignidade do profissional, o que inclui pagamento de cachês adequados e respeito a horários; e proteger os modelos de problemas jurídicos. O Sated, por exemplo, criou uma tabela com referências de cachês para que os modelos tivessem parâmetros de valores para trabalhar.

Em relação aos modelos profissionais brasileiros que saem do país para trabalhar no exterior, o sindicato tem um importante papel a desempenhar. Ele também tem que garantir proteção aos seus modelos. Modelos profissionais, registrados, podem sair do Brasil legalmente, como profissionais, para trabalhar por tempo determinado. Esse contrato de trabalho pode durar até um ano, dependendo do visto. O Sated dá o visto no contrato, que depois leva também o visto do Ministério do Trabalho. Orientadas pelas grandes agências para as quais trabalham, essas modelos têm garantia de passagem de ida e volta, alimentação, estada (hotel) e cachês. Uma cópia do contrato do modelo que sai do país profissionalmente fica no Sated, uma segurança para quem vai. Modelos amadoras saem do Brasil com visto de turista e correm o risco de fazer parte do já conhecido comércio de escravas brancas, em que se desenvolve a prostituição.

Modelos registrados devem pagar uma contribuição anual para o sindicato. Modelo mirim também paga contribuição, que é cobrada de outra forma. Modelos associados ao sindicato, além de pagar a contribuição obrigatória, pagam taxas adicionais para obter mais benefícios. Ninguém é obrigado a se associar, apenas precisa ser registrado.

Associações

Enquanto cada categoria profissional só pode ter um sindicato em cada estado, podem existir várias associações, que têm como objetivo reforçar o que o sindicato já defende. De acordo com o Sated-SP, o modelo pode se filiar a quantas associações quiser, só que elas não representam a categoria e não podem determinar regras.

Em 1999 as principais agências de modelos estabelecidas em São Paulo criaram uma associação. A Associação Brasileira de Agências de Modelos e Manequins (Abamm) surgiu da intenção de tornar o mercado de modelos mais profissional. No início de 2001 foi fundada a Associação Brasileira de Agências de Figurantes, Atores, Modelos e Artistas (Abrafama), englobando as boas agências de cada setor, incluindo as infanto-juvenis. A Abrafama surgiu com a intenção de conscientizar o mercado a trabalhar dentro da lei. A idéia não foi impor a vontade das agências, mas chegar a um denominador comum com as agências de publicidade, anunciantes, produtores, etc.

Tanto a Abamm quanto a Abrafama conseguiram estabelecer grandes melhoras nesse mercado, principalmente no que se refere a pagamento de cachês e respeito à carga horária de trabalho.

Todos esses esforços são importantes para regularizar o mercado como um todo, que vem se profissionalizando a cada dia.

CACHÊS

Modelos, assim como outros artistas, normalmente não recebem salário, recebem cachê – um pagamento feito pela realização dos trabalhos contratados e pelos testes.

Cachê-teste

Nos testes de fotos ou num teste de VT, o modelo recebe o cachê-teste, um cachê simbólico que teoricamente pagaria os gastos efetuados ao fazer um teste (alimentação, transporte, estacionamento, etc.). Na prática, nem sempre se recebe este cachê. O problema é que o valor da tabela sindical é considerado alto pelo contratante, que acaba não pagando nada. De acordo com o Sated-SP, o cachê-teste é obrigatório, e o modelo deveria deixar 20% do que recebeu para a agência.

Cachê-trabalho

Esse é para valer. A tabela do sindicato, assim como a da associação de agências, também serve de referência como piso salarial, ou seja, o menor cachê a ser pago para cada tipo de trabalho. Como essas tabelas podem sofrer alterações, é bom ter as informações sempre atualizadas.

São estipulados valores diferentes para cada tipo de trabalho (desfiles, comerciais, etc.), cada mídia (mídia eletrônica, mídia impressa, digital, etc.), categoria de produtos (moda, carro, imóveis, etc.), tempo de veiculação (seis meses, um ano, etc.), importância do personagem (principal ou coadjuvante), abrangência (regional, nacional, etc.), etc. Para os desfiles, modelos A, B e C também têm cachês diferentes, de acordo com a experiência e sua colocação no mercado. Depois da fama, esqueça a tabela, negocie.

Criou-se também o cachê para prova de roupa e para ensaios fora dos dias do desfile ou após as 23 horas. Por lei, se o modelo trabalhar à noite, ganha mais um percentual sobre a hora diurna. Em trabalhos que envolvem viagem também se ganha mais, além de as despesas de locomoção e estada serem pagas. O problema é que nem sempre a lei é respeitada.

Em fotos ou filmes às vezes é preciso repetir o trabalho (refação). Ou o cliente não gostou do modelo quando viu o resultado do trabalho e quer substituí-lo (reprovação). Há valores determinados para cada caso, dependendo de haver ou não troca de modelo.

Na verdade, do cachê integral, 70% referem-se aos direitos conexos, ou seja, aos direitos de imagem. Os 30% restantes são pagos pela prestação do serviço. Assim, se o modelo trabalha e sua imagem vai ser veiculada, ele ganha os 100%. Mas, se ele trabalhou e sua imagem não vai ser utilizada, ganhará apenas 30%.

Tem clientes que pagam o cachê à vista, principalmente quando o valor é baixo, mas a maioria paga trinta dias após a data do trabalho.

Os cachês podem ser pagos pela agência de modelos ou pelo contratante (cliente, agência de publicidade, produtora de comerciais, etc.). Isso depende do cliente, entre outras coisas.

Se o cliente não paga o cachê, dando um belo calote, algumas agências tomam as providências necessárias para receber o dinheiro, recorrendo a uma assessoria jurídica. Quando a agência não paga o cachê ao modelo, ele mesmo tem que tomar uma atitude para resolver o problema.

Descontos do cachê (comissão + impostos)

O cachê bruto é o total oferecido para um trabalho. Cachê líquido é o cachê bruto menos os descontos de comissão da agência e dos impostos da nota fiscal.

Os descontos variam de acordo com a agência, a idade do modelo, seu tempo de carreira, entre outras coisas. A comissão mais usual é de 20%. Tem agência que cobra 30% de comissão das crianças ou mesmo de modelos adultos no início da carreira, passando para 20% depois de um ano. Os agentes dizem que o percentual do cachê é maior no primeiro ano de agência devido ao período de adaptação ao mercado, em que o modelo precisa de uma assessoria completa – que inclui o aprendizado –, e dá menos retorno financeiro. Tem agência que fica com 35% do cachê dos novatos. E o tempo que a agência determina para um modelo deixar de ser novato também varia de três meses a seis meses ou um ano. Cada uma tem um critério.

A comissão pode ser negociada em certos casos. Modelos que estão no topo, no nível de uma Cindy Crawford, nem sempre pagam o mesmo percentual que os outros. Por trazer um alto faturamento para suas agências, há quem pague uma comissão menor. Para atrair essas estrelas, algumas agências chegam a dispensar comissões, pois também ganham mais um percentual do cliente sobre o cachê.

A agência-mãe pode cobrar comissão de outra agência que o modelo venha a ter paralelamente.

"Parte da comissão da segunda agência fica para a agência-mãe, mas isso não interfere no cachê do modelo. É uma negociação entre as agências." (Astrid Façanha, agente)

As agências costumam fornecer a própria nota fiscal para seus modelos, e cobram pelos impostos um percentual sobre o cachê. Diante de uma comissão de 30% mais 15% de impostos, o modelo teria desconto de 45% sobre o valor do cachê, o que significa bastante dinheiro.

NOTA FISCAL

Para todo trabalho feito pelo modelo, é preciso emitir uma nota fiscal. É muito comum nesse mercado a agência emitir a nota pelo modelo que não possui firma. Algumas agências acabam ganhando algum dinheiro sobre o fornecimento de nota fiscal, como se estivesse cobrando por serviço. Então o modelo paga mais pelos impostos do que se a nota fosse dele.

Muitos modelos não abrem firma porque os custos para sua abertura e manutenção – contador, impressão de nota, etc. – não compensam. Quando o modelo trabalha constantemente, tendo um grande volume de trabalhos, começa a valer a pena abrir uma empresa. Na verdade, esse é o procedimento correto. No caso dos modelos mirins, o responsável também pode abrir empresa para eles.

TERMO DE COMPROMISSO

É um documento em que se firma um compromisso. Num teste, serve para provar que o modelo está de acordo com as condições oferecidas e exigidas pelo contratante, além de dar ao cliente a garantia de que ele poderá contar com esse modelo para determinado trabalho.

Além disso, o termo de compromisso inclui várias informações úteis para todo o processo de seleção do elenco.

Em publicidade, antes de um teste de VT, o modelo preenche e assina um termo de compromisso. Após o teste, o termo é analisado pelos responsáveis pela escolha do elenco do comercial, e algumas informações servem como guia para a escolha final, como problemas com datas de filmagem ou dificuldades para cortar os cabelos para fazer um trabalho.

Alguns dados (nome completo, nome artístico, endereço, telefone...) facilitam o contato com o modelo que for aprovado no teste, além de servirem para a elaboração do contrato da pessoa aprovada, junto com documentos (RG, CIC, número do DRT, etc.). Também se pergunta ao modelo se ele fornece nota fiscal e qual o nome da sua empresa.

O modelo precisa dizer se não está preso a contrato de produto concorrente, se tem compromissos com outros trabalhos na data determinada no termo, se tingiria ou cortaria os cabelos para o trabalho, etc.

As características físicas (sapato, altura, manequim, peso, etc.) são importantes na hora da escolha. Depois da aprovação, isso facilita o trabalho do figurinista.

O termo também inclui dados do cliente e do filme a ser realizado. O número de diárias necessárias para realizar o comercial, a data prevista para a filmagem e o tempo de veiculação, entre outras coisas.

Também consta o valor do cachê bruto oferecido e prazo de pagamento. O modelo assinala se concorda. Quem não concorda com o cachê sugerido pode colocar o valor que pretende receber, mas isso pode ser um fator limitante para a aprovação.

Já deve estar estipulado o valor do pagamento no caso de não-aprovação do filme ou não-aprovação do modelo após o trabalho, o que implicará a sua substituição. Em algumas produtoras esse valor gira em torno de 30% sobre o cachê combinado, que se refere à prestação de serviço.

É importante ser honesto no preenchimento do termo de compromisso, pois, se alguma afirmação não for verdadeira e o modelo for escolhido, vai ser um problema.

CONTRATOS E AUTORIZAÇÕES

Os modelos passam a carreira assinando contratos. Há contratos com a agência de modelos, com o cliente e até com a organização de um concurso. Em qualquer situação, menores de idade precisam de um responsável para assinar seus contratos e representá-los no Juizado da Infância e da Juventude.

Contrato com a agência

Quando um modelo é contratado por uma agência de modelos, esta pede exclusividade, que geralmente é verbal. Para exigir exclusividade, dependendo de como é feito o contrato, a agência poderá ter que pagar os direitos trabalhistas como se o modelo fosse um funcionário normal, de acordo com o artigo 11 da Lei nº 6.533/78. No entanto, pode haver exclusividade sem vínculo empregatício, que aliás é o mais comum no mercado.

Contrato de trabalho

Existem contratos de tempo indeterminado ou determinado. Há também uma nota contratual, emitida para trabalhos de curta duração. Existem modelos de contrato feitos pelo Sated, mas os contratantes costumam modificá-los, adaptando-os a cada situação.

O objetivo do contrato é sempre o mesmo. Ele serve para proteger ambos os lados (modelo e contratante). Uma vez assinado, firma-se um compromisso entre as partes envolvidas.

As cláusulas devem esclarecer cada detalhe dos seus direitos e obrigações, assim como os do contratante. Pela Lei nº 6.533, de 24-5-1978, no contrato de trabalho para publicidade deverão constar o produto a ser promovido, a remuneração, o tempo de veiculação, as mídias envolvidas, as praças onde a mensagem será exibida, procedimentos de reveiculação, rescisão de contrato, atraso de veiculação, etc. Tudo deve estar explicado.

Em geral, os contratos são emitidos pela própria realizadora do trabalho, que pode ser a produtora de filmes, a editora, a emissora, etc. Em alguns casos, o contrato é feito diretamente pela agência de publicidade.

O modelo deve receber o contrato para assinar antes do dia de realizar o trabalho. Teoria e prática se chocam muitas vezes, principalmente em trabalhos que não envolvem valores muito altos. Esse tempo é importante, pois antes de assinar um contrato é preciso ler tudo com calma e prestar atenção em cada detalhe. Todas as dúvidas devem ser esclarecidas antes da assinatura desse documento. É preciso discutir e até alterar o que não for bom ou conveniente para o modelo. Se tudo não estiver muito claro, a possibilidade de um desentendimento futuro será grande.

Cada caso é um caso diferente. Toda vez que você assinar um contrato diferente, é preciso analisá-lo com cuidado, ver se ele não inclui algo diferente do que consta naqueles que você vem assinando normalmente, se não está assumindo um compromisso indesejado. O ideal seria ter um advogado à disposição, assessorando em cada contrato. Esse profissional defenderia seus interesses no momento da contratação, e isso poderia evitar surpresas desagradáveis. Sem assessoria, o modelo deve ter consciência jurídica e saber analisar seus direitos e suas obrigações em cada contrato.

Cuidado! Há muito contrato feito de forma irregular. Nem sempre a lei trabalhista está totalmente aplicada.

Na publicidade, a maioria dos contratos refere-se ao produto anunciado. Se houver exigência de exclusividade, o modelo não pode anunciar um produto concorrente durante um tempo determinado. Mas há contratos referentes ao personagem interpretado pelo modelo/ator. Para interpretar o mesmo personagem numa outra campanha de outra marca, é preciso ter autorização do dono do personagem criado.

Autorizações

Em várias situações os modelos assinam autorizações, que geralmente estão ligadas ao uso de sua imagem. Para o modelo disponibilizar suas fotos na mídia, por exemplo, ele deve assinar uma autorização.

Há trabalhos em que o modelo não assina um contrato, apenas uma autorização para utilização da sua imagem. É comum isso acontecer em casos mais simples, como uma pequena participação num comercial de tevê (figuração), que implica valores menores e na qual o envolvimento com o trabalho é menor. O cliente não tem como exigir, por exemplo, a exclusividade de um figurante que teve sua imagem desfocada num comercial.

Além de conceder autorizações para utilização da sua imagem, os modelos também podem precisar de uma autorização para trabalhar, como no caso do uso de um personagem em trabalho para outro cliente. Já os menores de idade precisam de uma autorização dos pais ou responsáveis para realizar qualquer trabalho ou mesmo participar de um concurso. Aliás, crianças precisam de autorização (alvará) do Juizado da Infância e da Juventude para trabalhar. Do contrário, o trabalho é ilegal. Para viajar, um responsável deve acompanhar a criança, ou autorizar uma pessoa maior de idade a fazê-lo.

Quando o modelo é menor de idade, para respeitar a lei, o cliente pede ao responsável uma autorização ou um contrato assinado, com firma reconhecida em cartório. Conforme a publicitária Naná Torres, além de ser uma prova de que aquela assinatura não é falsificada, esse documento servirá para o Fórum da Infância e da Adolescência.

É preciso providenciar toda a documentação exigida no prazo determinado. Os comerciais, por exemplo, não podem ir ao ar se a documentação solicitada pela produtora não estiver completa.

REVEICULAÇÃO

Eventualmente, um comercial passa a ser veiculado por mais tempo que o previsto no contrato inicial. Isto se chama reveiculação. O que também pode acontecer é essa veiculação ser feita em outros locais não previstos no contrato. Em outras cidades, estados ou países. Em ambos os casos, o modelo recebe um cachê relativo à veiculação adicional. Normalmente, o modelo nem precisa realizar o trabalho, apenas autoriza sua reveiculação.

Às vezes é necessário refilmar algumas cenas. Nesse caso, os modelos envolvidos são convocados para uma nova filmagem num dia determinado. Se um modelo estiver trabalhando naquela data e for impossível sua presença, ele será substituído por outro. Mas isso só acontece se não houver continuidade na cena. Imagine que essa pessoa aparece no comercial do começo ao fim, mas só algumas cenas serão refilmadas, e com outro modelo. Nesse caso, a produtora marca a refilmagem para a data em que tal modelo estiver disponível.

PASSAPORTE E VISTO

É bom que os modelos profissionais tenham passaporte, porque esse documento é necessário para sair do país. Além do passaporte, é necessário obter o visto de entrada no país de destino, com exceção de alguns lugares. Quando menos se espera, surge um trabalho fora do Brasil, e pode não dar tempo de providenciar o passaporte e tirar o visto até o dia da viagem. Se o problema for só tirar o visto, tudo pode ficar mais fácil.

Na produtora de comerciais onde eu trabalhei havia muitas filmagens no exterior. Para filmar no México, por exemplo, as modelos precisavam tirar passaporte. Às vezes, isso precisa ser feito durante o processo de seleção, antes da aprovação final. Isso quer dizer que, mesmo sem saber se passou, a modelo tem que providenciar o passaporte.

Algumas oportunidades são exclusivas de quem já possui passaporte. Durante uma filmagem no exterior, houve problemas com o elenco. Uma criança brasileira desistiu do trabalho quando já estava lá. Pânico total! Resultado: imediatamente, foi necessário arrumar modelos substitutos no Brasil, que precisavam já ter passaporte.

Para essas viagens internacionais, uma pessoa pode receber visto de turista, de estudante ou de profissional. Quem viaja a trabalho deve obter o visto de trabalho, embora muitas vezes isso não ocorra. Qualquer que seja o visto obtido, é preciso seguir as regras.

ÉTICA TAMBÉM É MARKETING

A falta de ética é prejudicial à carreira. Ela destrói sua imagem. Você deve trabalhar dentro de uma ética profissional, mantendo um bom relacionamento com a agência, com o cliente, com sua equipe e até com seu público. Uma pitada de respeito, honestidade e coerência nas atitudes são ingredientes nobres de uma receita de sucesso. A ética está presente, por exemplo, quando você não cancela um contrato, mudando de agência como muda de roupa.

MAL *VERSUS* BEM

Se puder, só escolha bons trabalhos

Ao longo da carreira de um modelo surgem oportunidades para divulgar produtos bons e produtos ruins. O ideal é só divulgar os primeiros. É muito bom fazer um comercial para um produto que você sabe que é excelente e não prejudica ninguém. Mas, quando o dinheiro é importante, como é que fica a ideologia calcada em bons princípios?

Campanhas publicitárias de bebidas alcoólicas e cigarros ficaram conhecidas por mostrar, invariavelmente, modelos jovens e sensuais, felizes, aparentemente poderosos e com aparência saudável. Tudo que é bom para convencer as pessoas a consumir algo que faz tão mal. Não por coincidência, essas campanhas sempre pagaram os melhores cachês. Você resistiria? Tenha uma postura em relação a isso.

Até a década de 1980, muitas modelos ainda recusavam fotografar de lingerie. Mas participar das belas campanhas de cigarro era motivo de orgulho. O modelo Caetano Zonaro conta: "Nos anos 1980 cheguei a fazer dez campanhas de cigarro, mesmo não sendo fumante. Aprendi a fumar só para fazer os comerciais, que eram fantásticos. Hoje, eu não faria isso".

Atualmente, posar sem roupa pode até prejudicar a imagem de uma modelo fashion, mas fazer campanha para cigarro tornou-se pior. Estimular o consumo de cigarro pode tirar a saúde de milhões de pessoas. A propaganda de cigarros, que já era restrita, vem ganhando mais restrições. Era proibido veicular anúncio de cigarro na tevê antes das 21 horas. Depois a proibição foi total. A indústria do cigarro se viu apertada, mas usou a criatividade para divulgar seu veneno de outra forma. Sem problemas. Mais restrições serão criadas. Saúde!

No que se refere à bebida e ao fumo, os telespectadores de uma emissora a pressionaram para que os personagens de uma novela não aparecessem fumando ou bebendo, a menos que fosse fundamental para o contexto da novela, como a caracterização de um alcoólatra.

Os desfiles que incluem peles de animais estão entre os mais bem pagos do mercado, ao mesmo tempo que são objeto de protesto. Os ativistas do People for the Ethical Treatment of Animals, entidade americana de defesa dos animais, já invadiram alguns desfiles importantes, protestando contra o uso de peles verdadeiras. Tem modelo que não faz, e é muito bem vista por essa atitude.

Já a propaganda enganosa ainda ilude as pessoas, pois não controlamos tudo com o lado consciente do cérebro. O subconsciente capta essas mensagens e as digere como verdadeiras. Você participaria de uma?

Os artistas famosos, em geral os atores, costumam recusar convites para comerciais de produtos que não lhes agradam. Não que essa decisão seja tomada somente pelo lado ético, pois há uma grande preocupação com a imagem do próprio ator, que fica comprometida. Mas é bem difícil tomar essa decisão no início da carreira.

Se puder, trabalhe por uma grande causa

O modelo pode ajudar uma sociedade a melhorar, pode salvar vidas. Campanhas contra o câncer de mama; contra aids, estimulando o uso da camisinha; contra o uso de drogas; para arrecadar fundos para associações; para ajudar crianças, etc., usam a imagem de modelos, atores e de muitas outras celebridades para convencer a sociedade a fazer o bem. Assim como as campanhas, há desfiles e outros eventos para arrecadar fundos assistenciais.

A apresentadora de tevê Juliana Pantalena distribuiu autógrafos dentro do McDonald's no Mc Dia Feliz, apoiando a campanha contra o câncer infantil.

Belas como Gisele Bündchen e Gianne Albertoni já fizeram suas boas ações. Fora do Brasil isso é muito comum. Pelo menos os Estados Unidos, a Alemanha e a Argentina usam suas modelos com freqüência para fazer o bem. A alemã Claudia Schiffer, a top argentina Valeria Mazza e a americana Cindy Crawford já participaram de inúmeras campanhas voltadas para o bem.

Algumas modelos são orientadas a trabalhar por uma boa causa para elevarem sua imagem profissional, como um marketing para si mesmas. De qualquer forma, elas fazem uma boa ação. Muitas vezes nem se ganha cachê, mas, além de fazer o seu marketing pessoal, você estará ajudando muito. Vale a pena.

A boa conduta

Pense você o que pensar sobre a profissão, aja como o profissionalismo mandar. Há modelos que, na intenção de conseguir trabalhos ou alcançar a fama, costumam oferecer-se, jogar-se, dar mole ou cantar a pessoa que elas pensam ter o poder de fazê-las alcançar seus objetivos.

Cuidado! Você pode estar lidando com profissionais que estão ali apenas para selecionar a melhor pessoa para um trabalho e odeiam esse tipo de assédio, tão vulgar. Se você é competente e tem os atributos necessários para que te escolham, então não precisa disso.

Na produtora em que trabalhei vi isso acontecer com um dos diretores do teste de VT. Ele gostava muito da sua namorada, e não tolerava modelos que agiam assim.

Não vejo nada de errado em modelos sentirem atração por fotógrafos, por produtores, por diretores de comerciais, etc. Aliás, é muito comum ver atrizes casadas com diretores artísticos, modelos com fotógrafos ou com donos de agência, e outras uniões desse tipo. É normal sentir atração por pessoas que convivem com você no seu dia-a-dia, que trabalham com você, mas é perceptível quando a intenção é outra. E isso pode te queimar em vez de ajudar.

Antes de tomar uma atitude, pondere

Às vezes é preciso perder uma oportunidade para não agir contra a ética. O scouter Dílson Stein conta: "Emprestei meu apartamento em São Paulo para uma menina, dei book, estudo, comprei roupa e coloquei-a numa das melhores agências. Uma semana depois, a agência me ligou dizendo que a menina foi para outra agência que lhe ofereceu um desfile. Ela ficou mais dois meses e foi embora. Essa falta de gratidão e de personalidade são prejudiciais". Faltou reconhecimento, e até mesmo educação.

Você também pode ser vítima da falta de ética dos outros. E a falha passa a ser sua também. Nos Estados Unidos, um fotógrafo de moda começou a oferecer modelos como doadoras de óvulos para quem fizesse as maiores ofertas. O leilão seria via internet para pais que desejassem ter uma criança linda e estivessem dispostos a pagar até 150 mil dólares. Para a Sociedade de Medicina Reprodutiva, tratava-se de um comportamento aético.

QUANDO VIAJAR É PRECISO

Nessa profissão, você provavelmente vai precisar viajar. Pode ser para uma cidade vizinha, para um estado distante, para outro país, para outro continente. E talvez você precise morar num desses lugares. Tudo depende do objetivo da viagem.

MUDANÇA DE CASA

Às vezes é preciso morar em outra cidade. Muitos modelos se mudam e vão morar num grande centro, para fazer a carreira decolar. No Brasil, o lugar é São Paulo, onde ocorre o maior volume de trabalhos. Beldades do país inteiro se instalam na cidade da moda e da publicidade, em busca de melhores oportunidades.

Outras vezes é preciso morar fora do país. Quando avançam na carreira e alcançam outro patamar, essas beldades deixam o Brasil para morar num dos países incluídos no roteiro fashion ou nos mercados mais comerciais, onde é possível fazer dinheiro com mais facilidade e há grande profissionalismo. É uma experiência e tanto. Fazer carreira internacional é o melhor que pode acontecer a um modelo. Não há nada mais glamoroso e valorizado. O modelo tem a oportunidade de fazer grandes campanhas, desfiles e por aí afora.

Algumas tops internacionais viajam tanto que têm uma residência em Nova York, outra em Paris e onde mais for necessário.

Ficar longe dos pais, ter que morar só, lidar com o novo, tudo isso pode gerar um turbilhão de sentimentos: medo, insegurança, ansiedade e uma saudade enorme da família e de todas as pessoas queridas, mas vale a pena! Tudo é superado pela expectativa de uma carreira que pode deslanchar.

Quando uma criança precisa se mudar em função do trabalho, é mais complicado. Para começar, criança vai para qualquer lugar junto com um responsável, geralmente a mãe. Depois, a criança precisa mudar de vida sem ter maturidade para isso. Muda de casa, muda de amigos, muda de escola ou até fica sem estudar.

VIAGENS A TRABALHO

Mesmo que você more no centro da moda, as viagens são freqüentes. Fotos, desfiles e comerciais podem acontecer nos mais diferentes lugares que você pode imaginar. De repente, uma foto numa praia do Nordeste, um desfile em Minas Gerais e um comercial no México. Muitos trabalhos são feitos em outros países, utilizando modelos daqui. Isso acontece muito quando o cliente (uma revista, um estilista, um anunciante) é do Brasil. Com os desfiles de coleção do roteiro fashion mundial é diferente. Participam modelos do mundo inteiro. Durante a temporada de coleções, o agito é total. Vários modelos seguem o roteiro de moda, que inclui Paris, Milão, Londres e Nova York, onde os maiores estilistas apresentam suas coleções para compradores e para a imprensa. A temporada dura algumas semanas.

Para as crianças, surgem viagens do mesmo jeito. E sempre um responsável vai junto, o que torna a produção mais cara. Para um comercial feito em Cancún com crianças e adultos, foram selecionadas famílias verdadeiras de modelos (mãe, pai, filhos), a fim de baixar o custo da produção, já que o responsável precisava ir junto de qualquer jeito. Lembrando que essa profissão não é brincadeira e exige grande responsabilidade, nesse mesmo comercial, o modelo mirim, de apenas 5 anos, decidiu que estava cansado, enjoado e não quis filmar. Resultado: a equipe mandou-o de volta para o Brasil e precisou selecionar outro menino às pressas. Imagine a insatisfação do diretor e da própria agência do menino. Neste caso cabe ao responsável uma parcela desta conscientização. Quando se trata de viagens, além da disponibilidade, profissionalismo é mais do que fundamental.

UMA TEMPORADA NO EXTERIOR

A grande meta dos modelos de moda é atingir o mercado internacional. De acordo com um agente, modelo comercial até pode ficar só no Brasil, mas modelo fashion tem que ir para o exterior conquistar o mundo. Desfilar para os grandes estilistas internacionais, fazer capas e editoriais para as grandes revistas, fazer campanhas mundiais. Isso enriquece qualquer carreira. Quando chega a top model, as portas do mundo inteiro se abrem.

As agências de primeira linha enviam seus modelos para agências de outros países. Eles passam uma temporada por lá, adquirindo experiência, enriquecendo o book e se lançando no mercado internacional. Algumas agências estrangeiras adiantam o pagamento de transporte, estada, alimentação e uma ajuda de custo. Essas garantias são previstas em contrato. O modelo não tem garantia de trabalho. Testes, há muitos. Mas é possível ficar semanas sem conseguir trabalhar e ter que voltar para o Brasil apenas com a experiência de ter conhecido um país diferente. Num contrato de risco, se o modelo não trabalhar, a agência internacional vai arcar com esses custos. Por esse motivo as agências do exterior apostam em quem julgam que vai render bons cachês, e são muito exigentes nessa seleção. Há quase uma certeza de que o modelo vai emplacar.

Muitos modelos brasileiros vão para o Japão, principalmente new faces. Parece que os japoneses preferem o tipo brasileiro ao europeu. As modelos de traços mais delicados, com rosto de menina, fazem muito sucesso nesse país. Elas estampam as revistas, fotografando para editoriais e capas.

Enquanto new faces são mandados para o Japão, especialmente para Tóquio, modelos mais experientes ou top models tendem a viajar para alguns badalados cantos fashion do mundo. Os principais são Milão, Paris e Nova York, locais em que se cria a moda copiada no mundo inteiro. Aliás, as brasileiras conquistaram as passarelas do mundo. Grandes campanhas como as da Victoria's Secret e da Guess também adotaram a imagem das brasileiras. Dizem que é porque a brasileira tem uma ginga e um jeito especial que falta às estrangeiras, e agrada. Outros dizem que é pelo seu biótipo, resultado fantástico de uma mistura de raças. Seja qual for o motivo, o tipo latino, de longos cabelos, traços fortes e belas curvas conquistou a Europa. Além das meninas, os brasileiros também conquistam o mercado de moda internacional.

Na verdade, passar temporada significa ficar só por um tempo. Alguns modelos, assim que chegam à Europa, conseguem um trabalho temporário com uma grife famosa e não querem voltar – mas isso não significa que vão continuar conseguindo trabalho sempre.

De qualquer forma, nessas grandes viagens surgem grandes oportunidades. Os modelos têm chance de conhecer gente interessante, que pode impulsioná-los na profissão – e quem sabe até fazer decolar a carreira internacional.

Exigências internacionais

As exigências do mercado internacional são bem maiores que no Brasil. Existem normas que os modelos precisam seguir. O booker Luciano Spinelly relata: "Já houve casos em que o modelo fica um dia e volta. Isso porque mentiu sobre suas medidas, e eles são rigorosos quanto a isso. Se você tem 1,77 m, não diga que tem 1,81 m. No caso das mulheres, é fundamental que a medida dos quadris esteja de acordo com o padrão exigido".

Preparo cultural

Saber o idioma do país de destino é o ideal. Bom para se comunicar, aproveitar as oportunidades e não se deixar enrolar. Muitas agências exigem modelos que falem o idioma. Isso conta pontos. O inglês, que é falado no mundo inteiro, é o principal. No caso da Itália é um pouco mais fácil, pois dá para entender alguma coisa de italiano. Mas e no Japão? Para quem sai do Brasil sem falar inglês, as dificuldades serão maiores. Geralmente quem é escolhido sabe pelo menos um pouco do idioma. Então, tudo se torna mais fácil.

Preparo psicológico

Um contrato de trabalho em outro país pode mexer com a cabeça de uma menina. De repente, a garota rejeitada na cidade do interior se vê cobiçada nos pontos fashion do mundo. Acontece uma mudança de valores.

Além disso, a viagem exige um amadurecimento maior, extremamente rápido. Meninas novíssimas convivem num mundo adulto, longe dos pais, e muitas vezes dão de frente com a pior parte: as drogas.

Fique alerta!

Modelos profissionais, agenciados e ligados ao sindicato podem ficar tranqüilos quando são convidados para trabalhar no exterior. Há todo um processo de avaliação do contrato de trabalho do modelo. O mesmo não se pode dizer de modelos amadores. O perigo ronda os sonhadores, que podem cair em armadilhas de picaretas que se dizem profissionais do mercado. Prometendo sucesso, dinheiro e fama internacional, conseguem tirar dinheiro de inocentes e até destruir a vida de quem sonha com o estrelato e não está bem informado. O comércio de escravas brancas é assunto antigo, mas ainda se repete nos dias de hoje. Ou seja, a menina sai para ser modelo, e quando chega ao destino é para se prostituir.

Um anúncio no jornal oferecia assessoria de currículo para modelos fazerem carreira na Europa. Cobrava-se uma taxa da pretendente, com a promessa de torná-la conhecida e de buscar trabalhos no outro continente, enquanto a pessoa esperava no Brasil. Você pagaria por isso?

As boas agências do Brasil costumam manter um relacionamento estreito com as melhores agências estrangeiras. Para que se arriscar com alguém que você não conhece?

NEM TODA NUDEZ SERÁ CASTIGADA

Como tudo muda nesta vida, o preconceito sobre o nu também vem perdendo força. O que era escândalo até pouco tempo atrás hoje não é mais. Atualmente, é até motivo de orgulho para muitas mulheres o convite para posar nua em uma revista masculina. As mudanças não param por aí: os homens estão posando nus, não só para revistas para *gays*, como também para as femininas. Sem problemas, o nu masculino já era visto nas estátuas da Grécia antiga e nas esculturas do Renascimento. Mas, afinal, tira-se a roupa pela arte ou por fama e dinheiro?

NUDEZ PELA ARTE

Considero nu artístico aquilo que se faz para os fotógrafos de arte e para os artistas plásticos que pintam telas ou esculpem estátuas inspirados em modelos.

Na arte da interpretação, o nu geralmente está relacionado ao enredo, seja em filmes, novelas, seja em cinema ou teatro. Nesse caso, também é um trabalho artístico. Seria até engraçado contar a vida de uma tribo indígena mostrando atrizes de calça comprida. E pareceria um tanto estranho interpretar uma prostituta vestindo roupas comportadas. Às vezes modelos substituem atrizes, fazendo o trabalho de dublê em cenas de nudez e até de sexo. Em comerciais, novelas e filmes de cinema isso é comum quando a atriz não pode fazê-lo, pela idade, ou não quer se expor. Mas, eventualmente, também surge o "nu pelo nu", ou melhor, cenas de nu que nada acrescentam. É a chamada banalização do nu.

Fotógrafos realizam exposições e lançam livros de fotos que exibem a nudez de modelos, atrizes e outros artistas, alguns até famosos. Em geral são trabalhos de bom gosto, mas o nu artístico também pode chocar. A capa de um livro foi estampada com a foto de uma mulher "crucificada" como Jesus, com os seios nus. A Igreja Católica francesa protestou e conseguiu tirar o livro de circulação. Para fotos artísticas carregadas de sensualidade também há muita criança tirando a roupa. Pior é que com o consentimento da mãe.

Alexia Bairon por Luiz Lhacer, para a exposição Almas Nuas.

Nem toda nudez será castigada **347**

O NU POR UMA SOCIEDADE MELHOR

Há situações em que o nu é necessário e bem-aceito. Um exemplo é o das campanhas da área da saúde em que modelos mostram os seios para mostrar como fazer um auto-exame. A atriz Cássia Kiss fez esse tipo de campanha sem o menor pudor e com muito orgulho. Na Colômbia, uma modelo fez um desfile para apresentar a calcinha camisinha, ajudando a mostrar o novo método anticoncepcional feminino.

**PROTEJA O PEITO.
A TUBERCULOSE
TEM CURA.**

TOSSE COM CATARRO POR MAIS DE 3 SEMANAS PODE SER TUBERCULOSE.
PROCURE UM POSTO DE SAÚDE E FAÇA O TRATAMENTO ATÉ O FIM. É GRÁTIS.

Cortesia da agência de publicidade DM9DDB/Jairo Goldflus

Cíntia Mendes tira a blusa para a campanha contra a tuberculose, do Ministério da Saúde, criada pela agência de publicidade DM9DDB.

NU FASHION, NU LIGHT

Nos desfiles de moda, os anos 1990 banalizaram a aparição de modelos com blusas transparentes ou sem blusa. Por estética, moda ou pela vontade de chocar, não importa. Transparências, rendas, correntes, amarrações, fios, decotes exagerados. Na vida real, pouquíssima gente usa blusa transparente com os seios aparecendo. Na passarela, o conceitual sobrepõe-se ao comercial. A passarela é como um teatro, e os estilistas decidem ousar. Nesse *show* vale tudo para prender a atenção da platéia. Como o camarim diferente, montado no meio da passarela, onde os modelos trocavam de roupa diante do público. O problema é que o *show* envolve meninas muito novas, o que traz discussões à tona. Por outro lado, muita gente que assiste a esses desfiles não está lá para reparar nos seios delas.

Nos desfiles de roupas íntimas, transparências e muita sensualidade preenchem as passarelas com a maior naturalidade. O problema também é a erotização precoce. Meninas de 13 anos, donas de um corpo com formas definidas, parecem mulheres de 25 exibindo sensualidade. Nesse caso, a pessoa responsável pela menina pode selecionar as peças mais apropriadas à sua idade, evitando uma exposição inadequada.

O NU NA PUBLICIDADE

Campanhas publicitárias com apelo sexual atraem muito os consumidores e fixam marcas. Na verdade, usa-se mais a sensualidade que o nu explícito. A completa nudez raramente aparece, exceto em anúncios de garotas de programa. Para vender lingerie, a modelo costuma aparecer de calcinha e sutiã na fotografia. Mas é muito normal que numa revista de beleza e cirurgia plástica apareçam anúncios que mostram seios e bumbuns perfeitos nus ou seminus, assim como nos anúncios de aparelhos e cremes contra flacidez e celulite. Alguns anúncios de perfume também transbordam sensualidade. De repente, um homem de costas, sutilmente nu, ilustrando uma campanha que é pura arte. Bonito de ver.

O NU NA IMPRENSA

No jornalismo, algumas matérias são ilustradas com fotos de pessoas nuas porque isso é necessário. Matérias de beleza, de saúde e de comportamento estão entre as que mais exibem gente sem roupa. Há fotos que nem mostram o rosto da modelo porque a intenção é mostrar determinada parte do corpo. Quando a foto está na capa, muitas vezes tem o objetivo da publicidade: vender mais revistas.

Revistas que exibem tudo

Quando se trata de fotos para revistas masculinas, a questão é outra: dinheiro e fama. Por mais que o ensaio fotográfico seja lindo, a arte é mais do fotógrafo que da modelo. Participação nas vendas das revistas mais o contrato pelas fotos são um atrativo e tanto.

Admiro a sinceridade de quem fala que é o dinheiro que o atrai para fazer nu. Algumas beldades tiveram a primeira renda significativa e impulsionaram a carreira depois de tirar a roupa. Posaram nuas, encheram o cofrinho e ganharam fama.

Para quem deseja se destacar como modelo de moda, esse é um caminho arriscado. O mundo fashion praticamente abomina esse tipo de trabalho. Se a modelo fizer isso no início da carreira, dificilmente conquistará as passarelas mais concorridas do mundo. Claro que há exceções, mas você arriscaria? Na publicidade, muitos anunciantes não querem associar seus produtos a uma mulher que posou nua, a não ser que o produto seja relacionado a isso.

Se para uma modelo já é complicado tirar a roupa, imagine quem vem de outra área. Já houve jogador de futebol que desagradou a seu clube por posar nu.

Mas a postura da sociedade diante do nu muda de acordo com a época, com a cultura de cada povo e com a educação de cada um. Quando a revista *Playboy* chegou ao Brasil, as mulheres apareciam em poses sensuais, porém muito mais comportadas. No Japão, as fotos continuaram comportadas por mais tempo, com as garotas usando biquínis. E em determinados países ninguém pode entrar com uma revista assim.

Como as revistas de nu faturam alto com as sem-roupa, os caça-gostosas estão sempre atentos para donas de curvas em evidência na mídia. Os *reality shows* tornaram-se uma fábrica de garotas para posar sem roupa. Mas nem só moçoilas posam nuas. Mulheres maduras e bem cuidadas decidiram tirar a roupa. Perto dos 50 anos, a atriz Vera Fischer foi capa da primeira *Playboy* do ano 2000. Ângela Vieira seguiu a tendência.

Os homens também aderiram à novidade e não têm o menor pudor em se exibir completamente nus. Abusadíssimos e sem a menor vergonha, exibem músculos e muito mais nas revistas para *gays* e para mulheres. Vaidade e dinheiro entram em jogo, e eles não escondem nem mesmo isso. Atores, modelos, esportistas, todo mundo nu. Anônimos e famosos. É só ter corpo sarado e coragem. Tem revista que exagera. É uma superexposição, mas o público gosta.

Embora as celebridades cobrem altos cachês e fiquem em maior evidência quando posam sem roupa, o mesmo não acontece com muitos anônimos, que tiram a roupa em busca de fama e dinheiro e não vêem resultado. Nem todo mundo que posa de símbolo sexual vê grandes resultados. Pelo contrário. Uma candidata à fama já havia saído numa revista masculina três vezes, sempre ganhou cachês baixos e nada mudou na sua vida. Quem se habilita a tirar a roupa em troca de nada?

A FAMA QUE VEM DO CARNAVAL SEM ROUPA

No carnaval, dezenas de modelos novatas ou pretendentes à carreira tentam promover-se usando o mínimo de roupa, ou nenhuma, para chamar a atenção do público e, quem sabe, ganhar notoriedade. Sem falar nos bailes, o carnaval da avenida se apresenta como uma boa oportunidade para quem busca a fama, principalmente para quem vai sem roupa, o que sempre chama a atenção da mídia e do público. Nessa grande vitrine, a exposição é enorme. É um *show* televisionado e visto por uma massa de gente. Quem se destaca ainda aparece na mídia (revistas, jornais, etc.) até o assunto se esgotar.

Mas essa fama não é garantida, nem duradoura para todo mundo. Procure saber quantas delas se tornaram atrizes ou top models. A verdade é que a ilusão é maior do que a real possibilidade de isso acontecer. Enquanto uns viram estrelas, outros conquistam seus quinze minutos de fama e caem no esquecimento. Diz-se que Luma de Oliveira ganhou maior projeção como modelo ao atravessar a avenida com os seios aparecendo. Em contrapartida, muita gente deu um *show* de sensualidade na avenida e depois desapareceu da mídia.

Nos anos 1970 começou a tendência do *topless* no carnaval. Entre as pioneiras estava Monique Evans. Ao longo dos anos, isso foi se tornando natural, e a cada ano surgia gente com menos roupa na passarela do samba. Foi preciso combater os excessos, mas mulheres seminuas voltaram a aparecer. Embora a nudez tenha se tornado mais comum, ainda chama bastante a atenção dos espectadores e continua deixando a expectativa da fama para quem ainda não a alcançou.

Enquanto o carnaval é uma data oportuna para anônimos ganharem fama, os famosos, alvos das câmeras de tevê, ganham mais visibilidade ainda, com ou sem roupa. Uns participam por amor ao carnaval; outros, pelo prazer de lustrar o ego, entre outras coisas. Muitos nem têm samba no pé, mas participam mesmo assim. Os famosos atraem a atenção da mídia e dos espectadores. Por isso, há celebridades que recebem cachê para desfilar. Outras ajudam financeiramente a escola de samba na qual desfilam. E, enquanto umas beldades são convidadas, outras lutam para ocupar o posto de madrinha da bateria. Afinal, ali está uma grande chance de projeção, principalmente se a roupa for pouca.

O NU SEM GLAMOUR

Há muito nu vulgar, que não é arte, não é nada além de puro erotismo barato. É o caso das populares folhinhas de mulheres nuas, daquelas que decoram as paredes sujas das borracharias e atraem modelos de categoria bem inferior à das musas dos calendários da Pirelli.

ANTES DE TIRAR A ROUPA, PENSE NO FUTURO

Não há certo ou errado quando o assunto é tirar a roupa profissionalmente. Tudo depende do tipo de trabalho que você quer conquistar e da imagem que você quer construir para sua carreira. É bom pensar cuidadosamente sobre isso. Você acha que fica bem uma apresentadora de programa infantil sair nua em revista masculina? Além disso, começar uma carreira assim pode ser um tanto complicado. Talvez só te ofereçam trabalhos nessa linha e você não queira isso.

Se você pretende fazer outra linha de trabalho no futuro, cuidado. É preciso estar consciente do que está fazendo, para não se arrepender depois. Há modelos que posaram nuas ou participaram de cenas eróticas em filmes e tiveram problemas com isso muitos anos depois. Isso já aconteceu com inúmeras modelos brasileiras, que, talvez por visualizarem nisso uma oportunidade de ganhar notoriedade, não perceberam o risco que isso representa. Quando a consciência fala mais alto, já é tarde. A pessoa fica famosa, constrói uma imagem que não condiz com seu passado e se arrepende.

Exercer o papel de símbolo sexual pode atrapalhar o futuro quando se quer desempenhar outros papéis. Uma pessoa rotulada como objeto sexual provavelmente terá dificuldades para fazer carreira como atriz dramática. Agora, imagine uma ex-modelo seguir uma carreira burocrática depois de tirar a roupa por anos. É possível que percam o respeito por ela. Além disso, não é qualquer lugar que admite o nu sem problemas. Alguns países não aceitam muito bem a exploração da sensualidade.

O pior de tudo é fazer nu sem desejar, apenas pelo medo de perder uma oportunidade. Faça só o que você quiser. Faça aquilo que te faz bem.

O DIA DO JUÍZO

Há modelos que decidem parar de explorar a própria sensualidade por motivos diversos. Por uma nova profissão, pela idade ou pela vida pessoal. A modelo fica mais velha, casa, tem filhos... posar com trajes mínimos poderia deixá-los constrangidos no futuro.

Na verdade, a questão da nudez envolve a época e o lugar onde estamos. O que choca hoje provavelmente não chocará daqui a poucas décadas. E o que causa polêmica no Brasil pode não causar na África. Seios à mostra vêm se tornando algo normal em situações como desfiles de moda ou de carnaval. A bunda, então, é vista em vários lugares. Aliás, o mundo pôde ver o bumbum das modelos que desfilaram com biquínis vazados para a grife Rosa Chá, no São Paulo Fashion Week – Verão 2004. E pensar que, nas primeiras décadas do século XX, indecente era mostrar os tornozelos e que hoje em alguns países as mulheres andam nas ruas de seios de fora. Tudo é uma questão de adequação ao seu tempo e à sua sociedade. Quem quiser ousar aqui e agora, que tire a sua roupa.

PESADELO DE MODELO

A beleza dos modelos transmite uma idéia de perfeição. Parece que eles estão cheios de saúde, são superfelizes e têm uma vida perfeita. Ser modelo não é viver no paraíso. A profissão de modelo é boa, mas oferece suas desilusões, seus problemas e seus perigos.

O lado bom aponta para um mundo envolvente de glamour, dinheiro, facilidades, beleza e fama. Um mundo onde tudo parece girar exclusivamente em torno de diversão e prazer. Existe uma idealização muito grande em torno dessa profissão que massageia o ego quando tudo vai bem.

O lado ruim envolve uma vida sob pressão, exigências, cobranças, competição, isolamento da família, inveja, ciúme e outros fatores que nem todos suportam bem. Isso pode resultar em distúrbios alimentares, depressão, estresse, ansiedade e muitos outros problemas.

Mas nem todo modelo tem pesadelo. Com equilíbrio emocional dá para enfrentar os horrores da profissão e saber usufruir de tudo o que ela traz de bom.

PROBLEMAS QUE VÊM DA ALIMENTAÇÃO

De acordo com pesquisas realizadas, essa é a profissão feminina mais idealizada. Há muita menina querendo ser modelo, mas nem todas podem ser. E isso gera conseqüências.

Essa profissão tem como exigência a perfeição estética, bastante associada à magreza, principalmente no mundo da moda, o que traz uma insatisfação muito grande para quem não corresponde ao padrão imposto. Há garotas naturalmente magras, com quadris estreitos e medidas proporcionais. Outras têm quadris largos, tendência para engordar e fazem qualquer sacrifício para ter corpo de modelo. Mudar a estrutura física é quase impossível. Devido ao próprio biótipo, algumas candidatas a modelo jamais alcançarão o padrão exigido pela indústria da moda, mas muitas vão tentar. Para realizar o sonho de ser modelo, elas fazem dietas e mais dietas. E, às vezes, por conta própria, o que é uma completa falta de responsabilidade.

A obsessão pela magreza é capaz de se transformar em problemas alimentares e psicológicos, dos mais leves aos mais graves.

Anemia

A busca pela magreza extrema pode debilitar o organismo. A anemia, caracterizada pela falta de ferro no organismo, é comum entre modelos que fazem dietas inadequadas, sem acompanhamento médico. Os tabus alimentares também são culpados. Quem disse que não se devem comer feijão e carne vermelha? Esqueça o conselho ou provoque uma anemia. Está certo que a anemia pode ter outras causas. Segundo o nutrólogo e hebiatra (médico de adolescentes) Mauro Fisberg, há uma tendência grande para a anemia na adolescência, justamente a fase em que se encontra um alto número de modelos. A menstruação irregular, ou qualquer perda de sangue excessiva, também leva à anemia se não houver uma reposição adequada de ferro.

Entre os sintomas estão a fraqueza, o cansaço, a palidez e os desmaios. Um fotógrafo de book viu várias meninas desmaiarem de fome durante a sessão fotográfica porque estavam comendo mal para emagrecer.

O dr. Fisberg aponta as conseqüências: "A anemia provoca, entre outros efeitos, alterações da capacidade de memória e diminuição da inteligência, causando deficiência de aprendizado e baixo aproveitamento escolar – e certamente, num mundo altamente competitivo, esses fatores também podem levar a uma pior condição de *performance* na carreira".

Embora a anemia não seja um distúrbio alimentar, como a bulimia e a anorexia, ela pode estar associada a um desses problemas. E pode levar à morte em casos mais sérios. Quem tem anemia deve tratá-la. Segundo o nutrólogo Fisberg, é preciso submeter-se a controle médico e tomar remédios, além de alimentar-se de forma adequada.

Falta de cálcio

Mais uma vez, a dieta maluca pode ser culpada. Quem não tem uma alimentação composta por leite e derivados pode começar a se preocupar. Alguém disse que leite não é necessário ou faz mal? Talvez faça mal enfraquecer a ossatura e ter uma osteoporose mais tarde.

O nutrólogo Mauro Fisberg esclarece: "É na adolescência que a gente precisa ingerir uma quantidade maior de cálcio, quase sempre encontrado no leite e derivados (queijos, iogurtes, etc.), que muitas modelos não consomem em quantidade adequada. Como as modelos em geral cresceram muito rápido, elas precisam absorver mais cálcio que a maior parte da população. A diminuição de cálcio nos ossos vai gerar uma fragilidade maior. Nessa situação, se elas tiverem atividade física intensa, podem ter mais facilidade de sofrer fraturas. E no futuro, com certeza, uma maior chance de ter osteoporose".

Assim como a falta de ferro e de cálcio no organismo, há muitas outras deficiências que surgem em razão de uma alimentação cheia de falhas. Inúmeras modelos passam a vida seguindo dietas sem sentido e prejudicando a própria saúde. Buscar a orientação de nutrólogos e nutricionistas é a atitude mais adequada para quem pretende alcançar o peso ideal preservando a saúde.

DISTÚRBIOS (TRANSTORNOS) ALIMENTARES

Toda essa preocupação em alcançar um peso que não é o mais adequado para o seu biótipo pode resultar em distúrbios alimentares, entre os quais a bulimia e a anorexia são os mais conhecidos.

Dessas graves perturbações no comportamento alimentar, cerca de 90% dos casos ocorrem com mulheres. Talvez porque o conceito de beleza imposto a elas, principalmente às modelos, seja bem distante da sua natureza, ao contrário dos homens, que são considerados bonitos com músculos desenvolvidos e um peso normal.

Embora a causa desses distúrbios possa estar numa disfunção orgânica, a maioria dos casos de bulimia e anorexia revela pessoas extremamente preocupadas em conquistar uma beleza magra. No caso das modelos e das aspirantes à carreira, essa preocupação é maior ainda, pois seguir o padrão de beleza das passarelas é uma obrigação para elas. Aliás, o mundo da moda é acusado pelo meio científico de ser uma fábrica de anoréxicas e bulímicas. Não é para menos. Um centímetro a mais nos quadris pode tirar as modelos do padrão fashion. Essa pressão psicológica as leva a buscar desesperadamente um corpo magro, o que pode desencadear distúrbios alimentares. Para evitar maior incidência de distúrbios, tanto em modelos quanto na população em geral, a Associação Médica Britânica (BMA) chegou a incentivar o governo britânico a combater o uso de modelos muito magras pelas revistas.

O psicólogo Marco Antonio De Tommaso aponta uma situação corriqueira: "Geralmente, uma menina muito magra chega na agência de modelos e recebe uma orientação do booker ou de outra pessoa de que ela precisa emagrecer x quilos ou perder x centímetros de quadris em um tempo x. Todo mundo vira autoridade nessa hora. Isso envolve um procedimento de altíssimo risco. Se ela não consegue trabalhos, começa a pensar que é porque está gorda. Vai chegando o vencimento do aluguel e ela fica se culpando porque o pai ainda está mandando dinheiro, que ela não tem mais de onde tirar". Isso pode gerar uma busca desenfreada pelo emagrecimento.

Para seguir o padrão exigido pelo mundo fashion, as modelos costumam trocar conselhos, ensinar dietas mirabolantes, muitas vezes perigosas. Na tentativa de emagrecer, muitas tomam laxantes ou agem de forma mais drástica. O dr. Tommaso conta: "Uma modelo de apenas 13 anos parou de comer porque cismou que estava barriguda e desmaiou de fome". Ele citou casos mais graves: "Uma menina tomou detergente para vomitar. Outra misturou vinagre com laxante para que o efeito fosse mais rápido. Depois, surgem as conseqüências". Parece inacreditável, mas isso realmente ocorre. Quem trabalha com modelos sabe que a história de algumas delas comerem apenas um prato de alface por dia não é exatamente uma lenda.

Tentar emagrecer sem qualquer critério acaba se tornando uma violência contra o biótipo. Quando se fala em emagrecimento, trata-se primeiramente de perda de gordura, e não de peso. Às vezes perde-se peso e o corpo não se modifica. Por isso, as dietas radicais e que induzem à perda rápida de peso não funcionam, pois fazem com que a pessoa perca apenas uma série de nutrientes e também massa magra. Se uma menina já é magra e tem percentual baixo de gordura no corpo, de onde se vai tirar medida? Como observa a nutricionista Alexandra Rodrigues, "a partir de um certo ponto, o corpo vai usar massa magra como fonte energética. Então, haverá perda de proteína, musculatura, etc., comprometendo a saúde". Resultado: a menina começa a ter um peso baixíssimo, começando a economizar "combustível", e provavelmente vai entrar em amenorréia, parando de menstruar. Daí para a depressão é um pulo. Aliás, a depressão é muito associada a esses problemas. Mais de 50% das pessoas que têm transtornos alimentares têm depressão.

Anorexia nervosa

Uma pessoa com anorexia nervosa faz de tudo para não ganhar calorias. Numa busca obsessiva pela magreza, ela costuma rejeitar os alimentos mesmo quando tem fome. A psicóloga e ex-modelo Sâmia Maluf comenta: "A anoréxica nega ter fome, mas isso não é verdade. Para conseguir emagrecer, ao comer qualquer tipo de alimento, costuma provocar vômito com os dedos, cabos de colher, arames, etc. Pode também tomar laxantes, diuréticos ou praticar exercício físico em excesso".

A top Kate Moss tornou-se símbolo de uma geração de modelos de visual anoréxico, e já foi acusada de ter contribuído com sua magreza para o aumento do número de anoréxicas. Diante desse padrão de beleza, muitas pessoas criam uma busca incessante pelo emagrecimento. Esse sentimento leva ao desequilíbrio emocional, causando distúrbios e fazendo a pessoa deixar de comer. O estresse pode desencadear a doença, mas, segundo o psicólogo Marco Antonio De Tommaso, "a anorexia pode começar com uma dieta 'inocente', em que a pessoa corta alguns alimentos, e aos poucos esse processo vai aumentando".

Mais de 90% dos anoréxicos são mulheres. Esse distúrbio ocorre mais com as adolescentes entre 14 e 18 anos, que, preocupadíssimas com qualquer quilinho a mais, mergulham num processo neurótico. Mas também pode ocorrer com mulheres adultas e homens. Costuma atingir principalmente as modelos porque elas precisam controlar o peso com maior rigidez. Um diretor de uma das principais agências relata que infelizmente não teve apenas um caso de anorexia, mas vários.

A anorexia nervosa pode estar presente na menina que está em fase de crescimento e não ganha o peso esperado. Mas uma das características mais comuns desse distúrbio é a perda de peso excessiva. O fato de emagrecer é considerado normal. Anormal é emagrecer até atingir um peso abaixo do normal mínimo para sua idade e altura e, apesar disso, ainda se achar gorda. As pessoas anoréxicas se recusam a manter o peso em uma faixa normal mínima. O peso abaixo de 85% do normal já é considerado um problema. Em estados mais graves, uma anoréxica adulta pode chegar a pesar menos de 28 kg – o que lhe confere uma aparência assustadoramente magra. No entanto, mesmo estando muito abaixo do peso normal, o seu medo de engordar é enorme. E, quanto mais peso ela perde, mais preocupada fica.

Geralmente ela tem uma percepção perturbada da forma e do peso/tamanho do corpo. Ela costuma se pesar e se medir obsessivamente, além de se olhar muito no espelho para verificar suas "gorduras". Algumas meninas são magérrimas, e continuam dizendo que são "gordas". Elas têm horror a gordura.

Um dos sintomas desse distúrbio é o isolamento social. A anoréxica se esconde, não quer se relacionar com as pessoas. E assim esconde sua doença. De acordo com o dr. Tommaso, "quando há uma palestra sobre esse distúrbio, ou a anoréxica não vai ou não se expõe".

Em conseqüência da anorexia, surgem outros problemas. Uma anemia mais profunda é certa nesses pacientes que rejeitam comida. Quando estão muito abaixo do peso, costumam ter sintomas como depressão, irritabilidade, insônia e pouco interesse por sexo.

O outro problema, exclusivamente feminino, é a irregularidade na menstruação. Mais grave ainda é a amenorréia, a ausência de menstruação.

"É uma maneira de o organismo se proteger, porque ele deixa de perder ferro. Há vinte anos, a gente não menstruava durante seis meses, mas não se sabia o que era isso nem por que acontecia. Todos os dias eu tomava anfetamina, laxante, diurético, remédio para tireóide (que acelera o metabolismo), tudo para inibir o apetite e manter-me no padrão modelo. Virei dependente e desenvolvi um princípio de anorexia que acabou em amenorréia. Fiquei muito tempo sem menstruar. Esses problemas desencadearam outros. Quando fiquei grávida da minha primeira filha, nem desconfiei, pois eu já não menstruava. Quando engravidei do meu terceiro filho, tive que tomar um monte de remédios para segurar a gravidez, e ele nasceu prematuro, de seis meses. Tive uma depressão horrorosa e síndrome do pânico, porque mexi muito com a área dos neurotransmissores. Uma parte do meu cérebro foi afetada. Isso foi uma conseqüência de eu ter vivido um padrão, uma ditadura da moda." (Sâmia Maluf, psicóloga e ex-modelo)

O tratamento pode envolver psicoterapia, antidepressivos, endocrinologista e até nutricionista para traçar um programa de alimentação. Em casos mais avançados, é preciso combinar tratamento médico e psicológico, e até partir para a internação em hospital. "O que dificulta o tratamento é o fato de a anoréxica raramente admitir ter a doença. Os grandes inimigos dela são o psicólogo, o psiquiatra e a nutricionista, que vão fazer de tudo para ela ganhar peso", comenta o psicólogo Marco De Tommaso. E aí mora um problema enorme.

A anorexia pode levar à morte. Algumas pessoas se curam; em outras, a doença se torna crônica. Em casos mais graves, a perda de peso pode ser tão grande que a pessoa pode morrer. Segundo dados da Associação Médica Britânica, a anorexia mata cerca de 20% das vítimas. Entre as inúmeras causas estão a parada cardíaca, a inanição e até o suicídio.

Na busca obsessiva pelo corpo "ideal", histórias dramáticas vão sendo construídas. Após começar uma dieta para perder peso, muitas mocinhas desenvolveram anorexia nervosa e interromperam uma vida que poderia ser brilhante, mesmo que com uns quilinhos a mais.

Bulimia nervosa

Enquanto a anorexia leva à rejeição da comida, a vítima de bulimia come demais em um curto período de tempo, e em seguida é tomada de um grande sentimento de culpa, que a leva a tentar compensar esse comportamento de forma inadequada.

Os episódios de compulsão alimentar se repetem com freqüência. A pessoa come de tudo o que está ao seu alcance. É tomada de uma voracidade incontrolável, ingerindo uma grande quantidade de comida, geralmente doces e alimentos altamente calóricos – quilos de chocolate, latas de leite condensado, etc.

A bulímica também tem muito medo de engordar, um medo exagerado. Muitas têm uma noção distorcida da forma e do peso do seu corpo. Geralmente se vêem mais gordas do que são, mas conseguem se manter dentro do peso normal, ou um pouco acima.

Depois dos "ataques de comer", a vítima de bulimia adota comportamentos compensatórios. Pode provocar vômito; provocar diarréia, ingerindo laxante; tomar diurético; fazer exercícios compensatórios; e fazer jejum. Provocar o vômito é um dos comportamentos compensatórios mais comuns e que mais chamam a atenção.

Para diminuir a barriga ou emagrecer de uma forma geral, ela toma laxantes ou purgativos de forma inadequada. O uso de laxante em excesso desregulariza o intestino, desidrata o corpo, compromete a pele e estraga a flora intestinal. Quem tem bulimia também toma diuréticos e outros medicamentos, além de fazer jejum por um dia ou mais.

O exercício compensatório não é o que se faz por prazer, por estética, visando um objetivo. É uma punição pelas calorias ingeridas. A bulímica é capaz de correr vários quilômetros por dia para queimar essas calorias. E malhar exageradamente acaba fazendo mal. No desespero de se exercitar, ela pode fazê-lo em momentos inadequados, afetando seus compromissos. Até quando está machucada ela pode querer continuar malhando.

Por sentir vergonha do seu comportamento, a bulímica pode ter problemas na escola ou no trabalho, mas não se isola tanto quanto a anoréxica. De acordo com dr. Tommaso, ela admite que tem o problema mais facilmente, e não resiste ao tratamento, como a anoréxica.

Os sintomas físicos da bulimia são fraqueza, indigestão, irregularidade na menstruação, desidratação, mudança de humor, exaustão. Mesmo sendo menos obsessiva e perfeccionista que a anoréxica, a bulímica pode ter crises de depressão e de ansiedade.

Embora a anorexia nervosa seja mais grave, a bulimia também é um problema muito sério. O índice de cura é maior que nos casos de anorexia. É mais difícil a doença tornar-se crônica, mas a bulimia também pode levar à morte se não for tratada.

OUTROS PROBLEMAS DE MODELOS

Além dos distúrbios alimentares, os da ansiedade e os afetivos também são fantasmas que assombram os modelos. Cabeça no lugar, controle emocional e uma dose de bom humor ajudam a espantar esses monstros da profissão.

Ansiedade

Por trás de um lindo rosto e um corpo perfeito pode haver uma modelo ansiosa. Aliás, a ansiedade é muito comum entre a maioria das beldades. A preocupação excessiva, o medo e a tensão constantes levam à ansiedade, um estado de angústia mental em que os modelos se encontram habitualmente. Preocupar-se com o peso, imaginar que não vai corresponder às expectativas dos agentes, esperar pelo resultado do teste e nunca ter certeza de que vai passar, perceber que a competição é enorme, contar os dias para ver a família que está longe e não saber o que fazer quando a carreira terminar estão entre as causas de tanta ansiedade. Por esses problemas, as meninas costumam chorar muito.

Conforme o psicólogo Marco Antonio De Tommaso, quem sofre de ansiedade fica tentando constantemente prever o que vai acontecer e sente um grande desconforto psicológico. É normal sentir-se desamparado, humilhado, culpado e inútil. Com certeza, muitos modelos já se sentiram assim, mas é preciso controlar esse mal.

Estresse

Problemas financeiros, profissionais, pressão, uso de drogas, falta ou excesso de trabalho, correria e insegurança são causas comuns do estresse. E a vida de modelo não está imune a isso. O dr. Tommaso comenta que os índices de estresse dos modelos são bem altos. "É muita coisa ao mesmo tempo, o que desencadeia um processo muito forte de estresse." Além disso, mudanças violentas ocorrem na vida dessa gente bonita em conseqüência da profissão. De repente, uma menina de 13 anos mergulha num mundo que exige personalidade formada, equilíbrio emocional e responsabilidade de um adulto, mas ainda está passando pelas turbulências da adolescência. Com essa idade, não é fácil mudar de cidade, ir para São Paulo, tentar adaptar-se e enfrentar um mundo cheio de competições. E as que ainda brincam de boneca começam a pensar que têm problemas.

Os primeiros sinais de estresse incluem uma mudança no comportamento habitual. De repente, a pessoa fica insatisfeita com tudo, irritada à toa e sem ânimo para nada. Para completar, pode ganhar ou perder peso, ter insônia, dor de cabeça, cansaço e queda de cabelo. O sistema imunológico também sofre. Os estressados ficam doentes com mais facilidade. Imagine uma modelo com gripe, infecções, herpes, etc. Ah, não! Para prevenir, relaxe um pouquinho.

Dismorfofobia

É um problema que tem origem na obsessão pela perfeição estética. A pessoa com esse distúrbio tem uma imagem distorcida do próprio corpo – obsessão ilusória e doentia que a leva a acreditar ser portadora de imperfeições físicas de toda ordem. Apesar da aparência normal, ela se preocupa com algum defeito que imagina ter. Pode ser também que ela tenha um pequeno defeito, mas sua preocupação é acentuada, excessiva e desproporcional ao tamanho do problema.

Uma modelo com esse distúrbio também pode ser bastante prejudicada, principalmente quando começa a evitar situações. Deixa de ir aos testes, não vai à piscina e assim por diante, chegando à depressão. Para evitar esses problemas, aceite-se, ame-se e cuide-se.

Fobia social

É uma timidez exagerada. Um medo enorme e persistente de situações sociais. A pessoa evita qualquer ocasião em que precise falar em público, conversar, porque tem grande dificuldade de lidar com os outros. Até ir a festas é um desconforto para ela, que facilmente fica vermelha ou pálida, sua, treme e gagueja.

Isso pode acontecer com modelos que vêm do interior. Quem tem fobia social não pode ser modelo, que em geral é o centro das atenções. Por isso, muita gente desiste.

Para ficar sem vergonha, no bom sentido, terapia e medicação são a solução.

Insônia

Não é uma doença, mas uma conseqüência de algum problema como ansiedade, estresse, uso de determinadas drogas, etc. De repente, o sono não vem. Por uma noite tudo bem, mas não dá para ter insônia sempre.

Modelo perde o sono por muitos motivos. Porque vai desfilar para um estilista importante em Milão, porque brigou com seu agente e por aí afora. Com equilíbrio emocional tudo isso fica fácil de contornar.

Depressão

É um estado de tristeza e de enfraquecimento emocional. A depressão pode surgir de um acontecimento ruim, por fator psicológico, sociológico, bioquímico ou fisiológico, ou mesmo por herança familiar. Na verdade, são inúmeros os motivos que levam uma pessoa à depressão: solidão, rejeição, frustração, estresse, perdas, baixa auto-estima, falta de sol, dieta inadequada, falta de dinheiro e trabalho, etc. Há muito modelo "deprê" em razão de aspectos da própria profissão, que contribuem para que surja o problema.

Sintomas: preocupação, aborrecimento, tristeza e crises de choro, falta de apetite e perda de peso (ou aumento de apetite e ganho de peso), sono em excesso (ou insônia), perda de interesse, irritabilidade, agitação, cansaço, alergias e perda de concentração. A pessoa ainda se sente inútil e culpada sem motivo. Em casos mais graves, perde a vontade de viver e pode cometer suicídio.

Em conseqüência, fica ansiosa, ou relaxa com a aparência. E isso modelo também não pode fazer. Para aliviar, alguns passam a usar drogas, piorando a situação. Tudo isso é capaz de atrapalhar a vida profissional de qualquer modelo. É o caso da menina que chorava no teste, na frente do cliente, e acabou sendo excluída da agência.

O tratamento pode incluir medicação antidepressiva, psicoterapia e exercícios.

Pressão

Modelos também sofrem muita pressão, muita cobrança. A agência cobra cuidados com a estética, profissionalismo e bons resultados. Os estilistas cobram medidas perfeitas. O fotógrafo cobra a pose perfeita, e assim por diante. Depois de investir em book e outras coisas, a família cobra resultados que se traduzam em trabalho e dinheiro. Muitas modelos viram arrimo de família, e só continuam nessa profissão porque os pais obrigam. Tanta pressão gera insegurança e ansiedade. Tente resistir, mas, se a pressão e o desejo de parar forem intensos, o melhor é desistir.

Rejeição

Antes mesmo de entrar na profissão, é necessário saber lidar com a rejeição. Das candidatas que tentam a carreira, a maioria é dispensada. Quem participa de concursos também precisa de equilíbrio emocional para não sofrer, porque poucas vão ganhar.

Para modelos profissionais, saber lidar com a rejeição é regra número um. Os índices de rejeição nessa profissão são altíssimos, uma das características da profissão de modelo. São inúmeros testes e poucos trabalhos, principalmente enquanto você não tem fama. Não ser chamado para os testes ou ser recusado para um trabalho faz parte do dia-a-dia do modelo, que compete o tempo todo com muita gente. Para cada trabalho busca-se a pessoa mais adequada, a melhor. De new faces a top models, todos costumam sofrer com a rejeição. A verdade é que todos odeiam receber um não: crianças, adolescentes e adultos; novatos e veteranos. A fraqueza vem à tona e se achar um lixo é comum, mesmo que você saiba que não é nada disso.

"Um grande problema da profissão é não se poder medir precisamente a capacidade, o talento, a beleza. Não há um cronômetro ou um aparelho que mostre com precisão a sua potencialidade. O critério de escolha de um modelo não é objetivo, nem subjetivo. Pior do que isso: é arbitrário. Dessa forma, um produtor que gosta de você pode estar de mau humor num determinado dia e dizer que você não serve. No mesmo dia em que alguém diz que uma modelo tem peito demais, outro diz que ela tem peito de menos. Você acaba de cortar o cabelo e alguém te diz que só tem trabalho para quem tenha cabelo comprido." (Dr. Marco Antonio De Tommaso, psicólogo)

É preciso evitar a comparação com outras pessoas. Há modelos que fazem uma avaliação errada do seu progresso. Em vez de pensar em quanto avançaram na profissão, acham que estão fracassando porque outros modelos estão brilhando no exterior. Estabelecer um parâmetro muito alto gera uma sensação de fracasso. Faça o melhor que puder, cuide-se e aceite-se como você é. Isso pode ajudar a enfrentar os nãos na carreira de modelo.

Baixa auto-estima

Uma queda na auto-estima pode vir de problemas com a própria imagem. E isso é fácil de encontrar no meio de modelos. Meninas belas se acham feinhas, e magérrimas se acham gordinhas. Parece que elas só se olham naqueles espelhos de circo que deformam a imagem das pessoas. Mas isso pode ser causado pelo exigente mercado, que pede pessoas perfeitas, sem um quilo sequer a mais. E existem agentes e produtores que criticam e humilham as pessoas sem pensar nas conseqüências dessa atitude.

A rejeição também acaba com a auto-estima de muitos modelos.

"Quando não conseguem trabalho, muitas das adolescentes sofrem um duro golpe em sua auto-estima. A insegurança reina. Se ligam para a agência e o booker não lhes dá atenção, não olha na cara delas, já acham que estão fracassando ou que a agência não gosta delas." (Dr. Marco Antonio De Tommaso, psicólogo)

Muitas vezes, por achar que vai ser rejeitada, a pessoa nem tenta conseguir aquilo que deseja. Não vai à agência porque acha que não vai entrar para o cast, não vai ao teste achando que não vai passar, e depois reclama das dificuldades. Ora, desse jeito ninguém dá certo! É preciso ter confiança em si. Desenvolva sua auto-estima, acredite no seu potencial e seja persistente.

Solidão

A solidão é sentida quando é preciso mudar de cidade ou até de país, se afastar de casa, da família e dos amigos. Algumas meninas muito novas ficam nos apartamentos das agências ou no exterior lutando pelo sonho, mas choram muito enquanto se acostumam com a nova vida. A dificuldade de adaptação às novidades muitas vezes atrapalha o sonho e a vontade de vencer na profissão.

Nada bom sentir-se só, sem ninguém para conversar, fazer um carinho. A solidão pode levar à depressão, estimular o uso de drogas e outras coisas ruins assim. Que tal ler um livro ou assistir a um bom filme para exorcizar essa carência afetiva?

Medo

Segundo especialistas, inconscientemente algumas modelos engordam para não enfrentar o sucesso. Se o medo de enfrentar novas situações está querendo se instalar, controle-se.

Frustração

Um dos pesadelos que rondam a vida dos modelos é a frustração. Numa sociedade em que a idéia de felicidade está vinculada a dinheiro, sucesso e fama, a busca por esses valores às vezes é exagerada e pode ser motivo de frustração no futuro. A probabilidade de chegar ao topo é muito pequena.

Algumas meninas fazem uma mudança radical de vida para apostar na profissão de modelo, mas a recompensa não chega imediatamente. Aliás, na maioria das carreiras o começo é difícil. Dinheiro e sucesso normalmente chegam com o tempo, quando chegam. Imagine a situação de uma modelo que foi para Milão aos 12 anos, sem a família, sem falar inglês nem italiano. Ela recebia de sua agência apenas uma ajuda de custo para sobreviver, fazia até quinze testes por dia, mas realizava poucos trabalhos. É preciso ter equilíbrio emocional para enfrentar tudo isso sem se frustrar.

Decepção

Numa profissão que gera tanta expectativa, é fácil encontrar a decepção logo à frente. Seja com a profissão, seja com a agência, seja com as pessoas. Para começar, a carreira de modelo tem suas características brilhantes, mas também tem o lado fosco, que inclui problemas e preocupações.

A agência que você escolhe, por melhor que seja, pode te decepcionar. Desentendimentos acontecem. Há também as agências picaretas, que iludem aspirantes à carreira, dizendo que eles podem ser top models, vendendo um sonho para gente que nem pode realizá-lo. A pessoa faz um book, gasta dinheiro e descobre com o tempo que foi enganada.

Alguns estilistas, bookers, produtores e outros profissionais desse meio são capazes de cometer grosserias sem o menor cuidado para não magoar alguém. Outras pessoas sentem inveja e ciúme. Preparo psicológico é tudo contra a decepção.

Preconceito

Para muita gente, modelo significa garota de programa. Para outros, modelo não pensa, é burro mesmo. Ou é fútil, só pensa em coisas superficiais. Ah, quanto preconceito! Está certo que isso existe, mas há modelos com nível superior, com duas faculdades, com projetos de vida, cabeça boa, etc. Só que isso nem sempre interessa para a mídia.

Há muitas pessoas que prejudicam a imagem da profissão. É o caso da garota que aparece nua no carnaval e diz que é modelo, mas ninguém a viu trabalhando. Por conta dessas coisas, modelos ainda têm que agüentar o preconceito que ainda existe.

Faça sua parte cuidando da própria imagem. Ser modelo profissional também é ser um modelo de comportamento que possa ser copiado sem prejudicar ninguém.

Drogas

Álcool, maconha, *crack*, cocaína, anfetaminas, LSD, etc. Drogas lícitas ou ilícitas geralmente são prejudiciais à saúde e à beleza também. Bebida alcoólica, se usada descontroladamente, também faz lá seus estragos, físicos e morais.

Dizem que os modelos são bons usuários de drogas. Mas logo os profissionais que vendem beleza e saúde? Será que é mesmo a profissão que leva a isso? Ou será que é por causa da idade? Concordo que esse é um meio que favorece essa atitude. Os horários são flexíveis, as pessoas são pouco preconceituosas, ganha-se dinheiro e os modelos têm muita liberdade, pois não têm um chefe que os controle o dia todo. E muitas vezes moram longe da família. De qualquer forma, é possível usufruir de tudo isso da melhor maneira e ser careta com muito orgulho.

Entre as principais causas que levam os modelos a usar drogas estão:

- disponibilidade das drogas,
- desejo de emagrecer e agüentar o ritmo da profissão,
- timidez, ansiedade social ou fobia social,
- querer fazer parte do grupo,
- depressão,
- frustração,
- ansiedade,
- estresse,
- solidão,
- falta de informação ou conselhos errados sobre seus efeitos,

- falta de maturidade,
- falta de estrutura psicológica.

A droga prejudica os modelos em muitos aspectos. Há casos em que a mudança de comportamento é visível. Alguns modelos deixam de comparecer aos compromissos, outros se atrasam. Quando vão, ficam inquietos. Em alguns casos, a aparência fica prejudicada e o modelo é abandonado pela agência. Usar droga é um erro que pode destruir a própria vida. Muitas modelos viciadas em drogas tiveram sérios problemas ou morreram.

Além da preocupação com a saúde, deve haver também a preocupação com a própria imagem, com o marketing pessoal. Depois de ganhar o rótulo de pessoa que fuma, que cheira ou que bebe, o modelo pode ter sua carreira prejudicada. Se for famoso, a imprensa é a primeira a divulgar. É preciso pensar nas conseqüências. Após uma década de carreira, a top Kate Moss assumiu que só desfilava bêbada. Por causa disso, ela perdeu um contrato com a Calvin Klein. E, com a tendência de generalizar, as pessoas começam a dizer que todo modelo usa droga.

ESSES CASOS TÊM SOLUÇÃO

Relaxe! Ninguém precisa passar por essa turbulência só porque é modelo. Faça de tudo para manter a mente e o corpo saudáveis, e se for preciso recorra aos especialistas, principalmente médicos, nutricionistas e psicólogos.

Como o equilíbrio emocional é muito importante, uma assessoria psicológica pode ser bem-vinda. Se a conversa com a família, com o agente ou com os amigos não está ajudando, está na hora de encarar o psicólogo, que pode ser um aliado quando seus problemas vêm à tona.

Na tentativa de prevenir ou tratar problemas psicológicos freqüentes entre modelos, as agências mais estruturadas contratam psicólogos para orientar seu elenco. Como é muito mais difícil tratar do que prevenir, tais agências oferecem esse serviço aos modelos. O psicólogo Marco Antonio De Tommaso tornou-se conhecido por cuidar do equilíbrio emocional de modelos de algumas das melhores agências do Brasil. Para evitar que o mal se instale, devem ser feitos uma avaliação e um acompanhamento psicológico dos modelos desde sua entrada na agência.

A preparação para a fama também pode fazer parte dessa assessoria, já que é uma das preocupações dos psicólogos de modelos. A perda da identidade é comum quando o famoso vive um personagem durante todo o tempo.

INVISTA EM VOCÊ

Acabou a era da "loira burra". Hoje o mercado gosta de modelo pensante, inteligente, com talento e cultura. Gente assim pode ser mais bem aproveitada, tirando de letra qualquer desafio.

Modelos que se destacam costumam receber convites para dar entrevistas na tevê. Leia, atualize-se. A informação sobre o mundo ao seu redor te prepara para uma conversa inteligente, sem direito a vexame. A cultura valoriza o profissional.

Além disso, pode surgir uma oportunidade que você só poderá agarrar se tiver preparo. Sem estudo e inteligência fica cada vez mais difícil chegar ao estrelato. Ou talvez sua carreira seja curta e você tenha que se preparar para outra profissão. É preciso ser mais que um cabide para ocupar, por exemplo, o lugar de atores ou apresentadores de tevê competentes.

Se os compromissos aumentarem, tente conciliar escola e trabalho. Talvez dê para pedir reposição de aulas. Só pare de estudar se realmente a carreira engolir todo o seu tempo. E, assim que puder, volte. Estudar é importante. Pelo menos termine o ensino médio. Quanto mais uma pessoa estudar, maiores as suas chances de escrever melhor, falar melhor, enfim, comunicar-se melhor.

Cultura e educação caem bem em qualquer lugar. Falar bem e escrever bem dá respeito a todo profissional, de qualquer área. Aqui no Brasil a gente tem jogadores de futebol, cantores sertanejos muito talentosos, ricos, mas que não sabem dar uma entrevista. Que chato, não? Ver seu ídolo embaraçado porque não sabe falar...

Certa vez, em São Paulo, uma modelo de 18 anos disse-me que estava ansiosa para ver na tevê o comercial que ela tinha acabado de filmar. Eu lhe disse que não seria possível, pois a veiculação seria apenas no Centro-Oeste. Então ela comentou: "Que pena, só vai passar fora do Brasil?".

Já vi muito modelo escrever no termo de compromisso que já fez o comercial da "Closep" (*Close Up*), do "Mackenzi" (Mackenzie), que dança "Aché" (axé), etc. Outra colocou: "Razão social: solteira". Era para colocar o nome da sua empresa. Isso não impede que a pessoa seja fotogênica, linda, mas uma superprofissional deve saber se comunicar.

Algumas modelos que precisaram de mais tempo para se dedicar à carreira buscaram soluções diferentes. Para terminar a escola mais rápido, uma modelo cursou o ensino médio por sistema de créditos, por exemplo. Outras fazem supletivo por correspondência. O ideal é começar a carreira depois de terminar o ensino médio tradicional, mas o que fazer desse batalhão de estilistas que deseja as meninas de 14 anos?

Depois do ensino médio, pense numa faculdade, num curso de teatro, no que você quiser. Mas não pare por aí, como se nada mais houvesse para aprender. Sempre há. Aliás, atualmente há muito mais modelos que investem em conhecimento que no passado. Mas alguns param na metade do curso por causa do sucesso. Mylla Christie estava na minha classe, no curso de comunicação social, quando começou a brilhar como atriz. Em conseqüência, trancou a matrícula no 2º ano de faculdade. De todo modo, esse conhecimento sempre é aproveitado de alguma forma. Pelo menos o raciocínio tende a ser mais claro e rápido. E nada impede a pessoa de voltar a estudar mais tarde.

Claro que é preciso aproveitar as oportunidades, agarrar o sucesso quando ele bate à sua porta. Essa é uma profissão que não permite tanto o "deixar para depois", porque depois o mercado pode não te querer mais. Em outras profissões isso nem sempre é um problema. Um bom engenheiro não precisa ser jovem e bonito para ter sucesso.

Mesmo assim, parar os estudos é um problema, principalmente porque a carreira de modelo geralmente é muito curta. Depois de um tempo, você olha à sua volta e muitos dos seus amigos já estão na universidade ou estabelecidos numa profissão menos perecível.

CRIE UM DIFERENCIAL

Além do que aprende na escola, o modelo deve saber fazer outras coisas. Isso abre as possibilidades de trabalho, que pode se transformar em sucesso. Pessoas bonitas e interessantes existem em quantidade suficiente para competir com você. Ofereça mais que seus concorrentes.

Todo modelo deve saber posar, desfilar, interpretar, olhar para uma câmera e até falar, quem sabe... mas nem todos sabem.

Falar outros idiomas

Pelo fato de atualmente os modelos visarem entrar no casting internacional, trabalhando para agências do exterior, é bom falar outro idioma. O inglês é importante para te levar a vários países. Mesmo que seja para o Japão, pelo menos você consegue se fazer entender. Num teste para trabalhar nesse país, quem fala inglês pode passar na frente. Ficar de um a três meses no exterior fazendo mímica complica. Modelos que passam uma temporada mais longa ou acabam morando no exterior têm mesmo que saber se comunicar no idioma do país. Nada melhor do que falar inglês para trabalhar em Nova York, italiano para fazer a temporada em Milão ou francês para desfilar em Paris. Modelos internacionais normalmente aprendem a falar esses idiomas, o suficiente para enfrentar o roteiro fashion sem apertos.

Mesmo no Brasil, há comerciais em que o texto é apresentado em outro idioma, e o modelo precisa saber pronunciá-lo corretamente. Falar outras línguas também abre maiores possibilidades de trilhar um caminho mais nobre, como apresentar um programa de alto nível e não precisar de tradutor para entrevistar convidados estrangeiros. E até para receber uma homenagem no exterior vale a pena saber se comunicar e entender o que falam para você.

Dançar

Balé, sapateado, afro, tango, axé, seja lá o que for. Saber dançar pode fazer a diferença. Geralmente, os desfiles exigem coordenação e muito ritmo, pois é feita marcação de tempo para as entradas. Quando há coreografias, então, quem sabe dançar sai ganhando. Há comerciais em que o modelo precisa dançar. Aí não tem jeito. Tem que saber mesmo, ou levar jeito e aprender na hora. Prepare-se.

Praticar esportes

Arco-e-flecha, alpinismo, tiro ao alvo, capoeira, etc. Na publicidade, sempre há oportunidades para esportistas. Para um comercial de antiinflamatório, precisávamos de modelos que jogassem vôlei. Os que não sabiam jogar foram excluídos da seleção automaticamente. Outro filme pediu um "fazendeiro" que soubesse montar a cavalo e uma modelo que soubesse patinar.

Interpretar

Alguns comerciais precisam de modelos que possam interpretar, falar, etc. Mesmo para comerciais com texto simples, ajuda bastante ter preparo para vídeo. Modelos aspirantes a atores devem se preparar melhor ainda. Foi-se o tempo em que os modelos ingressavam na tevê despreparados para interpretar. Com a tendência de essa mídia investir em beleza com talento, muitos modelos tomaram a iniciativa de melhorar o currículo fazendo cursos de interpretação e trocaram suas agências por um contrato na tevê. Atentas à tendência, as boas agências passaram a apoiar esses talentos, direcionando-os, orientando-os e até equipando-se para aperfeiçoar a carreira do seu elenco. Algumas criaram um departamento específico para esses casos.

Quando um bom agente percebe que seu modelo tem maior tendência para a linha comercial, inclusive para a mídia eletrônica, ele costuma estimulá-lo a fazer curso de tevê, cinema e até mesmo teatro.

Se a sua agência não faz isso por você, tome a iniciativa. Cursos de teatro, tevê, cinema, oficinas, *workshops*. Procure saber sobre os *workshops* que surgem na sua cidade. Escolha sempre os melhores.

Quem não investe acaba esbarrando em dificuldades. Embalados pelo sucesso conquistado, alguns modelos arriscam fazer o papel de atores. Sem preparo para atuar, recebem textos curtos e geralmente a carreira não dá certo.

Cantar

Para modelo, saber cantar é acessório. Quero dizer, não é necessário mesmo. Se você não souber, terão que contratar alguém que cante enquanto você faz mímica. Mas, se deseja se preparar para atuar ou cantar profissionalmente, vale a pena começar.

Dublar

O uso da voz é interessante para aumentar a renda do modelo, mas são os atores que costumam fazer o trabalho com voz.

As produtoras de som precisam de pessoas com voz e dicção boas. Um comercial feito nos Estados Unidos que vem para o Brasil, por exemplo, precisa de um dublador para dizer em português o texto falado pelos atores americanos. É o mesmo trabalho dos filmes americanos dublados. O dublador também entra num comercial de tevê em que o ator/modelo tenha fala, mas não possua boa voz.

Fazer locução

Boa dicção e interpretação são fundamentais em determinados trabalhos. O locutor é um profissional da voz que trabalha em rádio, programas de tevê e comerciais, entre outras coisas. Na tevê, às vezes ele aparece enquanto fala. Quando a imagem do locutor não aparece e apenas sua voz é ouvida, isso se chama *locução em off*. Lembra do Lombardi, do Sílvio Santos? Nos comerciais, é um profissional que faz a locução enquanto aparece a imagem do produto. O dono da voz não entra em cena. Muitos locutores são atores, mas a voz pode ser a de um modelo. Agora, se o modelo tiver voz ruim, não faz comercial com fala.

Tirar proveito do computador

Se você não pretende ser *expert* no assunto, tudo bem. Aprenda pelo menos um pouquinho dessa tecnologia que veio para ficar. Não precisa ser um especialista para navegar na internet, que te coloca em contato com o mundo. Dá para descobrir ou fazer coisas bem interessantes. Há muita informação sobre agências e modelos nacionais e internacionais. Modelos participam de *chats*, embelezam *sites*, respondem aos *e-mails* de fãs e muito mais. Você também pode ter uma página (*site*) para divulgar suas fotos, sua trajetória e seus trabalhos.

CUIDE BEM DA SUA CARREIRA E DO SEU DINHEIRO

O objetivo de todo modelo é crescer profissionalmente, crescer muito, até fazer sucesso. Fama e dinheiro são conseqüências naturais desse sucesso, que nem sempre surge por acaso. Essa conquista pode ser uma sorte na vida ou a conseqüência de uma carreira bem assessorada.

Além de conquistar sucesso, é preciso administrá-lo bem. Saber o que fazer com todo o dinheiro que se ganha, cuidar da própria imagem, divulgar seu talento e assim por diante. Para isso, existem as assessorias.

ASSESSORIA GERAL

Empresários e agentes

Existe uma certa diferença entre donos de agência, agentes e empresários. Toda agência tem dono, é claro, mas nem todo dono de agência é um agente. Agenciar modelos é simplesmente cadastrá-los e esperar que os clientes surjam para contratá-los. Cada modelo cuida de si mesmo, sem orientação. Ser agente de modelos é mais do que isso. É administrar a carreira do modelo como o empresário costuma fazer com os atores.

Normalmente chamam de agente os donos ou diretores de agências de modelos que cuidam da carreira de suas beldades.

Chamam de empresário quem cuida da carreira de atores, apresentadores, cantores, músicos e outros artistas. Aliás, grande parte dos artistas consagrados tem seu empresário. Mas será que é essa a diferença? Bem, a Mônica Monteiro ficou conhecida como a empresária de Gisele Bündchen, uma modelo. Que confusão! Há quem diga que o agente cuida de vários talentos ao mesmo tempo, e que o empresário é aquele que se dedica a um ou poucos talentos, conseguindo fazer um acompanhamento mais individualizado da carreira da pessoa. Prefiro essa explicação, mas na verdade essa definição não importa, e sim o que eles fazem a fim de criar sucesso para os outros.

O empresário é aquele profissional que acredita numa pessoa, no seu talento, no seu trabalho e investe tempo, inteligência e muitas vezes dinheiro, administrando a carreira dessa pessoa, trabalhando em busca do seu sucesso. Quem são os empresários? Publicitários, advogados, donos de agências de modelos ou de atores, ex-bookers, mães, não importa. São eles que cuidam de tudo, do planejamento à realização. A partir de um planejamento de carreira, o empresário orienta o artista, dizendo o que ele deve ou não fazer, detecta oportunidades, abre caminhos, constrói uma boa imagem profissional, auxilia na assessoria de imprensa, filtra os convites para trabalhos e escolhe os melhores, negocia bom cachê, analisa os contratos, fecha contratos e luta pelos seus direitos. É um construtor de carreiras artísticas que faz um trabalho mais exclusivo.

Principalmente no caso das crianças ou adolescentes, existem mães que viram empresárias e tomam conta de tudo: alimentação, dinheiro, agenda, acompanham os trabalhos e viagens e muito mais. Algumas chegam a selecionar os trabalhos. Além de empresárias, são tietes da própria criação.

Fazer gerenciamento artístico dos artistas exclusivos, produção de elenco para as agências de publicidade, além de formar novos talentos dentro da agência, cuidando da carreira de cada um, faz parte do trabalho de empresários como Ina Sinisgalli, que entrou na Ford em 1997 para montar o departamento Celebrities, voltado para atores e apresentadores. Ela se tornou empresária exclusiva de uma parte das dezenas de agenciados, fazendo um planejamento estratégico para que cada artista atingisse os resultados esperados.

O bom agente de modelos deve fazer o mesmo em relação à carreira de cada um, mas realmente não pode se dedicar a uma única pessoa. E é por isso que muita gente quer um empresário, alguém para cuidar exclusivamente da sua carreira, dando-lhe atenção total.

Se o modelo está numa agência, já tem seu agente. Dentro das boas agências é feito um trabalho de orientação, principalmente em relação à parte visual e à preparação para a carreira. Além de se fazer um planejamento de carreira, há pessoas para direcionar os modelos para o médico, esteticista, cabeleireiro, etc. Algumas agências possuem um departamento de new faces onde os novatos recebem inúmeras orientações. Há sempre uma pessoa para dizer tudo o que é necessário fazer para que cada um tenha sucesso profissional. Os conselhos habituais envolvem que corte de cabelo o modelo deve usar, que curso de vídeo deve fazer, etc. Se precisar mudar a cor do cabelo, corrigir os dentes ou fazer um curso, eles vão orientar.

Quem não tem uma agência geralmente trabalha sem assessoria nenhuma, sendo responsável pelos próprios passos na carreira. Nesse caso, o ideal seria ter um empresário particular, mas atualmente é difícil um modelo não ter agência. A maioria das tops está ligada a uma grande agência. Geralmente os atores têm empresários individuais, mas hoje até atores consagrados costumam ter uma agência. Os dublês de ator e modelo muitas vezes têm um agente e um empresário, um para cada carreira.

Teoricamente, quem tem agente não precisa de empresário. Na prática, isso depende da situação. Poucos modelos têm empresário, mas quando o profissional ganha um destaque maior pode contratar um assessor, uma espécie de empresário particular para cuidar individualmente de sua carreira. É um trabalho mais personalizado. Quando Gisele Bündchen deixou sua agência brasileira e se ligou à IMG no exterior, Mônica Monteiro tornou-se sua empresária no Brasil. Na verdade, Mônica foi booker de Gisele desde que iniciou sua carreira, e já costumava dar a ela uma boa assessoria.

Enfim, contrata-se um agente ou um empresário para ter uma carreira bem administrada e para fazê-la decolar. Para isso, o agente ou empresário ganha uma boa parte do que o cliente rende. Seu objetivo é ganhar dinheiro, e para isso deseja que o seu cliente obtenha sucesso e, de preferência, fique rico.

ASSESSORIA DE MARKETING

Crie estratégias para brilhar

Como publicitária, comparo o modelo a um produto, que necessita projetar uma imagem, cuidar dela, conquistar um público e mantê-lo fiel. O modelo é um produto humanizado, que agrega à própria beleza a arte, o talento e o trabalho. Juntando tudo isso, o resultado é o sucesso. "Venda-se" bem e torne-se um "produto" cobiçado.

Hora de ganhar projeção

Quanto mais você trabalha, mais chances o seu trabalho terá de ser reconhecido, o que faz seu cachê aumentar. Mas é necessário fazer trabalhos de qualidade. Estar no lugar certo, na hora certa. Como?

Com a ajuda de um publicitário ou de um profissional de marketing, especializados em construção de imagem, divulgação e muito mais. Enquanto o empresário é um generalista, que sabe um pouco de tudo, os assessores de marketing são especialistas no assunto, podendo colocar a carreira de um modelo na trilha do sucesso.

O marketing político faz vencer um candidato. O marketing de produtos faz vender uma marca. O marketing artístico faz brilhar uma estrela. Assim, é preciso aplicar as leis de marketing ao universo dos modelos.

Quando se trata de um produto, o publicitário cria uma marca e uma campanha para seu lançamento, faz sua divulgação, constrói sua imagem, até torná-lo um sucesso. É preciso que esse produto seja visto um determinado número de vezes para se destacar, para que as pessoas se lembrem dele e o consumam. E se tornem fiéis a ele, dando-lhe preferência.

Quando se trata de um artista, o marketing funciona de forma semelhante. Da mesma forma que o produto, é importante seguir alguns passos imprescindíveis ao sucesso. O publicitário do artista detecta suas qualidades e seus defeitos, traça seu perfil e cria uma estratégia para posicioná-lo de forma adequada no mercado. Cria-se uma imagem, um personagem para ele. Como se vestir, que estilo seguir, que trabalhos fazer, quais não fazer, suas atitudes, seu comportamento, etc., são pontos que se unem e o levam ao sucesso.

Não se pode fazer qualquer trabalho que surge. A cada oportunidade, é preciso analisar se ela é boa ou não para a carreira. Uma boa assessoria de comunicação vai te posicionar como profissional e te colocar em trabalhos melhores. Graças às assessorias de marketing, muitas estrelas se mantêm brilhantes.

É visível a diferença entre atores bem assessorados ou não. O protagonista de uma novela de sucesso chegou a fazer dezenas de comerciais de todo nível num curto espaço de tempo. Com isso, a imagem do ator sofre um desgaste. Se a pessoa tiver uma carreira mais bem cuidada, assessorada por um bom profissional, provavelmente não vai participar de qualquer tipo de comercial.

Com o modelo acontece o mesmo. Podem-se fazer vários trabalhos sem qualidade se não houver orientação. Uma carreira bem assessorada é um dos segredos do sucesso. É necessário selecionar os trabalhos, aceitando apenas os que têm qualidade.

A exposição excessiva também pode ser prejudicial à carreira. Atores que aparecem demais podem perder a credibilidade. Modelos também. O público nem sempre gosta desse excesso.

O marketing de relacionamento é outro ponto que o modelo deve atacar. Assim como outros artistas, o modelo é a sua própria marca registrada. É necessário preservar essa marca, cuidar dela.

Como um produto, os modelos também são objeto de estudo de marketing, no estilo marcas que deram certo e marcas que desapareceram. E os *cases* de sucesso são copiados. Uma das estratégias de marketing que o mundo da moda e o do cinema usam é fazer novos rostos lembrarem quem brilhou no passado. Um jornal argentino afirmou, por exemplo, que em 1989 um dos donos da *Guess* decidiu com sua fotógrafa que a modelo Claudia Schiffer deveria se parecer com Brigitte Bardot para o lançamento mundial da grife. Os cabelos de Claudia foram cortados para que ela ficasse mais parecida ainda com a estrela do cinema.

ASSESSORIA DE IMPRENSA

Diga a coisa certa, no lugar certo, na hora certa

Os jornalistas são responsáveis por fazer você aparecer na mídia. Comentários sobre novos modelos naquela página de revista, entrevistas em programas de tevê, participações em *sites* da internet nem sempre são procurados pelo jornalista, mas pelo próprio artista.

O assessor de imprensa é pago pelo modelo ou por sua agência para divulgar seu trabalho e até sua vida pessoal de forma positiva. Ele procura as revistas, as emissoras e outros veículos de comunicação para publicar entrevistas e matérias sobre seu cliente. É também ele o responsável pelas entrevistas, pelo que se pode falar e o que não se deve dizer, quando ou onde.

Sim, não se trata bem de sorte o fato de estar nas revistas, nos jornais, em programas. Quando o modelo já é famoso, isso acontece naturalmente. Do contrário, é necessário um empurrãozinho.

ASSESSORIA FINANCEIRA

Use bem o seu dinheiro

Quando o dinheiro chegar, cuide bem dele. Nessa hora, os assessores financeiros podem ser muito importantes. Contadores, gerentes de banco, administradores de recursos, consultores ou qualquer assessor financeiro são bem-vindos quando o assunto é dinheiro e não se sabe o que fazer com ele. Eles podem tirar todas as dúvidas de quem não tem habilidade para lidar com dinheiro. E orientar cada um de acordo com suas necessidades e desejos.

Numa profissão exercida por gente tão jovem, capaz de ganhar tanto dinheiro e de forma tão irregular, eles são a salvação. Como gastar cada cachê que entra? Como e onde investir? Em roupas, carro ou imóvel? Ou seria melhor fazer aplicação? Investimentos conservadores serão melhores? Ou a compra de ações seria mais viável? Que ações? Para todas essas perguntas o assessor financeiro terá uma boa resposta.

Viver de cachê não é tão simples. Essa profissão costuma render ganhos muito irregulares, mesmo para uma top model. No início da carreira pode ser que você não ganhe tanto dinheiro. Existem modelos que ganham o primeiro cachê e já saem gastando tudo. Depois o dinheiro falta. Iniciantes e até veteranos não tops podem ganhar muito dinheiro num mês e nada no outro. De repente, o modelo ganha um cachê equivalente a 10 mil dólares e não sabe o que fazer com o dinheiro. Ainda mais quando nunca ganhou quantia parecida.

Após conquistar um espaço maior no mercado, o modelo torna-se "caro", um termo utilizado para aqueles que já não trabalham por qualquer cachê. Aliás, os cachês melhoraram bastante em relação ao passado. Seja pela valorização dos profissionais, seja pelo crescimento do mercado.

Quando começa a entrar muito dinheiro, é preciso saber mesmo lidar com ele e preparar-se para o futuro, pois a profissão de modelo não dura para sempre.

Modelos que acumulam fortunas, como a rica Cindy Crawford, costumam contratar um contador para administrar sua vida financeira. Há modelos que chegam a fazer seguro do próprio corpo, sua fonte de renda. Cada uma coloca no seguro a parte do corpo que funciona como seu maior atrativo.

ASSESSORIA JURÍDICA

Faça valer seus direitos

Quem não gostaria de ter um advogado à disposição para esclarecer dúvidas, evitar problemas ou resolvê-los? Para os modelos, os advogados são extremamente importantes antes, durante e depois dos trabalhos. Eles podem resolver problemas com clientes ou com agências; elaborar ou interpretar contratos; defender seus direitos; resolver problemas, como reaver um cachê não pago; proteger sua imagem e muito mais. O objetivo é proteger o modelo, que atua num meio onde há muita informalidade, para não dizer picaretagem.

Quando se trata do direito de imagem, os advogados especializados no assunto entram em cena. Eles trabalham para modelos ou para as agências, cuidando de tudo o que diz respeito à imagem, como o seu uso indevido. Clientes, mídia e outras pessoas têm limites para utilizar a foto de um modelo no que se refere à qualidade, quantidade, duração, etc. A publicação de uma foto comprometedora pode prejudicar ou até mesmo destruir a carreira de um modelo ou de uma personalidade. Um modelo pode processar alguém que use sua imagem inadequadamente. O que se fala ou se escreve sobre ele também tem limites. As vítimas de um processo de difamação também precisam de um advogado especializado em direito de imagem.

O advogado ainda cuida do licenciamento de produtos que levam o nome, ou melhor, a marca das estrelas ou dos personagens que interpretam. Elas emprestam seu nome para sopas, maquiagem, perfumes, calçados, brinquedos – todos produtos licenciados. Essas pessoas famosas chegam a lançar dezenas de produtos com a sua marca. Quando uma modelo lança um vídeo de ginástica ou uma linha de lingerie, por exemplo, existe toda uma tramitação em torno do negócio. Para isso, a assessoria jurídica é fundamental.

De new face a celebridade, todos precisam de assessoria jurídica. As agências mais estruturadas costumam oferecer esse serviço aos modelos. Algumas têm assessoria jurídica permanente. O sindicato da categoria também pode dar assistência jurídica aos modelos. Sem esse apoio, eles próprios precisam contratar um advogado, mas nem sempre podem pagar por esse serviço. Se não dá para consultar um advogado sempre, pelo menos aprenda quais são seus direitos e obrigações. Ninguém precisa ser especialista em leis, mas todo modelo deve ter noções sobre a parte jurídica referente à sua profissão.

DO ANONIMATO À FAMA

O que faz uma modelo anônima tornar-se famosa de uma hora para outra? Será que existe um segredo, uma fórmula infalível que leve as pessoas a brilhar? Seria muito, muito bom se existisse tal fórmula. Mas ela não existe, pois na verdade o sucesso chega para pessoas diferentes, em trajetórias diferentes, em tempos diferentes e por motivos diferentes.

O que existe é um conjunto de fatores que contribui efetivamente na estrada do sucesso. Além de uma carreira bem assessorada e planejada, uma boa dose de talento, beleza e fotogenia ajuda. Um empurrãozinho e muita sorte também colaboram. Tudo isso somado ao desejo forte de ser um sucesso, o sonho de virar uma estrela. Mas isso é só uma parte.

Modelos naturalmente bonitas ou "trabalhadas" existem em grande quantidade. Não há espaço para todas alcançarem a fama. Quem se destaca normalmente reúne vários fatores que levam ao sucesso. Além disso, deve existir um diferencial, algo que seja muito especial nessa pessoa.

O objetivo de atingir a fama inquieta as pessoas, levando-as a buscar uma receita de sucesso. Puxa, mas não existe mesmo essa receita? Embora para muitos a fama seja um objetivo, ela é uma conseqüência para quem reúne as qualidades necessárias ao sucesso.

AS CAUSAS DO SUCESSO

Os motivos mais citados pelos entrevistados para que os modelos alcancem a fama estão a seguir.

Autocrítica

"As pessoas vêem a Gisele e acham que ela nasceu pronta. Ela teve um grande trabalho de assessoramento na carreira, além de ser muito esforçada, e sempre ouviu as pessoas que estavam próximas dela. Psicologicamente preparada, ela sempre foi muito crítica em relação ao próprio trabalho, sempre exigiu que a gente tivesse uma postura crítica, sem ficar chateada, magoada. O fato de ela ter uma estrutura familiar muito boa também ajudou." (Zeca de Abreu, agente)

Apoio dos pais e boa estrutura familiar

"Além da beleza, a Gisele contou com o apoio dos pais, o que é muito importante." (Dílson Stein, scouter)

Beleza e perfil adequado

Em alguns casos, esses fatores só perdem para a personalidade.

Carisma

Segundo o agente Zeca de Abreu, algumas pessoas têm mais carisma, outras menos. "Nos anos 1970, uma pesquisa revelou que as capas que a Bruna Lombardi fazia quando era modelo vendiam muito mais revistas. O rosto dela sempre aumentava a vendagem." Como disse Zeca, "quem consegue comunicar diretamente no subconsciente está bem. Tem modelo que atinge determinados tipos de arquétipos coletivos. Descobrir isso é um desafio".

Carreira bem assessorada e planejada

Nesse caso, o sucesso é esperado, trabalhado. Provavelmente, um caminho certeiro. Todas as forças se unem para que sua carreira dê certo. Tem alguém apostando em você, construindo sua imagem, trabalhando por você. É uma carreira criada com planos para o sucesso. Se der errado nesse caso, será uma enorme falta de sorte.

Dedicação e esforço

Tem modelo que antes de fotografar um trabalho pesquisa nas revistas as posições para a foto.

Experiência

A experiência profissional faz diferença. Muita gente pensa que uma modelo faz sucesso só porque volta da Europa. Mas é porque ela realmente volta mais experiente.

Inteligência e jogo de cintura

Uma pessoa famosa precisa ser muito segura e saber lidar com diversas situações. Uma modelo convidada para apresentar um evento, por exemplo, precisa destas qualidades.

Muito trabalho

A fama está diretamente relacionada ao número de vezes que as pessoas te vêem.

Persistência e paciência

De repente, uma modelo fica famosa. Será? Pode acontecer, mas o que parece ser repentino aos olhos dos outros nem sempre foi tão súbito, mas muito suado. É preciso ser muito persistente diante das inúmeras dificuldades que surgem nessa profissão. Depois de um tempo, muita gente se cansa. Só os persistentes continuam.

Uma grande persistência acompanha a pessoa, que passa por muitas etapas até chegar ao topo da carreira. Tem modelo que vive durante anos uma expectativa a cada trabalho. Às vezes demora tanto para chegar que a pessoa já não o espera como antes, mas também não desiste. E um dia ele chega.

O preço para chegar ao topo às vezes é alto. São muitas as histórias de modelos que viveram momentos amargos antes de encontrar as facilidades de quem alcança a fama.

Personalidade

A personalidade, valorizada nos modelos dos últimos tempos, deve ser forte, mas isso não quer dizer que você deva ser uma pessoa intragável. Você deve ter estilo, opinião própria, criatividade e ser uma pessoa fantástica. Só isso.

Preparo psicológico

"Minha irmã sempre buscou ser a melhor em tudo que fazia. Quando jogava vôlei, ela se destacava. Quando se tornou modelo, ela foi muito persistente e tinha uma grande auto-estima. Não se deixava abalar com as barreiras que encontrava pelo caminho." (Rafaela Bündchen)

Talento

Um modelo talentoso é verdadeiro no olhar, não passa falsidade numa foto. Para vencer, o modelo precisa ter o dom. A agência seleciona quem tem perfil, mas o talento só dá para perceber com o tempo.

Padrinhos e madrinhas de ouro

Nada como ter alguém próximo disposto a te ajudar e com muita influência para te colocar no topo da carreira. Pode ser um amigo, mas se for parente é melhor ainda. Se não é o pai nem a mãe, vale ter uma irmã famosa, uma tia, um primo, um avô, um tio ou qualquer outra pessoa que te ajude a chegar no lugar certo. Mas é preciso ter talento e perfil. Sem isso, fica difícil. Quem ganha um empurrãozinho normalmente chega ao sucesso devido aos seus próprios méritos.

Dizem que filho de peixe peixinho é. A fórmula não vale para todos. Ser filha de modelo famosa não significa ser modelo famosa. Até porque nem todo filho de modelo vai querer ser modelo ou tem perfil para isso. Mas se tiver tudo será mais fácil.

Eu gostaria muito de ter recebido uma orientação de alguém próximo e experiente quando fui modelo. Tudo que fiz foi na base do esforço, do bom senso e da vontade de exercer a profissão. E nem sempre essa fórmula dá certo, por mais perfil de modelo que você tenha. Talvez por isso o caminho seja um pouco mais fácil quando essa pessoa experiente está dentro da sua casa.

Além da experiência, ter mãe ou pai que tenha sido modelo famoso ou que pelo menos trabalhe na área ajuda muitíssimo. Você tem um conselheiro dentro de casa, alguém que já passou pelo que você vai passar, que conhece o caminho das pedras, que conhece as pessoas certas, que talvez ainda seja assediado pela mídia e que pode tornar tudo mais fácil.

Que é muito mais fácil, é. Se tiverem perfil, então, o sucesso é praticamente uma questão de escolha. Eles sempre têm a oportunidade de estar na mídia. São alvo de reportagens e estampam inúmeras capas e editoriais das mais badaladas revistas brasileiras desde bebês. E para exibir roupas infantis sempre há desfiles em que os manequins mirins são filhinhos de famosos. Se os "peixinhos" não seguem esse caminho, pelo menos têm oportunidade de dar umas voltinhas em passarelas cobiçadas.

Gente famosa de outras áreas também ajuda. Vale ser neta do presidente da República, sobrinho de uma atriz ou irmã de estilista.

Quem tem madrinhas ou padrinhos, basta saber aproveitar as oportunidades e lapidar o próprio talento para fazer sucesso como modelo.

Sorte: está escrito nas estrelas

Às vezes a vida traz surpresas, e a gente pede uma explicação que parece não existir. Há pessoas que nunca pensaram na possibilidade de se tornar modelos, e muito menos que poderiam ficar famosas. De repente, uma oportunidade cai em suas mãos. O sucesso chega de forma inesperada, tão rápido que não dá tempo de analisar como aconteceu.

É o caso de modelos que tinham complexo de ser muito altas, eram consideradas feias em suas cidades, e foram encontradas por caça-talentos das grandes agências. Meninas pobres do interior, convidadas ao estrelato. Na intenção de melhorar a postura num curso de modelos, garotas como Gisele Bündchen e Shirley Mallmann transformaram-se em tops internacionais. Muitos atribuem isso ao destino.

De outro lado, há modelos que lutam durante muitos anos pelo sucesso e nada conseguem. Chega uma hora em que elas já não esperam muita coisa da profissão. Algumas chegam a desistir de tudo. Quando menos esperam, tempos depois, surge uma oportunidade que as leva à fama. De uma forma ou de outra, parece que essas pessoas nasceram para brilhar.

"Eu tentei me inscrever no concurso Miss Brasília quando tinha 18 anos, mas não consegui. Disseram que eu era muito magra. Fiquei frustrada. Me iludi e achei que podia porque todo mundo dizia que eu tinha chance. Fiz um curso de modelo e comecei a desfilar e fazer campanhas publicitárias. Cinco anos depois, com 23 anos, eu havia programado uma viagem para a Europa com uma amiga. Recebi um telefonema do SBT dizendo que tinha sido aprovada para participar do Miss Brasília. Achei que era uma brincadeira, pois eu nem sabia de nada. Foi minha amiga que me inscreveu. Eu nem queria participar mais, porque já havia atingido um *status* como modelo de moda e o concurso de *miss* já não tinha importância para mim. Não me deixaram desistir. Eu fui e ganhei. Depois que ganhei o título de Miss Brasil, aprendi uma coisa: o que tem que ser seu vai ser. Quando eu quis, não deu certo. Quando eu menos esperava, aconteceu." (Jacqueline Meirelles, Miss Brasil 1987)

Além disso, há modelos perfeitas, lindas e disciplinadas que encontraram dificuldades em avançar na carreira, enquanto algumas não tão belas, fora do padrão de beleza, encontraram as portas abertas para o sucesso. Chegam a se tornar top models e ficam famosas. Como explicar isso? Talvez o sucesso esteja mesmo escrito nas estrelas.

VIDA DE ESTRELA

O sonho de toda modelo é ser linda, rica e famosa. Esse é um ideal de vida perseguido não só pelas modelos, mas principalmente por elas. É uma luta que poucas vencem. E quando se alcança esse objetivo é uma glória. A partir daí é que se experimentam de verdade os sabores e dissabores da fama. Os famosos levam uma vida diferente de quem vive no anonimato, não há dúvida. E é justamente essa diferença que aguça a curiosidade das pessoas comuns que admiram as celebridades ou sonham se tornar uma delas.

A mídia explora isso sem pudores e mostra aos anônimos um estilo de vida célebre. Top models, apresentadores de tevê, atores, cantores e outras estrelas sempre são assunto para jornalistas, que fazem questão de exibir cada passo de quem leva uma vida glamorosa, cercada de luxo e paparicos. O assunto virou um mito. Mas até onde vai a realidade? Até onde vai a ilusão?

É, tem muita verdade nisso tudo. A vida é boa, com muito glamour, mas tem um lado real, com alguns problemas que os anônimos não têm e que nem todos suportam bem. Aliás, grande parte das pessoas que deseja a fama não tem estrutura para suportá-la.

A PARTE BOA DO SUCESSO

Cada pessoa lida com o sucesso de uma forma diferente. O equilíbrio emocional é importante para que ele seja bem aproveitado. Por incrível que pareça, o sucesso pode prejudicar uma pessoa se ela não souber lidar com ele. Deslumbramento e estrelismo, por exemplo, atrapalham bastante. Mas para quem sabe o sucesso é um aliado, que traz mais benefícios do que problemas. Depois de trabalhar muito, ganhar dinheiro e fama, você merece usufruir dele.

A notoriedade traz reconhecimento, respeito, dinheiro, liberdade, poder. Nada melhor do que saber aproveitar isso de forma boa, saber viver de bem com a fama.

Oportunidades de trabalho

As oportunidades são maiores e geralmente melhores. As portas se abrem com maior facilidade para quem tem um nome conhecido. Todo agente quer cuidar da sua carreira. Todo publicitário e todo anunciante querem fazer uma campanha com você. Toda indústria quer ter um produto que carregue seu nome, sua marca ou a sua imagem. Todo jornalista quer sua entrevista. Enfim, todo mundo quer você. É preciso até filtrar as oportunidades para não se perder no caminho.

Haja equilíbrio para não pirar com tanta facilidade.

Muito dinheiro

O volume de trabalho aumenta e provavelmente a qualidade dos trabalhos. À medida que uma modelo é mais requisitada, seu cachê fica mais alto. Em conseqüência, a conta bancária é beneficiada. Resultado: gente nova, bonita e com muito dinheiro. Esse é o presente de quem vence todas as dificuldades da profissão. E, nesse estágio, você pode sonhar mais alto. Às vezes, dá para pagar.

Há modelos que, antes de completar 18 anos, já possuem um bom apartamento, um armário repleto de roupas de grife, jóias e muito mais. A fortuna das supermodelos do nível de Cindy

Crawford e Elle MacPherson chega a ultrapassar a marca dos 30 milhões de dólares.

Mordomias

Cercadas de mordomias, bajulação e luxo, modelos famosas recebem tratamento vip: viagens de primeira classe para os lugares mais lindos do mundo, hotéis cinco estrelas, quartos especiais (suítes presidenciais), camarim exclusivo, roupas maravilhosas de graça, jóias, festas badaladas, entrada garantida nas danceterias descoladas e muito mais.

As top models acabam se acostumando com isso e gostando. Supermodelos como Naomi Campbell chegam a escolher o pacote de mordomias quando precisam viajar. Isso inclui o hotel, o tipo de carro preferido, a quantidade de seguranças, serviços de massagista e manicure. Além disso, exigem um cachê muito alto para raras entradas na passarela.

Um ímã sobre todos

As estrelas da beleza exercem verdadeiro fascínio sobre as pessoas. Pela beleza, pela capacidade de fazer dinheiro tão jovens, pelo comportamento, pela independência, pelo poder, pela segurança, etc. E assim também atraem outras beldades, pares poderosos, ricos e famosos. Que o diga Gisele Bündchen, que um dia conheceu Leonardo DiCaprio. Nem dá para contar nos dedos quantos são os astros do *rock*, dos esportes e do cinema que se casaram com top models. Stallone, Mick Jagger, David Bowie... A lista não tem fim.

Homenagens

As tops recebem homenagens de todos os lados. Do mundo da moda, da imprensa, da indústria da beleza e até do governo. Afinal, elas fazem bem para a economia e para a imagem de um país. A top francesa Laetitia Casta foi escolhida para ser a imagem que simbolizaria a República da França. Seu rosto estampou moedas comemorativas e seu busto (escultura) passou a adornar todas as prefeituras francesas.

Prêmios, convites para eventos especiais e homenagens de diversos tipos cercam as estrelas belas. Enquanto elas fazem dinheiro, muitos são beneficiados. A indústria têxtil brasileira e os estilistas, por exemplo, têm muito a agradecer às nossas modelos.

Assédio do bem

Você anda nas ruas e te reconhecem, principalmente quando você aparece na tevê. Muitos famosos sentem-se lisonjeados e convivem bem com isso, tendo enorme satisfação em ser destaque.

Me dá um autógrafo?

Se você alcançou a fama, nem é preciso dizer que muitas pessoas vão desejar te ver, chegar perto, te pegar, conversar com você e te pedir um autógrafo. O que parece uma delícia no começo pode se tornar uma tortura quando você já não consegue sair de casa sem que alguém interrompa seus planos. É o preço que se paga pela fama. Se é bom ou ruim, depende de cada um. Tem gente que realmente adora, e os admiradores ficam felizes com isso.

O pedido de autógrafo é uma demonstração de carinho e admiração. Você vai demorar mais para fazer compras e resolver sua vida. Ter que parar a toda hora para dar autógrafo e conversar com as pessoas toma tempo, mas fazer o quê? Não é justo fazer grosseria com quem te admira.

Para quem é paciente, a fama não incomoda, a não ser quando ela invade a vida mais do que o famoso deseja. Encarar com naturalidade é a melhor saída. Quem não gosta de dar autógrafos deveria escolher outra profissão.

Oi, gostosa!

Uma outra situação comum na vida das estrelas, principalmente as modelos, são as cantadas. É normal que pessoas bonitas, donas de um corpo perfeito, recebam elogios ou cantadas. Existem as de bom gosto e outras bem mais inconvenientes. Saiba lidar com elas e acostume-se com a situação, pois os admiradores surgem de todos os lados.

Saber dispensar as cantadas é uma arte. É o chamado jogo de cintura, fundamental. Mesmo quando as cantadas vêm de um príncipe austríaco ou de um astro do *rock*. Se você não sabe lidar com cantadas, mude de profissão.

Lá vem o tudo de bom!

Tenho pena dos famosos bonitões: mal põem os pés fora de casa e só falta as fãs arrancarem suas roupas. Eles acabam se acostumando à situação – que parece engraçada, mas pode ser bem desagradável.

O modelo Caetano Zonaro contou: "Tive um desfile para fazer na Argentina, onde dei entrevistas na televisão. Lá consideram os modelos como deuses. Depois do desfile, tive que sair protegido por quatro seguranças para controlar o assédio das meninas". Caetano lembrou de outro fato, quando interpretou um mecânico numa campanha da Wrangler: "Esse filme foi premiado e me projetou. Percebi que as pessoas se envolvem com um personagem. Criaram uma fantasia em torno do mecânico, que virou fetiche. As mulheres faziam propostas. Uma delas disse que me daria o que eu quisesse: carro, apartamento, onde eu quisesse morar... Foi preciso ter jogo de cintura para lidar com isso".

A PARTE RUIM DO SUCESSO

Que chato esse tal de sucesso! De repente, a fama tão desejada vira um problema. Falta de tempo, falta de privacidade, pressão, cobranças.

Cobranças

O mercado de trabalho de modelos é exigente e não perdoa falhas. As tops são esculturais e precisam manter-se assim. Se você perde as qualidades que te levaram à fama, pode voltar ao anonimato. Se algo mudar, é preciso trabalhar o problema. Ganhar peso, problemas de pele, etc., são motivos para te deixarem de lado.

Você é um personagem

Todos passam a esperar de você um comportamento, uma atitude, uma aparência. Se você entrar nesse jogo, vai começar a viver em função desse personagem montado. Isso pode ser bastante prejudicial. Tem gente que perde a identidade. Saiba quando assumir seu personagem e desvencilhar-se dele.

A vontade de corresponder às expectativas o tempo todo vira uma tortura para quem tem fama. Importante é tentar fazer um bom trabalho. O reconhecimento é uma conseqüência disso.

O peso da fama

Ter fama não é fácil como se imagina. Muitas modelos sonham com a fama e lutam por ela. E quando conseguem se cansam. Mas é cansativo mesmo. Aos 32 anos, dezesseis de profissão, Cindy Crawford disse à revista *IstoÉ* que ainda não havia se acostumado. Viagens meteóricas, como a estada de 24 horas no Brasil, uma vida cheia de seguranças, milhares de entrevistas. Mesmo assim, é o que todos querem.

Na carreira de modelo, meninas tão novas transformam-se em adultas precoces. E para lidar com a fama precisam da estrutura emocional de um adulto. Tem emissora de tevê que contrata psicanalista ou psicólogo para orientar os candidatos a estrelas da casa a lidar com a fama.

Falta de tempo

Quando o volume de trabalho aumenta, o tempo para a vida pessoal encurta. Quando a modelo está no auge da carreira – principalmente quem faz carreira internacional –, muitas vezes nem tem tempo para namorar ou estudar. É um estresse. O telefone toca sem parar: imprensa, fãs, agentes, produtores. A agenda fica lotada: ensaios fotográficos, testes, ensaios para desfiles, filmagens, gravações, entrevistas exclusivas, coletivas de imprensa, viagens, etc. São entrevistas a todo momento, em vários lugares. Além da correria de desfiles, existem as festas pós-passarela, quase obrigatórias. Para outras badalações quase não dá tempo. Mesmo filtrando os compromissos, uma agenda cronometrada de entrevistas e trabalho é normal. E o tempo é consumido rapidamente.

Falta de privacidade

A mesma imprensa que pode levar uma pessoa à fama também pode perturbar e até arruinar a sua vida. Os *paparazzi*, fotógrafos ávidos por um escândalo, ficam de plantão, esperando o momento de deslize de uma personalidade. Ou simplesmente querem vender à imprensa imagens de celebridades em situações íntimas ou meramente domésticas. Chegam a subir em árvores à espera da cena perfeita. E até remexem o lixo de celebridades, esperando encontrar algo que renda uma boa matéria.

As especulações, boatos e fofocas também rondam a vida das modelos famosas. O que parece banal na vida dos anônimos é o que muitas pessoas comuns querem saber dos famosos. Por isso os *paparazzi* tiram fotos como a de Claudia Schiffer tomando banho de sol na piscina da sua casa. E depois as vendem para algumas revistas, que batem recorde de vendas quando a fofoca é "quente" ou a situação é inusitada. Para se livrar dos flagrantes indiscretos, as célebres beldades sofrem um grande desgaste.

Os fãs também cometem excessos. Usam binóculos e outros recursos para espiar vizinhas célebres. Se na própria casa já é difícil ter sossego, em lugares públicos é quase impossível. Sentir-se à vontade é um desafio.

Quando se trata de relacionamento amoroso, a imprensa não dá descanso. A especulação é enorme. Querem saber quem namora quem, quem casou com quem, quem brigou com quem. O assédio da imprensa chega a prejudicar o relacionamento entre muitos casais.

Muitos buscam a fama e depois não sabem como agir. Alguns gostam de mostrar sua intimidade para a mídia, mas acabam por se arrepender. Reclamar depois é difícil. É preciso definir o que é conveniente expor ou não. Uma solução é manter a vida particular longe da imprensa. Mas há quem prefira conviver com a falta de privacidade, por considerar que isso faz parte de uma vida célebre.

Na verdade, a fama tem esses incômodos, mas quem não quer saber como é o estilo de vida dos seus ídolos?

Cuidado! Seus fãs são loucos por você

Muitos fãs querem ter algum contato físico com a pessoa idolatrada, mas o fanatismo exagerado leva alguns deles a desrespeitar limites, a agir de forma descontrolada.

Fãs maníacos podem ser perigosos. Por isso, os aparatos e cuidados muitas vezes são aumentados, podendo parecer exagerados. Para sair como as pessoas comuns, muitos famosos se valem de artifícios para despistar os fãs, como usar peruca para se disfarçar e entrar no cinema depois que a sessão já começou, e se possível por trás.

Há quem contrate segurança para evitar assédio exagerado e, quem sabe, um seqüestro. Quando Cindy Crawford veio ao Brasil, em 1998, surgiu um boato de que um fã maníaco tentou se hospedar no mesmo hotel que ela. Resultado: cercaram Cindy de seguranças. Havia montes deles, por todos os lados. Batedores e motocicletas pilotadas por policiais. Até o produtor foi barrado no elevador. Cindy declarou numa reportagem à revista *IstoÉ* ficar assustada com tantos aparatos. Ela mesma, que já sofreu perseguições e ameaças fora do Brasil.

Muita gente faz de tudo para ficar famosa e ser reconhecida nas ruas e, quando consegue, passa a sair disfarçada. Não é à toa.

Ciúme e inveja

Românticas, as modelos também sonham com seu príncipe, que nem sempre sabe lidar com o sucesso alheio. Modelos já costumam causar ciúme nos parceiros, que nem sempre entendem o seu trabalho. Se forem famosas, mais ainda. Ciúme do sucesso constitui um problema na vida amorosa das estrelas. Muitos namorados ou maridos se assustam com a fama, o que é facilmente aceito por quem é da mesma área profissional, que entende melhor os horários, o assédio, etc. Modelo que namora modelo tem menos problemas nesse aspecto.

No ano 2000, o marido de uma modelo de uma importante agência do Brasil esfaqueou-a para marcar seu rosto com cicatrizes, impedindo-a de continuar a profissão.

O sucesso incomoda muita gente, principalmente as pessoas que se julgam incapazes. E provoca inveja. Ignore, mantenha distância e seja feliz.

Fama demais enjoa

Fama em excesso pode incomodar. A *overdose* de notícias sobre determinada estrela pode cansar o público. É preciso cuidado para não exagerar.

QUANTO TEMPO DURA O SUCESSO?

Na verdade, fama e sucesso são palavras que se confundem, mas não têm o mesmo significado. Uma pessoa anônima pode ter sucesso e um famoso pode não tê-lo. O sucesso é um conjunto de coisas que dão certo na vida de alguém, algo perto da felicidade. A fama é a situação em que se encontra uma pessoa bastante conhecida.

Tanto um quanto o outro podem ser perecíveis, não durando para o resto da vida. Por isso é tão importante o equilíbrio emocional.

É preciso ter preparo para chegar ao olimpo da fama, curti-la enquanto ela existe e ser feliz mesmo que ela se dissipe.

III PARTE

Futuro

COMO ENFRENTAR AS MUDANÇAS...

... do corpo, da pele, da vida.

Você não é como uma fotografia. Gente cresce, engorda, emagrece. Casa, muda e envelhece. Como lidar com essas mudanças numa profissão que pede beleza e juventude?

Antes de tudo, cuide-se muito bem. Vale tudo o que é saudável para manter-se em forma. Mas só o que é saudável! Uma mente jovem, um corpo sadio e bem cuidado é o que todos querem e o que todo modelo precisa. Mas não dá para ter um corpinho de 20 anos eternamente. Seria uma tortura lutar o tempo todo contra a natureza. Desejar parar no tempo não é saudável. O que vale é passar pelas etapas da vida da melhor forma possível, adaptando-se às transformações naturais, e envelhecer bem. Parece complicado, mas é fácil.

O equilíbrio psicológico é fundamental para aceitar as mudanças naturais. Mas para os modelos a estética também é importante. Além de melhorar a auto-estima. Então, você pode dar uma mãozinha com cremes, massagens, ginásticas, dietas e até cirurgias, quem sabe.

Para quem trabalha com a beleza e vive dela, é necessário cuidar-se. Tornar-se uma pessoa relaxada com a aparência, por exemplo, é atitude proibida para modelos. Aquela barriguinha aparece e você continua comendo de tudo? Pode parar.

Mas até que ponto valem a pena cirurgia, lipoaspiração, malhação exagerada, ácido retinóico e toda essa parafernália da indústria da beleza? Depende de cada caso. É necessário bom senso para que cada um imponha limites a si mesmo.

É bom lembrar que a saúde é mais importante que a beleza. Sem a primeira dificilmente se tem a segunda. Mas para os modelos, cuja beleza é tão importante quanto a saúde, é preciso cuidar de tudo. Para quem já saiu da adolescência, uma consulta ao geriatra pode ser um bom começo para caminhar na estrada da beleza com muita saúde. Por falar nisso, a medicina ortomolecular apresenta-se como uma prevenção contra doenças e envelhecimento, conquistando quem se preocupa com saúde, beleza e juventude.

GRAVIDEZ

Deixar de ter filhos para dedicar-se à carreira é uma decisão que deve ser tomada com cautela. Pode ser bom para algumas e péssimo para outras. Ter filhos faz parte da vida da maioria das pessoas. Você pode até adiar esse acontecimento e aproveitar a fase boa da carreira, mas provavelmente um dia isso vai acontecer. E, se continuar linda, pode voltar à profissão. Os homens, tanto no campo profissional como no estético, não precisam preocupar-se com esse assunto.

Durante a gravidez também dá para trabalhar, mas é preciso se cuidar mais do que antes. Os trabalhos são escassos, porém menos concorridos. Anúncios e editoriais em revistas para mamães são um prato cheio. Embora os recursos da computação gráfica possibilitem "fazer uma barriga crescer", ela não fica tão natural quanto a de uma grávida de verdade. Num desfile de roupas de grávida fica difícil tapear. Melhor contratar uma original. Aliás, as revistas descobriram que as grávidas famosas fazem sucesso. Em 1991 a atriz Demi Moore posou grávida para a *Vanity Fair*. Cindy Crawford também posou grávida e nua para a capa de uma revista americana.

Depois que o bebê nasce, é preciso muita malhação, entre outros cuidados, para ficar em forma. O que importa é estar pronta para o trabalho. Várias tops continuaram lindas depois que tiveram bebê, e logo voltaram a trabalhar. Algumas modelos colocaram prótese de silicone para recuperar o tamanho dos seios, que normalmente diminui com a amamentação, e até mesmo a sensualidade. A consagrada Iman Abdulmajid teve uma filha, do seu casamento com David Bowie, aos 44 anos. Belíssima, elegante e pronta para voltar à profissão, ela passava a impressão de que seria modelo eternamente.

E, se gostarem do bebê, ele também fará sua estréia como modelo. As revistas adoram colocar as belas célebres e seus bebês nas capas. E os estilistas os colocam nas passarelas.

Jacqueline Meirelles grávida na capa da revista *Mãe, Você e Seu Filho*, ano V, nº 53.

COISAS DA IDADE – *VAMOS DRIBLAR O TEMPO!*

O conceito de beleza transmitido pela mídia sugere uma aparência estável e imutável, rejeitando as marcas do tempo. Na verdade, a beleza existe em todas as idades, e cada fase tem suas características. A publicidade deixa o preconceito de lado e vai abrindo espaço para quem já tem suas ruguinhas.

Essa é uma boa notícia para as mulheres, que sofrem com o envelhecimento natural. A ruguinha traiçoeira se instala ao redor dos olhos, surgem vincos na boca, a pele perde o viço, os cabelos ressecam, a flacidez ataca, o peito cai, a bunda também, a celulite se acomoda, a gordura se instala com mais facilidade, e talvez as estrias desenhem seu corpo. As mãos mostram como o tempo passou. Ficam enrugadas, ressecadas, flácidas, manchadas, ganham veias salientes.

A menopausa chega como um furacão. A dermatologista Adriana Vilarinho observa: "A pele das mulheres sofre uma transformação. Aos poucos, a produção de hormônios femininos vai diminuindo. A renovação celular já não ocorre como antes. As fibras elásticas e de colágeno se afrouxam, perdendo a vitalidade aos poucos. Em conseqüência, mais sensibilidade, maior desidratação, perda do viço, elasticidade e firmeza". De acordo com ela, a mulher passa a envelhecer a partir dos 24 anos. "É um problema hormonal. Para manter-se bem, a mulher tem que se cuidar, fazendo ginástica, alimentando-se adequadamente, etc. É cansativo, mas vale a pena." É o caso de modelos como Luiza Brunet, que deixam de parecer a bela garota de 20 anos para ser uma linda mulher de 30, de 40, e assim por diante. Quem souber lidar com as mudanças que a vida impõe não terá problemas.

Os problemas dos homens são outros, muitas vezes aceitáveis, muitas vezes contornáveis. Para a careca já existem comprimidos, transplante e *sprays*. Para os cabelos grisalhos há tinturas, reflexos, mas isso não é problema quando se trata de modelos. Há grisalhos exercendo a profissão e fazendo sucesso. Mas modelo com barriga não dá – só se for para fazer um Papai Noel. Senão, o jeito é partir para a malhação.

Armas fascinantes em busca do rejuvenescimento

Se você trabalha com a sua beleza, nada mais natural do que precisar mantê-la. Na guerra contra o envelhecimento surgem aliados fantásticos. O arsenal da beleza engloba cremes, ginástica, inúmeras terapias, aparelhos modernos e até cirurgia plástica, se preciso. Tudo isso faz parte da luta contra o tempo, mas evite exageros.

Quem já alcançou a fama com a beleza sofre mais com as cobranças. Que o diga a ex-*miss* Marta Rocha, que fez a primeira plástica com 40 anos. O público tende a achar que uma Luiza Brunet precisa ter juventude eterna. No fundo, tudo isso é uma bobagem, mas falar é fácil. Difícil é sentir isso na pele, ouvir um comentário do tipo: "Nossa, como ela envelheceu!"

Hora da despedida

Não é fácil ser modelo de beleza com a força da natureza te levando para o outro lado. Por esse motivo, muitas grandes modelos decidem interromper a carreira quando notam os primeiros sinais. Nossa sociedade tem por hábito considerar nobre que uma estrela diga adeus antes que decretem sua "demissão".

Tudo começa com uma redução dos trabalhos, principalmente modelos que fecharam contratos de longa duração. Muitas beldades se afastam da vida de modelo discretamente, migrando para outra profissão quando começam a diminuir as filmagens, as sessões fotográficas e os *shows* nas passarelas.

Há quem radicalize e tente abandonar a carreira de uma vez, mas nem todas conseguem interrompê-la tão bruscamente. Quando você gosta da sua profissão, é preciso ter coragem para tomar essa decisão. Em 2001, Misáe tinha 47 anos e disse: "Eu adoro desfilar. Vou parar com essa idade porque me sinto obrigada, para poder parar bem, como jogador de futebol. Não parei porque tenho trabalho. As clientes pedem para eu continuar. Se eu quisesse, ficaria até os 50 anos. Estou triste por estar deixando a carreira e contente porque estou realizada. Quando uma mulher sonha em ser manequim e consegue ser uma profissional verdadeira, sente-se assim. Minha carreira até hoje foi um sonho. Eu gostaria de ter dez anos a menos para ser manequim por mais esse tempo. Adoro minha profissão". Até 2004, a descendente de orientais Misáe ainda não havia parado.

O QUE VOCÊ VAI SER QUANDO "CRESCER"?

A carreira de modelo não dura muito tempo. Algumas pessoas não consideram essa ocupação como profissão por ser uma carreira curta. Dizem que é um "bico". Pensando assim, poderíamos dizer o mesmo de um jogador de futebol. Na verdade, são profissões que exigem juventude, então você precisa se preparar para o futuro.

Provavelmente uma modelo não vai faturar aos 45 anos o que faturava todo mês aos 20. Não que seja impossível modelar aos 40 anos, mas o auge da profissão fica entre os 15 e 25 anos, para as mulheres. Dá para viver disso, e muito bem, se a modelo é requisitada constantemente. Para os homens, essa faixa aumenta. A procura é grande pelos jovens entre 18 e 25 anos para desfiles e pelos homens entre 30 e 40 anos para o tipo executivo das fotos e comerciais de tevê. Na verdade, não há limite de idade para ser modelo. Há modelos de mais de 70 anos que ainda trabalham! Você pode exercer a profissão com a idade que quiser, mas os trabalhos são mais escassos. Então, o que fazer?

Com o passar dos anos, os modelos profissionais costumam buscar outras profissões, preparando-se para a tão normal queda na procura pelo seu trabalho devido à idade. Alguns enjoam da profissão, da competição eterna, ou querem algo mais altruísta, ou seja, uma profissão que ajude as outras pessoas de alguma forma. Outros se cansam de tantos testes e poucos trabalhos realizados. Nem todos enriquecem, e os que não ficam ricos acabam buscando alternativas mais viáveis. Mas a causa dessa mudança nem sempre é a idade ou qualquer problema, e sim uma grande oportunidade. É o caso da top consagrada que ainda desfilava e foi convidada para ser colunista da maior revista de moda do mundo. Seja qual for a razão, parte-se em busca de uma nova profissão.

Nessa transição, alguns seguem caminhos bem relacionados a essa ocupação; outros, caminhos opostos. Quem já foi modelo terá sempre algo de diferente das outras pessoas. O modo de se vestir, de andar, de se comportar, entre outras coisas. E isso pode ser muito bem aproveitado, se você quiser.

Um caminho natural para o modelo é tornar-se ator. É uma conseqüência lógica para quem já sabe lidar com câmeras, pequenos textos, caras e bocas. Em outros países, principalmente nos Estados Unidos, isso já acontece há muitas décadas. A americana Brooke Shields, a ucraniana Milla Jovovich, Liv Tyler e muitas outras foram modelos antes de se tornarem atrizes.

No Brasil, demorou mais para que os modelos se tornassem atores. Até a década de 1990, atores e modelos brigavam muito para que um não ocupasse o lugar do outro. Principalmente os atores, que encaravam os modelos como cabides, que não sabiam falar. Ops! Eu disse até a década passada? Acho que me enganei. Ouvi isto outro dia: "São lindos, mas não podem abrir a boca, e nem devem". Quanto preconceito!

Os tempos são outros. Atualmente, uma grande porcentagem dos modelos está seguindo o caminho do teatro e da tevê. Modelos viram atrizes. Atrizes posam para capas de revista como modelos. O preconceito vem sendo derrubado aos poucos. E isso é bom para todos os lados.

Concordo que há pessoas que só conseguem ser boas de um lado. Assim como há modelos que não possuem a menor expressividade na arte da interpretação, há atrizes que posam como robôs para as revistas. Um dos problemas dos modelos é que eles passam parte da vida fazendo lindas expressões, e precisam se libertar disso para a vida teatral. O ator, para interpretar certos personagens, deve se desprender de sua beleza, não ter vergonha de parecer feio, e isso nem sempre funciona com modelos. Tudo bem. É certo que nem todos os modelos têm talento para interpretar, mas nem todos vão seguir esse caminho, OK?

Até há pouco tempo os modelos esforçavam-se para tornar-se atores. Faziam contatos, freqüentavam cursos de interpretação, tudo por conta própria. Muitas emissoras começaram então a levar as beldades para suas novelas, e as agências ficaram a ver navios. Atentas a essa tendência, as principais agências de modelos criaram um departamento específico, que assessora a carreira das beldades que se aventuram como atores e apresentadores. A proposta é encaminhar aqueles que têm talento para fazer um curso de teatro, arte dramática, impostação de voz, expressão corporal, etc., e direcionar seu futuro. A preparação de talentos como Maria Fernanda Cândido, a Paola da novela *Terra nostra*, é um exemplo do trabalho de gerenciamento de carreira que essas agências passaram a fazer. Para os modelos ficou até mais fácil. Principalmente quando essas agências fazem casting com grandes clientes.

O que acontece com muitos ex-modelos é que os papéis oferecidos a eles são fúteis, superficiais, com poucas falas. Os diretores querem explorar sua beleza, de preferência sem roupa, principalmente no caso das mulheres. O papel de amante é um dos que elas não gostam. Se o objetivo do ator iniciante não é esse, é preciso lutar contra isso. Do contrário, resta aproveitar as oportunidades.

Alguns modelos não dão certo como atores. Ou nem querem tentar essa carreira. Sem problemas. Além da arte da interpretação, há um mundo esperando por ex-modelos. Estamos cercados por jornalistas, empresários, estilistas, fotógrafos, produtores de eventos e de moda, psicólogos e outros profissionais que já foram modelos um dia. Só é preciso escolher o caminho. Ou deixar que o tempo se encarregue de mostrá-lo.

CASES DO BRASIL

As pessoas relacionadas aqui foram modelos e mudaram de profissão ou criaram uma profissão paralela, seja pela idade, seja pelas oportunidades. Independentemente do caminho escolhido, elas continuaram carregando o jeito de modelo, impresso na atitude, no corpo, na alma.

Apresentadores de tevê e VJ's: Adriane Galisteu, Adriana Wagner, Alexandre Barros, Angélica, Babi, Caetano Zonaro, Fabiana Saba, Fernanda Lima, Georgia Wortmann, Jacqueline Dalabona (atriz), Jackeline Petkovic, Luciana Gimenez, Monique Evans, Sabrina Parlatore, Xuxa.

Atores/atrizes: Alexia Dechamps, Aline Moraes, Ana Paula Arósio, Ana Furtado, Angela Figueiredo, Betty Lago, Bruna Di Tullio, Bruna Lombardi, Carlos Casagrande, Carolina Ferraz, Chris Nicklas, Cynthia Benini, Cristiana Oliveira, Fábio Assunção, Fábio Dias, Isabel Fillardis, Luana Piovani, Luciana Vendramini, Luciano Szafir, Márcio Garcia (apresentador), Maria Fernanda Cândido, Marjorie Andrade, Mila Moreira (empresária), Norton Nascimento, Paula Burlamaqui, Regiane Alves, Reynaldo Gianecchini, Silvia Pfeiffer, Taís Araújo, Thiago Lacerda, Vera Fischer.

Bispa: Rosana Abud (Igreja Renascer).

Cantora: Sibeli Dorsi.

Chefs: Helena Rizzo, Rita Lobo.

Dentista: Delano Beckemkamp.

Donos de agência/agentes/bookers: Alexandre Torchia, Caíco de Queiroz, Denise Céspedes, Decio Ribeiro, Hélio Passos, Lica Kohlrausch, Manoel Borrelli, Marcus Panthera, Rubinho.

Empresários: Adriana Mattar, Carla Souza Lima, Dílson Stein (curso de modelos), Gaetano, Luiza Brunet, Luma de Oliveira (cosméticos), Olivier Anquier (panificador), Valéria Valenssa.

Estilista: Rosângela Melo.

Fonoaudióloga: Paula Ruiz (modelo de mão).

Fotógrafos: Bruno Cals, Henrique Gendre, Ivan Abujamra, Marcelo Jardim.

Jornalistas: Anica Beara, Fabiana Scaranzi, Helô Pinheiro, a Garota de Ipanema (empresária), Lívia Mund (produtora).

Médica: Dra. Celice Marques.

Publicitário: Alexandre Cruz.

Policial: Marinara Costa.

Psicólogas: Monica Prota (empresária), Sâmia Maluf (empresária).

Produtoras de moda: Priscila Borgonovi, Misáe.

Stylist de moda: Chiara Gadaleta.

UMA HISTÓRIA DE MODELO

O destino levou Ranimiro a deixar de trabalhar na granja do pai para se tornar um modelo bem-sucedido. O garoto do interior de São Paulo virou o homem que fotografava para revistas e catálogos italianos e desfilava na França.

Sua atração pela aventura mudou sua rota novamente. Durante um campeonato, saltando com seu parapente, o modelo ficou preso em fios de alta tensão. O choque causou queimaduras que lhe custaram uma perna. Termina aí a carreira de modelo, mas Ranimiro passou a usar prótese.

Depois disso, ele posou para um outdoor. Em 1999 e em 2000 desfilou para a M. Officer no Morumbi Fashion. Foi ainda mais longe: percorreu o caminho de Santiago de bicicleta e parapente, além de praticar *rafting*, fazer escaladas e quebrar recordes. Posteriormente, o ex-modelo ganhou um quadro no programa de Adriane Galisteu. A história de Ranimiro mostra que a vida é bem mais do que um corpo bonito e uma carreira de sucesso. É coragem, persistência e vontade de viver. O fim da carreira de modelo foi apenas o início de uma nova fase da sua vida.

PALAVRA DE MODELO

TERMOS MUITO USADOS NA PROFISSÃO

Agência de modelos: empresa que orienta, organiza, supervisiona e coordena os trabalhos dos modelos. O cliente/produtor solicita o elenco, enquanto o agente seleciona os modelos com o perfil procurado, verifica sua disponibilidade para a data do trabalho oferecido, faz a negociação, o pagamento de cachê, etc.

Agência de publicidade: empresa que planeja e cria as campanhas publicitárias. Quando a campanha está pronta, o publicitário busca uma produtora para realizá-la. Quando há necessidade, contratam-se modelos.

Apontamentos: são os encontros em que a agência apresenta seu novo modelo a possíveis clientes (fotógrafos, revistas, etc.). O objetivo é que estes conheçam o modelo e o avaliem.

Book: é o portfólio, um álbum com as melhores fotos do modelo, incluindo ensaios fotográficos e trabalhos realizados (campanhas, editoriais, desfiles, etc.). São colocadas de seis a doze de 20 x 30 cm em média.

Booker: profissional responsável pela agenda de compromissos dos modelos, pela sua promoção perante os clientes, pela negociação de cachês de trabalho, pela definição do visual e pelo estilo de cada modelo.

Cachê: pagamento que o modelo recebe pelo trabalho realizado.

Campanha: conjunto de peças publicitárias produzidas e veiculadas para uma determinada marca, podendo incluir anúncios, comerciais, etc.

Cast/elenco: conjunto de artistas (atores/atrizes, modelos, manequins, etc.) que trabalha para uma agência; ou as pessoas escaladas para desfilar, representar um personagem ou figurar num filme, foto, etc.

Casting: seleção de modelos para um trabalho, feita a pedido de produtoras de filmes, revistas, estilistas, etc.

Cenas externas: filmadas ao ar livre, como praças, ruas, parques, campos, estádios e rodovias.

Cenas internas: filmadas dentro de um estúdio ou em locações internas, como casas, escritórios, bares e hotéis.

Cliente: pessoa, empresa ou instituição que contrata o modelo, como agências de publicidade, agências de promoções e eventos, produtoras de comerciais, emissoras de tevê, etc.

Comissão: percentual do pagamento do modelo destinado à agência que o promove.

Composite: cartão impresso com as melhores fotos do book e as principais informações sobre o modelo.

Contato ou copião: provas fotográficas a partir das quais serão escolhidas as melhores fotos.

Dublagem: em filmes, é a voz colocada sobre uma imagem pronta, podendo ser a substituição ou não de uma fala original. Pode ser utilizada em diálogo, narração, canto ou qualquer expressão vocal.

Editado(a): um modelo editado é aquele que está entre os melhores de um teste de VT. A fita editada com os melhores candidatos é apresentada ao diretor e ao cliente para a escolha final.

Editor(a): profissional responsável por uma publicação (revista, jornal, *site*, etc.).

Editora: empresa que publica jornais, revistas, livros, etc.

Elenco: grupo de pessoas (atores, figurantes, modelos, esportistas, etc.) selecionado para representar personagens em filmes, novelas, etc. Ver *Cast*.

Externas: cenas ou fotos feitas ao ar livre. Ver *Cenas externas*.

Extras: também chamados de figurantes, são pessoas contratadas para realizar papéis de menor relevância, como os integrantes de uma multidão.

Figurante: pessoa que participa em segundo plano de um trabalho fotográfico, de filmes, novelas, etc.

Figurino/guarda-roupa: roupas e acessórios utilizados pelo modelo/ator num trabalho.

Headbooker: profissional que coordena o trabalho dos bookers na agência.

Internas: cenas ou fotos feitas dentro do estúdio ou em locações. Ver *Cenas internas*.

Locação: local fora do estúdio (fotográfico ou cinematográfico) em que será feita a foto ou filmagem. O cenário pode ser externo ou interno.

Locução em off: texto narrado por um(a) locutor(a) que não aparece em cena.

Mídia: 1. Veículo de comunicação onde é exibida uma campanha publicitária: tevê, rádio, jornal, revista, *site*, etc.; 2. Profissional que determina onde será veiculada uma campanha e por quanto tempo.

New face: modelo iniciante, "cara nova", novo talento.

Produtor(a): pessoa que produz o elenco, figurino, objetos de cena, etc.

Produtora: empresa que realiza/produz a campanha criada pela agência de publicidade.

Scouter/talent hunter: caçador ou descobridor de talentos, "olheiro".

Top model/megamodelo/supermodelo: modelo que está em evidência em uma agência e no mercado de trabalho.

NOMES QUE VOCÊ DEVE CONHECER

Quem se destaca em sua profissão merece ser lembrado. Um dia essas pessoas podem virar história, referência naquilo que fizeram, um exemplo para seus seguidores. E para conhecer melhor essa profissão, é bom saber quais são os modelos, as revistas, os fotógrafos, as grifes e os estilistas de maior destaque. A seguir, grandes marcas da entrada do século XXI:

MODELOS

Brasil

Adriana Lima • Alessandra Ambrósio • Ana Carolina Ileck • Ana Claudia Michels • Ana Hickmann • André Bankoff • Camila Espinosa • Carlos Bockelmann • Carolina Bittencourt • Caroline Ribeiro • Cassio Reis • Daniel Aguiar • Daniela Raizel • Douglas Rasmussen • Fabiana Semprebom • Fabiana Tambosi • Fábio Ghirardelli • Felipe Henkel • Fernanda Tavares • Frederico Mota • Gabriel Martinez • Gianne Albertoni • Gisele Bündchen • Isabeli Fontana • Isabella Fiorentino • Ivan Abujamra • Jeisa Chiminazzo • Katarina Scola • Leticia Birkheuer • Luca Mendes • Luciana Curtis • Marcelle Bittar • Marcelo Boldrini • Mariana Weickert • Marina Dias • Mayana Moura • Michelli Buback • Paulo Zulu • Raica Oliveira • Raquel Zimmermann • Renata Maciel • Renne Castrucci • Ricardo Facchini • Shirley Mallmann

• Suyane Moreira • Talytha Pugliesi • Vanessa Greca • Vergniaud

Exterior

Alek Wek • Amber Valetta • Angela Lindvall • Bill Gentle • Carmen Kass • Christy Turlington • Cindy Crawford • Claudia Schiffer • Damien Van Zyl • Elizabeth Hurley • Elizabeth Jagger • Elle Macpherson • Eric Van Nostrand • Erin O'Connor • Esther Cañadas • Eva Herzigova • Frederique Van Der Wal • Ingrid Seynhaeve • Iván de Pineda • Karen Mulder • Karolina Kurkova • Kate Moss • Laetitia Casta • Linda Evangelista • Milla Jovovich • Nadja Auermann • Naomi Campbell • Paulina Porizkova • Shalom Harlow • Stella Tennant • Stephanie Seymour • Tatjana Patitz • Tyra Banks • Valeria Mazza

ESTILISTAS E GRIFES

Brasil

Alexandre Herchcovitch • Alice Tapajós • André Lima • Beneducci • Blue Man • British Colony • Carlota Joaquina • Cavalera • Cia. Marítima • Cori • Disritmia • Eduardo Suppes • Ellus (Nelson Alvarenga) • Equilíbrio (Márcia Gimenez) • Fause Haten • Forum e Triton (Tufi Duek) • Frankie Amaury • Gloria Coelho • Icarius • Iódice (Valdemar Iódice) • Jorge Kauffman • Lino Villaventura • Lorenzo Merlino • Maria Bonita • Mariazinha • Mario Queiroz • M. Officer (Carlos Miele) • Ocimar Versolato • Osklen • Patachou • Reinaldo Lourenço • Renato Loureiro • Ricardo Almeida • Ronaldo Fraga • Rosa Chá • Rygy • Salinas • Sandpiper • Santa Ephigênia • Shop 126 • Sommer (Marcelo Sommer) • Tessuti • Vide Bula • Walter Rodrigues • Zapping • Zoomp

Exterior

Alessandro Dell'Acqua • Alexander McQueen • Angela Missoni • Anna Molinari • Anna Sui • Antonio Berardi • Balenciaga • Balmain • Blumarine • Bottega Veneta • Calvin Klein • Cavalli (Roberto Cavalli) • Cerruti • Chanel • Chloé • Christian Dior • Christian Lacroix • Claude Montana • Clements Ribeiro (Inácio Ribeiro & Suzanne Clements) • Dolce & Gabbana (Domenico Dolce & Stefano Gabbana) • Donna Karan • Erreuno • Fendi • Gai Mattiolo • Gianfranco Ferré • Giorgio Armani/Emporio Armani • Givenchy • Gucci • Guess • Helmut Lang • Hugo Boss • Issey Miyake • Jean-Paul Gaultier • Jil Sander • John Galliano • Julien Mac Donald • Karl Lagerfeld • Kenzo • Laura Biagiotti • Louis Vuitton • Luciano Soprani • Marc Jacobs • Mariella Burani • Max Mara • Michael Kors • Miu Miu • Moschino • Nicolas Ghesquière • Oscar De La Renta • Paco Rabanne • Paul Smith • Prada • Ralph Lauren • Rocco Barroco • Romeo Gigli • Salvatore Ferragamo • Sonia Rykiel • Stella McCartney • Strenesse • Thierry Mugler • Tomasz Starzewski • Tommy Hilfiger • Trosman Churba • Ungaro (Emanuel Ungaro) • Valentino • Versace • Versus • Victoria's Secret • Vivienne Westwood • Yohji Yamamoto • Yves Saint Laurent

REVISTAS

Allure • Amica • Arena • Capricho • Cat Walk • Claudia • Cosmopolitan • Depeche Mode • Donna • Elle • Esquire • Excite Fashion • Glamour • Grazia • Harper's Bazaar • I-D • InStyle • Interview • Jane • L'Officiel • Mademoiselle • Manequim • Marie Claire • Max • Nova • On Speed • Sports Illustrated • The Face • Vanity Fair • Visionaire • Vogue e L'Uomo Vogue • W

FOTÓGRAFOS DE MODA E PUBLICIDADE

André Rau • Andre Schiliró • Bob Wolfenson • Bruce Weber • Claudia Guimarães • Ella Durst • Ellen Von Unwerth • Felipe Lessa • Fernanda Calfat • Fernando Louza • Gui Paganini • Helmut Newton • Henrique Gendre • Herb Ritts • Jairo Goldflus • Jr Duran • Klaus Mitteldorf • Luís Crispino • Mario Testino • Nana Moraes • Oliviero Toscani • Paschoal Rodrigues • Patrick Demarchelier • Paulo Filgueiras • Paulo Vainer • Serapião • Steven Meisel • Tarciso de Lima • Thomas Susemihl • Tripolli • Valério Trabanco

EXPERTS DE MODA

Costanza Pascolato • Erika Palomino • Gloria Kalil • Lilian Pacce • Regina Guerreiro

SUGESTÕES

Se você quiser conhecer histórias de modelos famosas, navegue na internet, onde há *sites* oficiais de muitas dessas personalidades. Na rede mundial você também encontra agências de todos os continentes e muito mais sobre esse universo.

Há filmes cujo tema é o mundo da moda. *Prêt-à-porter* é um deles. O telefilme feito para a HBO em 1998 *Gia Carangi: fama e destruição*, interpretado por Angelina Jolie, conta a história da famosa modelo drogada e bissexual que morreu de Aids em 1986. É um drama e tanto, mas muito bom. *S1mØne* foi lançado em 2002, nos Estados Unidos, e aborda a substituição de uma atriz real por uma virtual para uma produção cinematográfica. *Celebridades* fala de fama, assunto que também vale a pena entender um pouco melhor. E *Miss Simpatia*, com a atriz Sandra Bullock, mostra um pouco do perfil dos concursos de beleza.

REFERÊNCIAS BIBLIOGRÁFICAS

LIVROS

ALCALDE, Luísa & SANTOS, Luís Carlos dos. *Caçada ao maníaco do parque*. São Paulo: Escrituras, 1999.

BARDI, Pietro M. *História do Masp*. São Paulo: Empresa das Artes/Instituto Quadrante, 1992.

CADENA, Nelson Varón. *Brasil: 100 anos de propaganda*. São Paulo: Referência, 2001.

COELHO, M. Claudia. *A experiência da fama: individualismo e comunicação de massa*. São Paulo: FGV, 1999.

COUTINHO, Maria Rita. *A moda no século XX*. Rio de Janeiro: Editora Senac Nacional, 2000.

DAHLIA, Diana. *Models and Supermodels*. Londres: B. T. Batsford, 1997.

DÓRIA, Carlos. *Bordados da fama: uma biografia de Dener*. São Paulo: Editora Senac São Paulo, 1998.

DUARTE, Marcelo. *O guia dos curiosos*. São Paulo: Cia. das Letras, 1995.

_____. *O livro das invenções*. São Paulo: Cia. das Letras, 1997.

FAUX, Dorothy Schefer *et al*. *Beleza do século*. Trad. Paulo Neves. São Paulo: Cosac & Naify, 2000.

GROSS, Michael. *O mundo feio das mulheres lindas*. Rio de Janeiro: Objetiva, 1995.

GUERRA, Lisette. *Retrato de modelo*. Porto Alegre: L&PM/Zero Hora, 1997.

KALIL, Gloria. *Chic: um guia básico de moda e estilo*. São Paulo: Editora Senac São Paulo, 1998.

MARTINS, José. *Arquétipos em marketing*. São Paulo: STS, 1995.

MORRIS, Sandra. *Catwalk: Inside the World of the Supermodels*. Londres: Weidenfeld & Nicolson, 1996.

O'HARA, Georgina. *Enciclopédia da moda: de 1840 à década de 80*. Trad. Glória Maria de Mello Carvalho. São Paulo: Cia. das Letras, 1992.

PENDERGAST, Mark. *Por Deus, pela pátria, pela Coca-Cola*. São Paulo: Ediouro, 1993.

QUICK, Harriet. *Une histoire du mannequin: défilés de mode*. Courbevoie: Soline, 1997.

SEELING, Charlotte. *Moda: o século dos estilistas, 1900-1999*. Colônia: Könemann, 2000.

COLEÇÕES

GÊNIOS DA PINTURA. Milão/São Paulo: Fratelli Fabri/Abril Cultural, 1967.

JOFFILY, Bernardo. *Isto É Brasil, 500 Anos: Atlas histórico*. São Paulo: Grupo de Comunicação Três, 1998.

1000 QUE FIZERAM 100 ANOS DE CINEMA. Obra elaborada pelo jornal inglês *The Times*. São Paulo: Editora Três, s/d.

1000 QUE FIZERAM O SÉCULO XX. Obra elaborada pelo jornal inglês *The Times*. São Paulo: Editora Três, s/d.

TUDO: O LIVRO DO CONHECIMENTO. Buenos Aires/São Paulo: Atlántida/Editora Três, 1996.

SITES

http://www.assuntodemodelo.com.br

http://www.amb.org.br (Associação Médica Brasileira)

http://www.bma.org.uk (Associação Médica Britânica)

http://www.elitemodel.com.br

http://www.feminissima.com.br

http://www.fenit.com.br

http://www.fordmodels.com

http://www.ibge.gov.br

http://www.metropolitanmodels.com

http://www.missuniverse.com

http://www.moda.com.br

http://www.nextmodels.com

http://www.riccardogay.com

http://www.modabrasil.com.br

http://www.webfashion.com.br

http://www.ranimiro.com

http://www.vogue.co.uk

http://www.wilhelmina.com

COLABORADORES

AGENTES, EMPRESÁRIOS, MANAGERS, DONOS DE AGÊNCIAS DE MODELOS E BOOKERS

Acrisia Monteiro, diretora da Trestons

Alfredo Amaral, fundador da Success Brasil

Bebel, criadora de uma das primeiras agências do Brasil

Caíco de Queiroz, agente

Cida Banin, diretora da Ford Kids

Conceição Araújo, diretora da Novos Talentos

Fábio Antônio, diretor de casting da Mega

Fernanda Brito, diretora da Stampa

Graça Fontoura da Silva, diretora da Tutti Modelli

Gustavo Vicenzotto, sócio-diretor da Mega

Hélio Passos, diretor da Elite Rio de Janeiro

Ina Sinisgalli, empresária e coordenadora da Ford Celebrities

José Augusto de Novaes, ex-diretor da Elite São Paulo

Lica Kohlrausch, diretora da L'Equipe

Luciano Spinelly, booker

Manoel Borrelli, diretor da BRM

Mara Moraes, diretora da Tribo de Atores

Marcia Pecci, diretora da Arte Bambini

Marcus Panthera, sócio-diretor da Mega

Maria Nilza, diretora da Maria Nilza Produções

Marta Kersting, diretora da agência de promoções e eventos Kersting

Mônica Monteiro, diretora da IMG Brasil e empresária da Gisele Bündchen

Nilce Costomski, atriz e fundadora da agência de sósias O Gordo e o Magro

Regina Weyler, diretora da Fine Kids

Sandra Gonçalves, booker

Vera Gomes, diretora da Dois Tons

Zeca de Abreu, diretor da Marylin Brasil

MODELOS E EX-MODELOS

Alexandre Torchia • Beth Martinez • Caetano Zonaro • Carla Souza Lima • Claudia Tollendal • Dílson Stein • Diva Alexandre • Estela Sepreny • Guilherme London • Helô Pinheiro • Jacqueline Meirelles • Lívia Mund • Magda Barbosa • Marlene Morel • Mila Moreira • Misáe • Monica Prota • Oliver Kenji • Patrícia Libardi • Rubens Claudino • Sacramento • Sâmia Maluf • Thiago Libardi • Vivian Cortes

OUTRAS PESSOAS E PROFISSIONAIS IMPORTANTES

André Hidalgo, criador e diretor-geral da Semana de Moda de São Paulo

Arthur Medeiros, publicitário

Astrid Façanha, ex-diretora da Taxi e jornalista especializada em moda

Beto Bueno, ex-modelo, professor de educação física, coreógrafo e ator

Boanerges Gaeta Jr., organizador do Miss Brasil oficial

Bruno Cals, ex-modelo e fotógrafo

Cris Nogueira, figurinista

Dr. Jorge Nunes, advogado

Edson Gonçalves, ex-professor e ex-coordenador do curso de modelos e manequins do Senac São Paulo

Fernando Andrade, cabeleireiro e maquiador

Liliana Gomes, ex-coordenadora do concurso da Elite e sócia do curso Wannabe

Luciano Munari, empresário

Marcos Cavalcante, ator

Patrícia Ramalho, produtora de desfiles

Rafaela Bündchen, irmã da Gisele Bündchen

Regina de Campos Mello, empresária

ÓRGÃOS/ASSOCIAÇÕES/SINDICATOS

Dra. Denise Gonçalves, chefe da divisão de Emprego e Formação Profissional da Delegacia Regional do Trabalho (DRT)

Elza Fernandes, Setor de Convênios do Sindicato dos Artistas e Técnicos em Espetáculos de Diversões do Estado de São Paulo (Sated-SP)

João Gabriel Moreira, ex-diretor de assuntos jurídicos do Sated-SP

Val Gomes, secretária do Departamento de Capacitação Profissional do Sated-SP

Walter Sthein, ator, diretor e ex-diretor do Departamento de Capacitação Profissional do Sated-SP

CONSULTORIA

Alexandra Magna Rodrigues, nutricionista

Dr. Marcelo Kyrillos & Dr. Marcelo Augusto Moreira, dentistas especializados em estética dentária, cirurgiões-dentistas

Dr. Marco Antonio De Tommaso, psicólogo

Dr. Mauro Fisberg, nutrólogo e hebiatra

Dr. Paulo Mariano, advogado

Dra. Adriana Vilarinho, dermatologista

Iva Bittencourt, *personal trainer*

Naná Torres, publicitária

ÍNDICE GERAL

Agências de modelos, 231
   Agência-mãe – *Mãe de quem?!*, 244
   Como entrar para uma agência, 235
      Agência não te aprovou. E agora?, A, 243
      Agência te aprovou. E agora?, A, 241
      Aprovação do mercado, A, 243
      Escolha sua agência, 235
      Hora da entrevista: o teste da agência, 237
   Estrutura e benefícios, 234
   Saída da agência, A, 245
      Abandono da profissão, O, 245
      Exclusão, A, 246
      Período de experiência, O, 247
      Quando chega a fama, 248
      Troca de agência, A, 246
   Tipos de agências, 233
Agradecimentos, 11
Apontamentos, 273
Aprenda a ser modelo, 215
   Cursos de modelos, 215
   Escolha um bom curso, 221
      Assessoria da agência, 223
      Auto-aprendizado, 224
      Crianças e adultos, 222
      Workshops e oficinas, 222
   Experiência profissional faz muita diferença, A, 225
Apresentação, 13

Burocracia, 319
   Cachês, 323
      Cachê-teste, 323
      Cachê-trabalho, 323
      Descontos do cachê (comissão + impostos), 324
   Contratos e autorizações, 327
      Autorizações, 329
      Contrato com a agência, 328
      Contrato de trabalho, 328
   Nota fiscal, 325
   Passaporte e visto, 331
   Registro profissional, 319
   Reveiculação, 330
   Sindicatos e associações, 320
      Associações, 322
      Sindicatos, 320
   Termo de compromisso, 326

Caminho a seguir, O, 169
   Modelo comercial, 172
      Dublê de corpo, 175
      Garota(o)-propaganda, 172
      Gostosa, A, 176
      Gostoso, O, 176
      Modelo de beleza, 172
      Modelo de detalhe, 173
   Modelo de prova, 170
   Modelo fashion, 170
   Outros caminhos e outros tipos de modelos, 177
      Dublês, 181
      Figurante, 177
      Recepcionista/promotora/divulgadora, 177
      Sósia, 178
      Tipos, 181

Cases do Brasil, 421

Colaboradores, 437

Agentes, empresários, managers, donos de agências de modelos e bookers, 437
Consultoria, 440
Modelos e ex-modelos, 438
Órgãos/associações/sindicatos, 439
Outras pessoas e profissionais importantes, 438
Com quem modelos se relacionam, 285
Como é essa profissão?, 79
Curiosidades, 83
Dificuldades, 80
Medos e inseguranças, 81
Melhor da profissão, O, 81
Pior da profissão, O, 82
Como enfrentar as mudanças..., 411
Coisas da idade – *Vamos driblar o tempo!*, 414
Armas fascinantes em busca do rejuvenescimento, 415
Hora da despedida, 415
Gravidez, 412
Como se tornar modelo, 103
Quando a oportunidade surge, 103
Scouters à solta, 104
Quando você cria a oportunidade, 106
Agência grande vai para o interior, A, 107
Caravanas da coragem, 108
Empresa de scouters, Uma, 109
Escolas caça-talentos, 109
Concursos, 227
Concursos de beleza, 229
Concursos de *miss*, Os, 229
Concursos de modelos ou caça-talentos, 230
Cuidados com a aparência, 287
Com que roupa você vai?, 305
Look de modelo, 306
Look infantil, 308
Cuide bem da pele, 294
Problemas mais comuns, 297

Cuide bem do corpo, 288
    Dietas, regimes e remédios, 291
    Exercícios – *Vamos malhar!*, 289
    Recursos de beleza, 290
Cuide bem dos cabelos, 292
    Problemas, 294
Cuide bem dos dentes, 300
    Sorriso de criança, 302
Cuide bem dos pés e das mãos, 298
    Unhas, As, 299
Cuide da alimentação, 287
Cuide da mente, 308
    Absurdos e exageros em busca da beleza, 308
Outros cuidados, 303
    Abandone maus hábitos, 304
    Crie bons hábitos, 304
Cuide bem da sua carreira e do seu dinheiro, 381
    Assessoria de imprensa, 386
        Diga a coisa certa, no lugar certo, na hora certa, 386
    Assessoria de marketing, 384
        Crie estratégias para brilhar, 384
    Assessoria financeira, 387
        Use bem o seu dinheiro, 387
    Assessoria geral, 381
        Empresários e agentes, 381
    Assessoria jurídica, 388
        Faça valer seus direitos, 388
Defina seu biótipo, 97
    Exceções, As, 100
        Cheinhas de charme, 100
        Lindas baixinhas, 100
Do anonimato à fama, 391
    Causas do sucesso, As, 392
        Apoio dos pais e boa estrutura familiar, 392
        Autocrítica, 392
        Beleza e perfil adequado, 392

　　　　Carisma, 392
　　　　Carreira bem assessorada e planejada, 393
　　　　Dedicação e esforço, 393
　　　　Experiência, 393
　　　　Inteligência e jogo de cintura, 393
　　　　Muito trabalho, 393
　　　　Padrinhos e madrinhas de ouro, 395
　　　　Persistência e paciência, 394
　　　　Personalidade, 394
　　　　Preparo psicológico, 394
　　　　Sorte: está escrito nas estrelas, 396
　　　　Talento, 394
　Ensaio fotográfico, O, 253
　　　Contrate sua equipe, 253
　　　　Fotógrafo, O, 253
　　　　Maquiadores e cabeleireiros, 256
　　　　Produtores de moda, 258
　　　Sessão fotográfica, A, 258
　Estágios da carreira, 185
　　　Modelos A, B e C, 186
　　　　Celebridade, 191
　　　　Especial (special), 188
　　　　Modelo A, 188
　　　　Modelo B, 187
　　　　Modelo C, 187
　　　　Special plus, 189
　　　　Top model, 190
　Ética também é marketing, 333
　　　Mal *versus* bem, 333
　　　　Antes de tomar uma atitude, pondere, 337
　　　　Boa conduta, A, 336
　　　　Se puder, só escolha bons trabalhos, 333
　　　　Se puder, trabalhe por uma grande causa, 335
　História da profissão, 19
　　　1901-2000 – Um século de transformações, 23
　　　　Anos 1910, 26

Anos 1920, 27
Anos 1930, 31
Anos 1940, 36
Anos 1950, 40
Anos 1960, 44
Anos 1970, 50
Anos 1980, 56
Anos 1990, 63
Primeira década, 23
Primeiras impressões do século XXI, As, 72
Evolução, 21
Origem, 19
História de modelo, Uma, 423
Invista em você, 375
Crie um diferencial, 377
Cantar, 379
Dançar, 378
Dublar, 379
Falar outros idiomas, 377
Fazer locução, 380
Interpretar, 378
Praticar esportes, 378
Tirar proveito do computador, 380
Mercado de trabalho, 111
Com que idade?, 111
Adolescentes, 115
Adultos, 119
Bebês e crianças, 112
Senhoras e senhores, vamos apresentar..., 122
Onde está você?, 150
Centro-Oeste, 163
Exterior, 165
Nordeste, 161
Norte, 162
Sudeste, 151
Sul, 160

Seus concorrentes, 136
　　　　　Animais, 149
　　　　　Apresentadores de tevê e VJs, 139
　　　　　Atletas, 140
　　　　　Atores, 137
　　　　　Bailarinos e dançarinos, 144
　　　　　Manequins de fibra e modelos virtuais, 145
　　　　　Músicos e cantores, 143
　　　　　Outras celebridades, 147
　　　　　Pessoas comuns ou muito diferentes, 148
　　　Sua raça, o seu tipo, A, 124
　　　　　Brancos, 125
　　　　　Índios, 134
　　　　　Italianos, portugueses, franceses, alemães..., 126
　　　　　Mulatos, 127
　　　　　Negros, 128
　　　　　Orientais, 133
　　　　　Outras raças, outros tipos, 136
　　　　　Tipo bem brasileiro, Um, 125
Nem toda nudez será castigada, 345
　　　Antes de tirar a roupa, pense no futuro, 352
　　　Dia do juízo, O, 353
　　　Fama que vem do carnaval sem roupa, A, 351
　　　Nu fashion, nu light, 348
　　　Nu na imprensa, O, 349
　　　　　Revistas que exibem tudo, 349
　　　Nu na publicidade, O, 348
　　　Nu por uma sociedade melhor, O, 347
　　　Nu sem glamour, O, 352
　　　Nudez pela arte, 345
Nome artístico, 251
Nomes que você deve conhecer, 429
　　　Estilistas e grifes, 430
　　　　　Brasil, 430
　　　　　Exterior, 431
　　　Experts de moda, 432

Fotógrafos de moda e publicidade, 432
Modelos, 429
   Brasil, 429
   Exterior, 430
Revistas, 431
Sugestões, 432
Nota do editor, 7
O que é ser modelo?, 77
O que você vai ser quando "crescer"?, 417
Opções de trabalho, 193
   Mercado comercial, fashion, de entretenimento e a imprensa, 199
      Estátua viva, 207
      Eventos, 207
      Mídia alternativa, 206
      Mídia digital, 206
      Mídia eletrônica, 202
      Mídia exterior, 206
      Mídia impressa: fotos, 199
      Outros, 210
      Trabalhos artísticos, 210
      Vitrine viva, 207
   Mercado fashion, 193
      Desfiles, 193
Palavra de modelo, 425
   Termos muito usados na profissão, 425
Pesadelo de modelo, 355
   Distúrbios (transtornos) alimentares, 358
      Anorexia nervosa, 360
      Bulimia nervosa, 362
   Esses casos têm solução, 373
   Problemas que vêm da alimentação, 355
      Anemia, 356
      Falta de cálcio, 357
   Outros problemas de modelos, 364
      Ansiedade, 364

       Baixa auto-estima, 369
       Decepção, 371
       Depressão, 367
       Dismorfofobia, 365
       Drogas, 372
       Estresse, 365
       Fobia social, 366
       Frustração, 370
       Insônia, 366
       Medo, 370
       Preconceito, 371
       Pressão, 367
       Rejeição, 368
       Solidão, 370
Prepare seu "currículo", 261
   Book, 264
   Book virtual, file book e internet, 270
   CD-ROM, 269
   Composite, 264
      Conteúdo, O, 266
      Quando trocar o material, 267
   Fotos, 261
   Videobook, 269
Primeiros trabalhos, Os, 283
Profissão modelo, sim!, 15
Profissionalismo, 311
   Comportamento e atitudes, 313
   Disciplina, 312
   Etiqueta social, 316
      Você precisa..., 317
   Horários, 311
   Virtudes, 315
Quando viajar é preciso, 339
   Mudança de casa, 339
   Temporada no exterior, Uma, 341
      Exigências internacionais, 342

    Fique alerta!, 343
    Preparo cultural, 343
    Preparo psicológico, 343
  Viagens a trabalho, 340
Quem contrata modelo, 213
Realidade: você pode ser modelo?, A, 91
  Exigências do mundo da moda, 92
  Exigências do mundo da publicidade, 95
  Modelos versáteis, 95
Referências bibliográficas, 433
  Coleções, 434
  Livros, 433
  Sites, 435
Sonho, O, 85
  Sonho inatingível, 88
  Sonho perigoso, 89
Testes, 275
  Aprovados, Os, 281
  Depois do teste, 281
  Foto-teste, 279
  Reprovados, Os, 281
  Teste para comerciais, 277
  Teste para desfiles, 278
  Teste para trabalhar no exterior, 279
Vida de estrela, 399
  Parte boa do sucesso, A, 399
    Assédio do bem, 402
    Homenagens, 401
    Ímã sobre todos, Um, 401
    Lá vem o tudo de bom!, 403
    Me dá um autógrafo?, 402
    Mordomias, 401
    Muito dinheiro, 400
    Oi, gostosa!, 403
    Oportunidades de trabalho, 400

Parte ruim do sucesso, A, 403
    Ciúme e inveja, 407
    Cobranças, 404
    Cuidado! Seus fãs são loucos por você, 406
    Falta de privacidade, 405
    Falta de tempo, 405
    Fama demais enjoa, 407
    Peso da fama, O, 404
Quanto tempo dura o sucesso?, 408

REDE DE UNIDADES SENAC-SP SÃO PAULO

Capital e Grande São Paulo

Centro de Comunicação e Artes
Tel.: (11) 3866-2500 • Fax: (11) 3862-9199
E-mail: cca@sp.senac.br

Centro de Educação Ambiental
Tel.: (11) 5017-0697 • Fax: (11) 5017-2910
E-mail: cea@sp.senac.br

Centro de Educação em Design de Interiores
Tel.: (11) 3662-2152 • Fax: (11) 3667-274
E-mail: cedi@sp.senac.br

Centro de Educação em Informática
Tel.: (11) 3236-2050 • Fax: (11) 3255-0792
E-mail: cei@sp.senac.br

Centro de Educação em Moda
Tel.: (11) 3865-4888 • Fax: (11) 3862-9680
E-mail: cem@sp.senac.br

Centro de Educação em Saúde
Tel.: (11) 3329-6200 • Fax: (11) 3329-6266
E-mail: ces@sp.senac.br

Centro de Educação em Turismo e Hotelaria
Tel.: (11) 3879-3600 • Fax: (11) 3864-4597
E-mail: cet@sp.senac.br

Centro de Idiomas
Tel.: (11) 3236-2277 • Fax: (11) 3259-5246
E-mail: cid@sp.senac.br

Centro de Tecnologia Aplicada
Tel.: (11) 3868-6900 • Fax: (11) 3868-6988
E-mail: fscet@sp.senac.br

Centro de Tecnologia e Gestão do Terceiro Setor
Tel.: (11) 6647-5151 • Fax: (11) 6647-1619
E-mail: ctg@sp.senac.br

Centro de Tecnologia e Gestão Educacional
Tel.: (11) 3236-2080 • Fax: (11) 3257-1437
E-mail: cte@sp.senac.br

Centro de Tecnologia em Administração e Negócios
Tel.: (11) 3236-2271 • Fax: (11) 221-9407
E-mail: can@sp.senac.br

Itaquera
Tel.: (11) 6944-5488 • Fax: (11) 6944-9022
E-mail: itq@sp.senac.br

Santana
Tel.: (11) 6973-0311 • Fax: (11) 6973-0704
E-mail: ana@sp.senac.br

Santo Amaro
Tel.: (11) 5523-8822 • Fax: (11) 5687-825
E-mail: sam@sp.senac.br

Tatuapé
Tel.: (11) 293-9188 • Fax: (11) 294-2437
E-mail: tat@sp.senac.br

Vila Prudente
Tel.: (11) 272-6588 • Fax: (11) 6163-3219
E-mail: vpr@sp.senac.br

Guarulhos
Tel./Fax: (11) 6443-1622
E-mail: gru@sp.senac.br

Osasco
Tel.: (11) 3685-8100 • Fax: (11) 3681-7056
E-mail: osa@sp.senac.br

Santo André
Tel.: (11) 4994-8811 • Fax: (11) 4994-8429
E-mail: sad@sp.senac.br

Interior e Litoral

Araçatuba
Tel.: (18) 623-8740 • Fax: (18) 623-1404
E-mail: aca@sp.senac.br

Araraquara
Tel.: (16) 236-2444 • Fax: (16) 236-9337
E-mail: ara@sp.senac.br

Barretos
Tel.: (17) 3322-9011 • Fax: (17) 3322-9336
E-mail: bar@sp.senac.br

Bauru
Tel.: (14) 227-0702 • Fax: (14) 227-0278
E-mail: bau@sp.senac.br

Bebedouro
Tel.: (17) 3342-8100 • Fax: (17) 3342-3517
E-mail: beb@sp.senac.br

Botucatu
Tel.: (14) 3882-2536 • Fax: (14) 3815-3981
E-mail: bot@sp.senac.br

Campinas
Tel.: (19) 3737-8300 • Fax: (19) 3737-8301
E-mail: cam@sp.senac.br

Catanduva
Tel.: (17) 3522-7200 • Fax: (17) 3522-7279
E-mail: cat@sp.senac.br

Franca
Tel.: (16) 3723-9944 • Fax: (16) 3723-9086
E-mail: fra@sp.senac.br

Guaratinguetá
Tel.: (12) 3122-2499 • Fax: (12) 3122-4786
E-mail: gua@sp.senac.br

Itapetininga
Tel.: (15) 3272-5463 • Fax: (15) 3272-5177
E-mail: ipe@sp.senac.br

Itapira
Tel.: (19) 3863-2835 • Fax: (19) 3863-1518
E-mail: ita@sp.senac.br

Jaboticabal
Tel./Fax: (16) 3204-3204
E-mail: jab@sp.senac.br

Jaú
Tel.: (14) 3622-2272 • Fax: (14) 3621-6166
E-mail: jau@sp.senac.br

Jundiaí
Tel.: (11) 4586-8228 • Fax: (11) 4586-822
E-mail: jun@sp.senac.br

Limeira
Tel.: (19) 3451-4488 • Fax: (19) 3441-6039
E-mail: lim@sp.senac.br

Marília
Tel.: (14) 433-8933 • Fax: (14) 422-2004
E-mail: mar@sp.senac.br

Mogi Guaçu
Tel.: (19) 3891-7676 • Fax: (19) 3891-7771
E-mail: mog@sp.senac.br

Piracicaba
Tel.: (19) 3434-9700 • Fax: (19) 3434-730
E-mail: pir@sp.senac.br

Presidente Prudente
Tel.: (18) 222-9122 • Fax: (18) 222-8778
E-mail: ppr@sp.senac.br

Ribeirão Preto
Tel.: (16) 624-2900 • Fax: (16) 624-3997
E-mail: rip@sp.senac.br

Rio Claro
Tel.: (19) 3524-6631 • Fax: (19) 3523-3930
E-mail: ric@sp.senac.br

Santos
Tel.: (13) 3222-4940 • Fax: (13) 3235-7365
E-mail: san@sp.senac.br

São Carlos
Tel.: (16) 3371-8228 • Fax: (16) 3371-8229
E-mail: car@sp.senac.br

São João da Boa Vista
Tel./Fax: (19) 3623-2702
E-mail: sjb@sp.senac.br

São José do Rio Preto
Tel.: (17) 233-1565 • Fax: (17) 233-7686
E-mail: sjr@sp.senac.br

São José dos Campos
Tel./Fax: (12) 3929-2300
E-mail: sjc@sp.senac.br

Sorocaba
Tel.: (15) 227-2929 • Fax: (15) 227-2900
E-mail: sor@sp.senac.br

Taubaté
Tel.: (12) 232-5066 • Fax: (12) 232-3686
E-mail: tau@sp.senac.br

Votuporanga
Tel.: (17) 3421-0022 • Fax: (17) 3421-9007
E-mail: vot@sp.senac.br

Outras Unidades

Editora Senac São Paulo
Tel.: (11) 3284-4322 • Fax: (11) 289-9634
E-mail: eds@sp.senac.br

Educação a Distância
Tel.: (11) 3868-6940 • Fax: (11) 3862-8727
E-mail: gead@sp.senac.br

Faculdades Senac
Tel.: 0800 883-2000 • Fax: (11) 5682-7300
E-mail: cs@sp.senac.br

**Grande Hotel São Pedro –
Hotel-escola Senac**
Tel.: (19) 3482-1211 • Fax: (19) 3482-1665
E-mail: ghp@sp.senac.br

**Grande Hotel Campos do Jordão –
Hotel-escola Senac**
Tel.: (12) 3668-3000 • Fax: (12) 3668-6100
E-mail: ghj@sp.senac.br

Rede SescSenac de Televisão
Tel.: (11) 3236-2174 • Fax: (11) 3259-3630
E-mail: stv@redestv.com.br

canal aberto — Comentários, críticas, elogios, sugestões, informações.
tel. 0800 883 2000
e-mail canal_aberto@sp.senac.br

EDITORA SENAC SÃO PAULO

DISTRIBUIDORES

DISTRITO FEDERAL
Arco-Íris Distribuidora de Livros Ltda.
Av. W2 Sul – Qd. 509 – Bloco A – Loja 53
70360-510 – Brasília/DF
Tel./fax: (61) 244-0940/244-0477
e-mail: arcoiris@arco-iris-livros.com.br

ESPÍRITO SANTO
Logos Livraria
Av. Carlos Moreira Lima, 61 – Térreo
29050-650 – Vitória/ES
Tel.: (27) 3137-2560 • Fax: (27) 3137-2567
e-mail: logos@logoslivraria.com.br

GOIÁS
Planalto Distribuidora de Livros
Rua Eugênio Brugger, 620 – Centro
74055-120 – Goiânia/GO
Tel.: (62) 212-2988 • Fax: (62) 225-6400
e-mail: sebastiaodemiranda@zaz.com.br

MINAS GERAIS
Leitura Distr. e Repr. Ltda.
Rua Curitiba, 760 – 1º andar
30170-120 – Belo Horizonte/MG
Tel.: (31) 3271-7747 • Tel./fax: (31) 3271-4812
e-mail: leiturarepresenta@ibest.com.br

PARANÁ
Livrarias Curitiba
Av. Marechal Floriano Peixoto, 1.742 – Rebouças
80230-110 – Curitiba/PR
Tel.: (41) 330-5000 • Fax: (41) 333-5047
e-mail: pedidos@livrariascuritiba.com.br

RIO GRANDE DO SUL
Atlas Livros de Negócios Ltda.
Rua Demétrio Ribeiro, 1.164/1.170 – Centro
90010-313 – Porto Alegre/RS
Tel.: (51) 3211-1445/3211-1340 • Fax: (51) 3211-0596
e-mail: livros@livrosdenegocios.com.br

SANTA CATARINA
Livrarias Catarinense
Rua Fulvio Aducci, 416 – Estreito
88075-000 – Florianópolis/SC
Tel.: (48) 248-6766 • Fax: (48) 244-6305
e-mail: vendassc@livrariascuritiba.com.br

SÃO PAULO
Disal S.A.
Av. Marquês de São Vicente, 182 – Barra Funda
01139-000 – São Paulo/SP
Tel.: (11) 3226-3100/3226-3111 • Fax: (11) 0800 770-7105
e-mail: claudio@disal.com.br

Ernesto Reichmann Distr. de Livros
Rua Coronel Marques, 335
03440-000 – São Paulo/SP
Tel.: (11) 6198-2122 • Fax: (11) 6198-2122 r. 222
e-mail: asb@erdl.com

Pergaminho Com. e Distr. de Livros Ltda.
Av. Dr. Celso Silveira Rezende, 496 – Jardim Leonor
13042-030 – Campinas/SP
Tel.: (19) 3236-3610 • Fax: 0800-163610
e-mail: compras@pergaminho.com.br

Tecmedd Distribuidora de Livros
Av. Maurílio Biagi, 2.850 – City Ribeirão
14021-000 – Ribeirão Preto/SP
Tel./fax: (16) 3993-9000
e-mail: tecmedd@tecmedd.com.br

RIO DE JANEIRO – RJ
Editora Senac Rio de Janeiro
Av. Franklin Roosevelt, 126/604 – Castelo
20021-120 – Rio de Janeiro/RJ
Tel.: (21) 2240-2045 • Fax: (21) 2240-9656
e-mail: editora@rj.senac.br

PORTUGAL
Dinalivro Distribuidora de Livros Ltda.
Rua João Ortigão Ramos, 17-A
1500-362 – Lisboa – Portugal
Tel.: (00-21-351-21) 712-2210 • Fax: (00-21-351-21) 715-3774
e-mail: comercial@dinalivro.pt

REPRESENTANTES COMERCIAIS

AM-PA-MA-PI-CE-RN-PB-PE
Gabriel de Barros Catramby
Rua Líbia de Castro Assis, 59 – sala 202 – Boa Viagem
51030-410 – Recife/PE
Tel./fax: (81) 3341-6308/3343-369
e-mail: gabrielcatramby@terra.com.br